乡村文化传播的路径研究

夏 青 罗江琴 ◎ 著

吉林出版集团股份有限公司

图书在版编目（CIP）数据

乡村文化传播的路径研究 / 夏青，罗江琴著. — 长春：吉林出版集团股份有限公司，2022.7
ISBN 978-7-5731-1644-4

Ⅰ. ①乡… Ⅱ. ①夏… ②罗… Ⅲ. ①农村文化－文化传播－研究－中国 Ⅳ. ①G12

中国版本图书馆 CIP 数据核字 (2022) 第 117152 号

乡村文化传播的路径研究

著　　者	夏　青　罗江琴
责任编辑	陈瑞瑞
封面设计	林　吉
开　　本	787mm×1092mm　　1/16
字　　数	210 千
印　　张	9.75
版　　次	2022 年 7 月第 1 版
印　　次	2022 年 7 月第 1 次印刷
出版发行	吉林出版集团股份有限公司
电　　话	总编办：010-63109269
	发行部：010-63109269
印　　刷	北京宝莲鸿图科技有限公司

ISBN 978-7-5731-1644-4　　　　　　　　　　定价：65.00 元

版权所有　侵权必究

前　言

随着改革开放的不断深入，我国现代化进程也在不断地加速，经济发展质量获得稳步提升，人民生活水平得以明显提高。而与之形成鲜明对比的是，在我国广大的乡村地区，文化发展依然处于相对滞后的状况，乡村传统文化在慢慢消失，乡愁乡情也渐行渐远。新媒体时代的侵袭，在扩大城市话语表达空间的同时，也让乡村文化陷入到了更深的传播困境中。

2021年中央一号文件要求，"全面推进乡村产业、人才、文化、生态、组织振兴，充分发挥农业产品供给、生态屏障、文化传承等功能，走中国特色社会主义乡村振兴道路"。乡村的振兴离不开乡村文化的建设，梳理两者之间的关系能深刻剖析乡村振兴战略要义，全面推进乡村振兴战略的实施。乡村文化的建立与传播，不仅可以提高乡村社会的文明程度，更有助于推进乡村振兴战略的实施。

本书以乡村文化传播的路径研究作为问题起点，首先概述了乡村文化的基本内涵与结构，然后分析了城市化进程中乡村文化的秩序转型与价值衰落，并对乡村文化价值重建的内在支撑进行探讨，之后详细阐述了乡村文化的传播现状以及新媒体语境下乡村文化传播路径的重构，最后对乡村文化产业化发展及策略进行研究，并探讨乡村文化传播的新思路和新方法，为乡村文化传播提供具有可行性的建议。

本书在写作和修改过程中，查阅和引用了书籍以及期刊等相关资料，在此谨向本书所引用资料的作者表示诚挚的感谢。诚然，本书编写作者学识有限、经验不足，书中难免存在疏漏，请广大学者和同行批评指正，提出宝贵的意见与建议，以便日后修订完善。

目 录

第一章 乡村文化的基本内涵与结构 ... 1
- 第一节 乡村文明与乡村文化内涵 ... 1
- 第二节 乡村文化的组织结构 ... 5
- 第三节 乡村文化的内容与形态 ... 9

第二章 城市化进程中乡村文化的秩序转型与价值衰落 ... 38
- 第一节 城市文化的扩张对乡村文化的冲击与消解 ... 38
- 第二节 农民对乡村文化的认同感疏离 ... 41
- 第三节 农民价值观念的变迁与失落 ... 42
- 第四节 乡村文化价值重建的现实需要 ... 51

第三章 文化认同——乡村文化价值重建的内在支撑 ... 53
- 第一节 对传统乡村文化精华的再认同 ... 53
- 第二节 公民意识的养成与乡村社会公民文化认同 ... 58
- 第三节 多元文化互动与乡村文化的个性化发展 ... 69

第四章 乡村文化的传播现状 ... 75
- 第一节 新媒体时代乡村文化传播的困境与对策 ... 75
- 第二节 民族志视野下乡村文化传播 ... 80
- 第三节 乡村自媒体短视频文化传播现状及策略 ... 83
- 第四节 乡村电影中村落文化的传承价值与传播路径 ... 88
- 第五节 文化传播视阈下的乡村旅游特色塑造路径 ... 93
- 第六节 乡村特色农产品文化创新与品牌打造 ... 95

第五章 新媒体语境下乡村文化传播路径的重构 ... 104
- 第一节 乡村文化传播的视觉重构 ... 104
- 第二节 新媒体背景下乡村文化传播的主体重构 ... 108

第三节　大学生创新创业与乡村文化传播耦合策略 ……………………… 110
　　第四节　乡村文化的传承与保护 …………………………………………… 114

第六章　乡村文化产业化发展 …………………………………………………… 117
　　第一节　乡村文化产业发展概述 …………………………………………… 117
　　第二节　乡村文化产业发展的现状分析 …………………………………… 121
　　第三节　乡村文化产业发展基本规律 ……………………………………… 129
　　第四节　新乡村文化产业发展的重点领域 ………………………………… 136
　　第五节　乡村文化产业发展战略 …………………………………………… 140
　　第六节　新乡村文化产业与文化"走出去"战略 …………………………… 145

参考文献 …………………………………………………………………………… 149

第一章 乡村文化的基本内涵与结构

第一节 乡村文明与乡村文化内涵

一、农业文明与乡村的形成

农业在我国有着几千年的历史。我国的农业历史据考古学家的考证已长达近万年的，众所周知，我们都是华夏儿女，在很早之前的母系社会中，据上古的史书记载，炎帝的部落最主要聚集在中部地区，而黄帝部落最主要聚集在西北地区，而黄帝和炎帝部落都有耕种粮食的相关记录，而起源于南充市阆中市的嫘祖，据说是黄帝的妻子则是养蚕的先行者，帝喾作为黄帝部落其中的一个首领，他的儿子弃在我国的神话故事中则是种植农作物的好手，被称为谷神。

上述神话或传说从侧面反映了原始农业产生的一些情况。另外，国家关于对我国农业的起源的考古发现，我国的农业发展历史并不是一直独大的局面，而是呈现了多处繁荣的局面，其中，具有代表性的就是长江和黄河流域的农业发展，黄河流域主要是以旱作粟为农作物，而长江流域是以水稻为主要的农作物，他们也不是独立发展的，而是在发展中融合。

众所周知长江流域自古以来就是我国水稻的重要产地，而长江中下游是我国著名的浙江河姆渡文化的发源地，这里据考古学家考证是关于水稻出现在长江下游地区盛产水稻最重要的证据。全国其他几处的水稻文化也主要聚集在长江中下游，这说明水稻文化和长江的关系是密不可分的。

而黄河流域自古以来是种植粟的主要产地，据相关专家的考证，相关的重要遗址主要分布在黄河中游和汉水的上游。众所周知我国的新石器文化最主要分布在河南和河北等地，分布极广的黄河流域的农业在湖北、河南、甘肃、青海一带都有广泛的发展。

我国早期农业生产条件落后，生产工具发展变化缓慢。根据考古学家的考证，在那个时代我国的农业生产者的主要生产工具是以石头为主要的材料，同时对于兽骨、兽角和木头也有广泛的应用，种类十分繁多，比如平时耕种使用的石耒、石铲，而石镰和石刀主要用于收割农作物；石磨盘和石杵则是作为代表的加工工具。一言以概之，当时的主要生产工具以现在的眼光来看是十分落后的。

由于没有相关的技术，当时的农业生产依赖性很强，生产力水平较低。尽管当时的农业已经有了雏形，但是限于当时的农业生产技术和自然条件，采集和捕猎仍然是主要生产手段，在新石器晚期，农业生产占据了主要地位，当时采集和捕猎依然占有一席之地。由于生产力水平的低下，当时的社会制度是所有的生产资料归大家所有，所有人集体劳动，所得物归集体所有，平均分配。

众所周知，在新石器时代我国处于母系社会中，所有的生产事务和一切活动由女性来主持。但是随着农业的发展，我国的社会制度开始从母系社会向父系社会过渡。夏、商、西周时期，我国的农业生产有了质的飞跃，得益于当时的冶金业的发展，我国的农业生产工具出现了粗具雏形的青铜农业生产工具，虽然受制于当时的冶金技术并不高超，所出现的生产工具并不多，主要的生产工具依然是以木头和石头为主，但这是一个好的信息，意味着农业生产将迎来新的发展时代。而且虽然青铜生产工具较少，但是农业生产工具的种类却变得多了起来。

农业生产工具的发展，与之伴随的就是土地制度的新的形成。比如说在我国的西周时期，当时的统治阶级就实行过著名的井田制，其中详细地规定了土地的所有制形式，即土地归国家所有，国家统一对这些土地做处理，把它们分成了井字形，把它们分给农业生产者耕种，农作物的收成全部归国家所有。而所有的奴隶是依附于这些土地的，从生到死通过这样的大规模开垦和耕种，我国的农业得到了大规模的发展，井田制农业因此也被称为沟洫农业。奴隶制在新石器时代具有重要的意义，对于我国的农业发展起着积极的作用，但是随着社会制度的发展和进步，奴隶制对于我国的农业生产的积极作用越来越小，因为农作物的收成全部归国家所有，奴隶们从生到死都要在土地上生产，他们没有任何自由，生产的成果他们没有分享的权利，奴隶们的一生都被统治阶级所剥削，这大大地降低了农业生产的积极性，对于我国的农业生产起着消极的作用。

在新石器时代之前，我国的生活方式是十分简单的，受制于当时的生产条件，当时的人们居无定所，到了新石器时代，人类开始寻求环境较好的地区居住，开始把居所建造在临水的地方，一般多分布于低山林地区，方便男人狩猎和女人采集，受制于当时的生产力，男人捕猎的内容多是鸟兽，女人采集的多是树果，这些资料并不能支持大规模的人类活动。加之食物只能在一定季节和一定地域找到，原始居住地一般是流动性的、临时性的。

衣食住行是人类的基本需求。而寻找一个安全、消暑避寒的地方对于人类的生存是至关重要的。随着农业与畜牧业分离，出现了从事农耕业生产的固定的居民生存方式——聚落，或者叫乡村聚落，也就是我们现在所说的"乡村"。人们住在乡村主要是从事相关的农业生产活动。乡村是社会生产力的发展到了更高的阶段，即由采集生产方式进入农耕生产方式、人类需要定居的生活方式而产生的。

乡村聚落的分散与集中，主要受自然环境、农业生产方式、传统风俗习惯和文化背景影响。通常来讲，如果平原的面积大、水源供给充足且气候良好，聚落会比较集中；反之则聚落分散。因此，我国南方平原这类地区的水田农业耕作半径普遍较小，人们为了方便从事农业活动不得不将耕耘、施肥、灌溉、收获等工作聚集在农田附近进行，进而形成了小型聚落。而在北方地区，人们崇尚"多喜群聚"，他们的群居文化一方面来自地缘，另一方面也是为了安全防卫；长年累月，渐渐形成了"几村之内皆同姓"的现象，这也使北方地区的宗族显得十分繁盛。受不同因素的影响，我国乡村聚落表现在布局形式、规模大小、房屋结构等方面的差异十分明显：北方多平房且以大型团状聚落为主，住房结构呈现院落的形式；南方则多为斜顶房且均为小型的团状或带状聚落，住房不设院落，前后均为农田菜地；而西部地区流动性村落较多，人们大多选择散居，密度最小。

二、乡村文化的定义

乡村文化从一定程度上来说，就是指从事农业生产的农民形成的村落群的文化。这种文化表达的是从事农业生产的农民在我国漫长的农业产生过程中所积淀形成的价值观、生活状态、处事方式、人与自然的关系、人生状态、处事理念、对于人和宇宙的认知、思维方式等。乡村文化主要是从事农业生产的农民的文化特点以及其随着时代和社会的发展的进步。而乡村文化并不是一成不变的，也是随着农业生产力的发展和社会制度的进步而在一步步地呈现着动态的发展。乡村文化是会随着一代代而传承下去的，在每一个农业生产者心里体现着其独特性，作为一种文化形态，它的主要要素包括如下四个方面：

（一）社会制度层面

有什么样的社会制度和相应的社会结构就会出现什么样的社会关系，乡村社会的社会制度、社会结构在一定程度上影响着乡村社会文化的整体发展。

（二）价值观念层面

一种文化的核心必然体现在这种文化的价值观念的取向上，农民的价值观念则无疑是乡村文化的核心内容，整个文化在发展过程中，形成了乡村独特的文化传统和社会关系。

（三）科学水平层面

邓小平说过：科学技术是第一生产力，科学技术的进步是一个社会的社会制度变革的根本动力。我们知道从新石器时代到如今的乡村呈现了不同的形态，背后正是因为科学技术发生了重大的变革，从而影响了乡村的发展。

（四）文化艺术层面

文化艺术是乡村文化的外显的体现，从事农业生产的农民的文化艺术活动是乡村文化非常重要的体现和载体。

由于不同的地理条件和经济政治等原因，我国的乡村和城市文化相比，有着突出的特色和表现形式。

1. 封闭而保守

封闭而保守对我国乡村来说可以说是第一特色，也是显著的特色，因为我国的群居特色多是以一个个村落而聚集在一起的，大家日出而作、日落而息，活动多是在一个个村落里进行，而很少与外界发生联系。这种条件下发展起来的乡村文化会不可避免地带有保守的特点。正是因为这种很少与外面发生交流的特色，农民的思想上和社会活动上的变化是不大的，总体上惰性大于积极性，正是一日复一日的农业生产劳动，形成了这种封闭而保守的乡村特色。

2. 兼容性

我国的地理条件是形成这种兼容性的特色的主要条件，我国幅员辽阔，地理条件是十分复杂的，由于我国各地不同的生产方式，产生了不同的思想理念和生活方式，这些都受到了传统的自然经济的影响，所以这些东西综合起来就形成了我国的乡村文化兼容性的条件。地理条件是农民生存的必要条件，土地是农民生存的必要的物质基础，要产生乡村文化，这些都是必需的。而且我国有五十六个民族，可以想象在如此多的民族下，所有的民族在中国这一个共同的土地下生存，劳动，形成了丰富的中华文明，这些不同的民族在不同的历史时期下形成了各具特色的优秀灿烂的文化，这在一定程度上促成了乡村文化的形成，使乡村文化的兼容性有了更好的发展。而各个民族之间并不是独立发展起来的，他们之间各自包容，相互融合，并不相互排斥。随着世界化的来临，我国的各民族同世界的来往日益的频繁，我国同世界各国之间的优秀文化之间相互融合和吸收，其中这些具有共同的鲜明特征变现出来的就是日益兼容的乡村文化。

3. 推陈出新

我国乡村文化的形成主要得益于中国农村长期以来的稳定发展，我国的农业生产有上千年的历史，乡村文化是由人们自己选择来创造的文化，从先前的文化传承下来的，而后创新出来的，这并不是我们随心所欲地创造出来的。

乡村文化的形成在我国之前主要是由于我国的农业产生是为了巩固封建统治阶级的统治，为了维持封建社会的运行而体现出的一种具有中国特色的乡村的经济和社会文化。中国的传统文化中，乡村文化占据大半部分，我们知道中华文化源远流长，在历史的发展长河中具有极大的凝聚力，农民作为乡村文化的主要载体，为中华传统文化的发展起到了重要的作用，随着改革开放，我们同世界各国的交流日益增多，因而迎来了乡村文化发展的第二春。我国乡村文化充分尊重文化多样性，不仅在"取其精华、去其糟粕"的基础上继承发展我国优秀的传统文化，更面向世界、博采众长，积极吸收世界各国的文化精华。世界上各个国家的文化都是历史和经济政治的集合体，这些因素沉淀下来形成了独特的各种文化，这些文化都有我们值得学习的地方。随着经济全球化的来临，我们同世界上的先进文化之间加强学习的时候越来越多，各个方向之间彼此交流融合，在这个过程中，不停地发展并进步着，进而都形成了独具特色的新的文化，所以我国的乡村文化的发展，是不能离开我们需要在继承自身优秀文化的基础上，同世界联系起来，继而全民建设小康社会，所以，乡村文化在我国未来将大放异彩。

第二节 乡村文化的组织结构

我国传统乡村文化孕育于传统农业文明，跟随历史巨轮走过沧海桑田，最终归根于传统文化之中。我国传统乡村文化既内化于农民意识深层，又显现在社会生活的表层，积淀为一系列社会制度和组织机构。

一、传统乡村的社会制度

我国传统乡村社会制度的基础是封建土地所有制及在此基础上形成的专制主义中央集权制度。土地所有制度是封建社会制度的基础，我国古代封建历史上出现过三种土地所有制：封建土地国有制、地主大土地私有制与自耕农小土地私有制，即土地国有制、地主所有制、自耕农土地所有制。

（一）土地国有制

我国奴隶社会盛行"普天之下，莫非王土"的土地国有制的统治。之后发展为封建统治，随着土地私有制的出现，国有土地并没有完全消灭，相反，有时还具有不容忽视的意义。屯田、营田、官庄、没入田、职分田等，是历代经常出现的官田形式。至明末，官田制度逐渐崩溃，至清朝已渐消亡。国家在官田上征收的剩余产品，兼有地租与赋税两种性质。古代封建国家在面临财政问题时，政府或官员往往通过"当地主"的方法来获取地租。即收购大量土地使其成为个人所有，而后从人民手中收取地租以增加财政收入，从而解决财政危机。南宋贾似道实行的"公田法"就是一个典型。其后，从民间掠夺官田、剥削地租，成为封建国家改善财政状况的一种重要手段。

（二）地主土地私有制

商鞅变法后，允许土地自由买卖，土地也可以当作遗产被继承。土地对于地主来说是其生存的物质基础，因此，他们会尽其所能兼并土地，增强自己的经济实力，而地主主要是对那些贫农的土地进行兼并。在这个过程中，我们知道，地主兼并的土地越来越多，他们的力量也就越大，这也即是地租地产化的过程。在如此丰裕的利益下，土地兼并以迅雷不及掩耳之势扫遍全国。资产阶级热衷于土地倒卖和收购，底层人民被迫成为砧板上的鱼肉，有苦说不出，土地兼并也因此成为中国古代封建社会的一大特有现象。但是地主之间并没有明确的等级划分，根本不存在西方封建社会盛行的土地关系上的有条件占有制。至于宋代规定的按官品限田，只是限制官员土地的免赋役限额，只要负担赋役，就可以无限制占有土地。正因为如此，非身份地主也可以"荣乐过于封君，势力侔于守令"。与此同时，由于土地没有明确的所有权和相关的买卖收购政策，导致土地可以自由买卖，资产在买卖过程中扮演了至关重要的角色，因而各个阶级的经济与阶级地位在土地的买卖过程中具有较大的变动性，反映在政治上，就是等级制度的极端不严格性。唐、宋之后，随着商品经济的发展，土地买卖日益频繁，门阀制度随之瓦解，科举制代替了九品中正制，出现了"朝为放牛郎，暮登天子堂"的现象。尤其是宋代以后，非身份地主的土地占有数量越来越大，成为封建地主中的主要部分。

（三）自耕农土地私有制

自耕农土地私有制产生的原因，一是随着奴隶制向封建制过渡，国有土地向私有土地转化，许多井田农民成了自耕农；二是秦、汉以后历次大规模的农民暴动和战争，封建地主的大土地所有制遭到空前削弱，自耕农兴起成为必然趋势；三是农民通过自行开垦荒地，使自耕农小块土地不断形成。此外，由于自耕农自身所拥有的土地只是小块的，其出产只能维持再生产与生活之需，一旦遇有天灾人祸，绝大部分自耕农则被迫出卖土地，沦为佃农。所以，自耕农的小土地私有制是不稳固的。

与封建土地所有制相适应的社会政治制度是专制主义中央集权制度。中央集权的作用是统一全国的力量来巩固自己的统治地位。

中央集权制度下，统治阶级掌握了最高的权力，通过对国家的控制来达到自己的统治目的。专制主义中央集权制度作为封建国家的统治工具，一方面组织全国的大小事务，维持国家的正常运行，另一方面对劳动人民实行剥削和镇压。我国封建社会的中央集权制度，一方面在那个时候有利于我国的发展，维持了我国多民族的政治局面，从而中国产生了繁荣的五千年的中华文化。但是从另一方面来看，封建集权制的统治完全由统治阶级（皇帝）单人决定，对整个经济、政治是十分危险的，特别是后期阻挡了社会的进步和发展。

二、传统乡村的组织方式

传统乡村是在家族和血缘关系的基础上形成的宗法制度，成为乡村社会的主要组织方式。宗法制在乡村主要体现为嫡长子继承制和宗庙祭祀制。

（一）嫡长子继承制

夏、商两代的继承制遵照"兄终弟及"的制度，经常有兄弟残杀争位、天下混乱的现象。周代采取嫡长子继承制，《春秋公羊传》中记载"立嫡以长不以贤，立子以贵不以长"。西周时期，天子、诸侯、卿大夫、士，逐级层层继承。对于财产和职务上只有儿子才有继承权，女儿是没有继承权的。这种继承制，在乡村社会延绵千年：在乡村，一直有"传男不传女"的习俗。家族这种宗法性组织是乡村社会的基石，在中国的社会发展中有着重要的影响。

（二）宗庙祭祀制

宗庙祭祀制度是通过举办隆重庄严的宗庙祭祀活动以达到维系宗族团结而发展起来的制度，强调"尊祖敬宗"的家族仪式。原始时代，人们认为人的灵魂可以离开躯体而存在。

一开始的祭祀活动比较简单,因为当时的技术条件较差,通过一些野蛮的方式来进行祭祀。但是随着技术条件和社会制度的进步,祭祀开始变得正规讲究起来,并形成了一些章法;祭祀习俗主要祭天、祭地、祭祖、祭孔子、祭龙王、祭灶神、祭财神等。除此之外,还有各地的寺庙、道观、祠等各种祭祀活动。其意都是为了祈祷平安,保佑一方风调雨顺,或消灾灭病。另外还有木匠祭鲁班,铁匠祭老君,毡匠祭阴仙,买卖人祭财神的活动;油坊、醋坊、染坊、皮匠、鞋匠、挂面匠等,都各祭有主。这一传统也被后世统治者继承,受宗法制的影响,古代的宗族观念十分强烈。历朝历代的君主都将宗庙的修缮奉为教条,不仅投入大量人力财力大肆动工,还将其与江山社稷分庭抗礼,二者也共同成为国家至高权力的象征。

这一制度的发展,形成了中国传统的礼乐文化,成为传统乡村文化的重要组成部分。

三、传统乡村的科技水平

从战国开始,经秦、汉、魏、晋以迄南北朝,铁犁和牛耕的推广是农业生产工具和动力的主要特点。铁器农具的普遍使用衍生出许多新式工具,铁锸、铁钁、铁铧犁、耙、耱、耧车等工具的出现使耕作方式迎来了技术革新。人们一改传统的人力,开始广泛运用更为先进的畜力、风力和水力,创建了农业史上一块重大的里程碑。与此同时,水利建设逐渐达到高潮,一批大规模的水利灌溉工程相继兴建;耕作制度则由休闲制转为连作制,形成农业生产的主要耕作制度,并创造了轮作倒茬方式;农业技术有了很大发展,个中表现为形成了"一条龙"的耕作措施,其中为了抵抗天灾人祸运用耕、耙、耢等工具进行抗旱保墒成为最突出的成就;人工施肥和选种技术有了较大进步,培育出众多的作物品种;孕育出《齐民要术》这样代表当时世农学最高水平的名著。我国古代整个农业社会经济和农业生产方式也因农业工具、技术和动力的革新有了重大改观。

隋、唐、宋、辽、夏、金、元诸代,农业工具继续有重大的发展。在传统农具的基础上,出现了曲辕犁、铁搭、秒、耘荡、龙骨车、秧马等基本农具和粪耧、推镰、水转连磨等高效农具。这类农具的出现使得传统农业几近完善,它们可以广泛应用于旱地和水田,改变了以往局限于一处的无奈,同时也提高了耕作效率和农产品的产量。

农具的改进更拓宽了土地的利用方式,梯田、圩田、涂田、沙田、架田等代替了原始平地;这一时期水利灌溉工程建设以小型水利工程为主;在耕作制度方面南方以稻麦复种为主的一年两熟制比较普遍。明代和鸦片战争以前的清代,多熟种植的迅速发展是这一时期农业生产的突出标志。双季稻开始推广,一年三熟的种植制度出现。低投入、高产量的精耕细作农业技术迅速发展起来,耕作方式更为细致深入。为了适应精耕细作,套耕、转耕等高效耕作方法应运而生。生产工具和劳动技术的不断提高,使得肥料的种类、酿造、施用也在发展,种子选育、栽培方法和作物构成变化显著,几乎达到传统农业所能达到的极限。同时地方品种大量涌现,外来作物的积极引进,使得我国农作物的进步十分明显,高产的水稻的优势进一步加强。

四、传统农民的思维方式和价值观念

中国农民的传统思维方式多样，受两千多年自给自足小农经济的熏陶和封建帝制下皇权社会的打压，在思维方式和价值观念上有以下特点：

（一）传统农业的思维方式带有很强的依附性

农民长期从事自给自足的农业生产，政治上受地主阶级的压迫，经济上受地主阶级的剥削；即使每家每户呈个体存在，实质上仍不同程度地受到上层阶级压迫。生活拮据、生活空间狭小、生产能力低下是家家户户的共同特征。正是如此，个体农民在天灾人祸面前往往不堪一击，他们难以承受天灾人祸带来的损失，也因而产生了强烈的依附心理。他们不敢冲破传统礼教和皇权统治，只得将祈盼风调雨顺、阖家欢乐心愿的实现寄托于上天和英雄人物。绝大多数农民辛苦劳作仍不能维持基本生活，常常处于吃了上顿没下顿的半温饱状态，因而缺乏足够的经济基础和物质基础来接受最基本的教育，几乎没有受教育的机会，这就阻隔了农民对于人类社会自身的认识。在这样一个基本前提下，农民没有自己的思想，而统治者通过大力奉行儒家思想来将农民禁锢在土地上，推崇"愚民政策"试图用思想的大一统来维护其政治大一统。儒家理论带有能够平衡和缓解统治者与被统治者之间关系的功能，以民本思想掩盖官本位的统治实质，很容易就为农民所认可。统治者打着仁义礼教的幌子，宣传所谓的"道之以德，齐之以礼"、孝悌、忠恕、仁义、诚信、礼让、廉耻、中和等，实质上是为皇权统治做嫁衣。恰巧这类封建礼教下产生的思想深受广大民众的认可，并被奉为道德准则和至高真理。宗族的错误传承和家庭的偏激教育，使人们从小便将自己置身于被主宰、被统治的地位，缺乏自己的思想，一味地"畏天命、畏大人、畏圣人之言"；万事不敢言、不敢怒、不敢做，而将所有希望寄托于清官、明君和天地神佛。所以说，中国古代农民的行为准则，是封建统治阶级意志的体现。所以在这样一种条件下中国农民的思维方式开始掉入一个奇怪的循环。

（二）由于封闭的生产环境，农民都有一些自私性

"人不为己，天诛地灭"体现在古代封建农民的思维中便是为首的自私性。传统的小农经济前总被冠以自给自足，其根本就表现在一个"足"字上，"足"是农民一切劳动的目的。所谓封建民本思想，就是要求统治者在一定程度上满足农民的"足"，缓解农民与地主之间的矛盾，从而使社会达到稳定；农民自身对"足"也并不苛求。因其长期接受儒家思想教化，董仲舒的天人感应神学目的论也普遍被接受，农民承认自己的地位是天命所定，因此，农民不敢得罪于天，加之统治者强行灌输的三纲五常等愚民教条政策，农民的生活被禁锢在土地和家庭两点一线的小范围之内，有的人甚至一辈子都没有离开过土地。"饱暖思淫欲"，半温饱的生活里充斥着的只有如何生存下去，因此他们的思维空间极其狭小，这种思维的本质基础是自私性，这种自私性包括的内容基本上仅仅是属于自己的财产

和劳动所得。能够守住自己的财产和劳动所得，就是自私性所要达到的基本目的。因此农民可以为了鸡毛蒜皮的小事与邻里相争、与家人斗嘴甚至引起家族争斗，从而带来几辈人的矛盾与隔阂，只因为农民扎根于心的自私性导致他们心胸狭隘，无法看清孰轻孰重而盲目保护个人利益。尽管如此，他们也并不会去权衡那些鸡毛蒜皮的小事与邻里关系、家族感情的重量关系，只一味地计较个人得失。另外，传统农民的思维方式还具有虚伪性。以农民建房来说，钱大多花在表面的装饰上，宁可屋内一无所有；为女儿选婆家首先要看房子，至于室内的生活条件，大多不讲究，有的用就行了。

（三）传统农民思维方式中具有优秀的一面

农民一生为农的生活特征注定了他们的性格是朴实的。吃苦耐劳、善良仁厚、忍耐力强都是传统农民的优良品质和基本特征，是枯燥乏味的农业生活和他们几千年来面朝黄土背朝天与恶劣的自然环境抗争练就的农民思维方式中优秀的一面。思维方式决定性格特征，传统的思维方式决定了农民的善良、仁厚、朴实等优良传统带有普遍性，在古代的封建王朝中，这种思维方式对于国家、社会乃至乡村的稳定都起着无比重要的作用。此外，平均思想也是农民的基本价值观念之一。"不患寡而患不均。"平均、平等思想产生于中国农耕社会中家族同居共财的宗族制。血缘纽带中亲情的不断浇注，使"同甘共苦"成为美德，继而成为人与人之间关系处理的信条。中国历史上的农民起义中，如黄巾军的《太平经》、李自成的"均田免粮"、洪秀全的《天朝田亩制度》，以及解放初"打土豪，分田地"等，都反映了农民奉行平等、平均的公有思想。

五、传统乡村的文化形态

由物质领域、制度领域、宗教领域、文学艺术领域等构成的传统乡村文化形态呈现出多样性的特点。饮食、服饰、建筑保障了日常生活；家庭婚姻、节日传承了优秀文化；崇拜、祭祀、祠堂增添了生活趣味；民间文学、歌舞、戏曲、美术、工艺提升了生活品质。乡村文化活动，是乡村文化的重要载体和生动体现，体现了我国传统乡村文化丰富的表现形态和旺盛的生命力。

第三节 乡村文化的内容与形态

一、乡村饮食与建筑

文化不是生硬的概念，而是活生生存在于我们的生活当中。我国乡村文化在表现形态上非常丰富，而且在不同地区、不同历史时期也各有特色。饮食、服饰、建筑、家庭婚姻、节日、祭祀、民间文学、歌舞、戏曲、美术、工艺等，均有很高的价值。

（一）乡村传统饮食

俗话说，民以食为天，饮食是人类生存的首要物质条件，也由于地理环境的不同而呈现出不同的形态，从侧面反映了中华民族的文化特色。

1. 主食

众所周知，北方吃面，南方吃米。这一说法虽然不太靠谱，但是有一定的道理，其他各个地方的粮食作物，比如谷类、番薯等也组成了中华民族的不同地区的主食的组成部分。

2. 菜肴

由于地理环境的不同，我国的菜肴也是各不相同的，因为原材料的影响，我国的沿海地区多食各种海味，而内陆地区则食各种面食，而著名的四大菜系——川菜、粤菜、淮南菜、鲁菜，是中华文明最好的注释。

3. 饮料

酒和茶是我国最主要的两种饮料，我国是茶叶的故乡，而酒在我国也有长久的历史。中国制酒技术源远流长，品种繁多，名酒荟萃，享誉中外。黄酒是世界上最古老的酒类之一，汉族爱茶、品茶历史悠久，农民饮茶主要为解渴解乏、放松神经。

4. 节日食品

我国乡村的节日食品主要包括用作祭祀的供品和节日食用的特定的食物制品。祭祀供品在一些古老的仪式上具有重要的意义。当前，大规模祭祀供品只在少数民族等特殊的时候才用得上，而传统节日食用的节日食品如月饼、汤圆、饺子等在中华文化传统节日中具有特殊的意义。

5. 饮食中的信仰、禁忌

在乡村中有一些特殊的饮食禁忌，比如说怀孕的妇女忌食姜，认为有不好的影响；春节前后禁吃生肉；等等。

（二）乡村传统建筑

乡村的建筑，不仅包括人们熟知的民居，即住宅，还有寺庙、祠堂、书院、商店、村楼、戏楼、寨门、桥、亭等类型的建筑。

1. 传统民居

由于地理环境、气候因素、历史沿革、人文情怀等因素支配，我国各个地区的民居大不相同，呈现出多样化的特点。一般来讲，汉民族地区的民居的主流是以中轴对称方式布局的规整式住宅，其中以北京的四合院最为典型。1986年4月至1991年4月我国发行了《中国民居》普通邮票，计三组21枚。展示了从东北到江南，从青藏高原到中国台湾各民族具有代表性的民居。由于自然条件、经济状况的差异，建筑形式形成不同的风格，大致可分为圆形、纵长形、横长形、曲尺形、三合院、四合院、三四合院混合形、环形、窑洞九大类。

（1）内蒙古

由于特殊的地理环境和游牧文化，内蒙古居民的住宅一般使用蒙古包。蒙古包，顾名思义呈"包子"形状，用木条搭建出稳固的形状，再覆盖防潮防风的毛毡，顶部和四周开有天窗以通风采光。蒙古包的一大特性是方便拆卸，可以跟随人们的意愿随时拆卸移动和搭建，这也是游牧文化的一大文明成果。

（2）西藏

西藏地区地广人稀，资源分布不集中，因此衍生出了农民民居和牧民民居两种形式。西藏房屋由砖石砌成，因受气候影响，墙体较厚且十分坚固。由于房屋均为平顶且大多高2.5米，因此看起来十分整齐划一，房屋的装饰也是统一的门窗上端拱斗作檐，地域和民族特色十分鲜明。

（3）东北

东北地区最为典型的是土坯房，其中独立的三间房最为常见，也有少数的两间或五间，无院墙。房屋一侧通常隔为前后两间，前为牛棚和草房，中为厨房；另一侧为大厅和卧室。东北民居通常都带一个院子，用于饲养牲畜或种地，院子靠近门前道路，并不与住房紧靠。由于天气寒冷，房间内建有炕用于取暖，另铺设地板，进屋需脱鞋席地而坐。《中国民居》山东部分邮票的票面便是东北民居的主要形式。

（4）湖南

湖南省位于长江中游向平原的过渡地区，水网密布，光、热、水资源丰富且气候年内变化大。为了使空气流通从而降低温度，湖南的房屋比较高大。其中村镇地区由于住房比较密集且易发生火灾，人们为了防止"一家失火殃及池鱼"的情况发生，通常修筑高出屋顶的山墙以抵挡火势蔓延，山墙也因此被称为"封火墙"；山墙耸立且随地势高低错落有致是湖南民居的一大特色。

（5）江苏

素有"东方威尼斯"之称的江苏河网密布，地势平坦开阔，人们傍水而居，房屋依水而建，人与自然的微妙关系在江南水乡的柔情中完美契合。青砖蓝瓦、玲珑别透的建筑风格，铸就了细腻温情的水乡文化。江苏民居院落中多设天井来改善湿热的天气，与西藏地区的厚墙低房不同，江苏民居多设两屋且墙壁和屋顶较薄，有宽敞的走廊和房间。

（6）山东

山东民居具有部分东北地区的住房特征，四合院、海草房、牟氏庄园、石屋、船房、土坯房等融合了东北地区多种建筑形式。纯朴的山东居民通常就地取材，以石垒墙、以土筑房、以草覆顶。为防止海风，海草屋顶上覆有绳网；石屋为了保暖通常在屋顶覆一层泥土。

（7）北京

北京四合院是老北京乃至北方民居的主要建筑形式。因为这种民居形似一个"口"字，由正房、倒座和东西厢房四面围合，中心是露天庭院，故称为四合院。四合院是封闭式住宅，大门开在一角，关起门来自成天地，具有很强的私密性，非常适合独家居住。四合院院落宽敞，四面房屋各自独立，彼此之间有游廊连接，起居十分方便，因此在老北京时代通常有几家几户同住一座四合院的现象。庭院中可种植花草，轻松惬意、宁静典雅。

（8）云南

云南省是我国少数民族聚居最多的省份，加之特殊的喀什特地貌，云南民居的多样化胜于山东。其中比较著名的有傣族竹楼、壮族吊脚楼、哈尼族蘑菇房、彝族土掌房等，"七彩云南"的魅力在各族灿烂的文化交融中体现得淋漓尽致。值得一提的是西双版纳的傣族竹楼，以竹子为骨架，楼下一层四周架空用以养畜或放置杂物，楼上一层用于居住。防潮是竹楼修建的主要目的。

（9）广西

作为同云南一样的少数民族聚居区，广西的民居风格迥异。其中最为显著的是壮族、瑶族、侗族以竹木为结构的"干栏"式建筑，"干栏式"建筑又划为全楼居、半楼居和地居等几类。全楼居起初底部为架空状，后演变为铺板为楼；同傣族竹楼类似，全楼居的底层也用于养畜，二层供居住，只另在底层增设卫生间。半楼居多傍山而建，劈坡为平台，前半部分悬空为楼形成半边楼的形式，后半部分则在平面上修建房屋。地居在受地区文化影响下多修成三合院或四合院的形式。广西民居充分利用了山墙，材料以竹木为主，屋子宽敞，形式特殊，具有强烈的民族特色。

（10）上海

说到上海民居，自然就想到石库门。石库门住宅脱胎于中国传统的四合院，由于这类民居的出入口都选用石料作门框，故称为"石库门"。石库门多为砖木砌成的二层楼房，它最典型的特征是中西合璧。内部有着北方传统的三合院或四合院形式，外部的联排式布局和雕花图案却来自欧洲，最为独特之处还在于平台转角处的"亭子间"。这与上海早期的经济政治形势密不可分，直到现在，上海的建筑仍具有多样化的中西方风格。

（11）宁夏

宁夏地处西北内陆，因降水少屋顶倾斜度低，也有部分平顶房。宁夏民居呈"凹"字形，中间缩进，两侧突出，又被称为"虎包头"形式。院内以实用功能为首，并不注重形式感，多一面或两面建房；房屋依山而挖，左右两侧筑山墙防止山体滑落，屋面仅有前后两坡，通常称其为"崖窑""箍窑"。

（12）安徽

安徽民居一定程度上融合了湖南与北京的民居特点。因傍山靠水且地狭人稠，安徽的街巷都极为狭窄，邻里屋舍仅能隔出一个屋檐，因此狭窄的邻里间都建有高七八米的"防火墙"，又因地势房屋高低错落，故被称为"五山屏墙"。正因如此，才有后来的"六尺巷"。安徽住宅一般为二层楼的三合院，中间设有天井，类似于北京的四合院。房屋多为木砖材质，上有精美雕花。

（13）陕北

陕北地区位于千沟万壑、支离破碎的黄土高原，水土流失严重且地质大部分为厚层黄土和石质山地。人们在土崖面挖出窑洞作为居住地，一来房屋比较坚固且可以防止风沙，二来也可以起到保暖的作用。窑洞横向排列，洞顶呈圆拱形，一般修三孔或五孔，用石灰涂抹使它显得干爽亮堂。窑洞内屋倒炕靠窗，外屋锅台待客；若为单间则隔中划分，一半起居，一半灶台。门用砖砌成拱形，上窗下门，再覆土以保温。

（14）四川

四川盆地依山傍水，错落有致，民居多依地形就势而建，在融南汇北的基础上自成一派，因而建筑采用石、砖、木、竹等多种材料，具有多重风格。四川民居由远古的干栏式建筑演变而成，其中吊脚楼是川东地区的典型民居。现在，大部分四川民居以平方瓦顶、四合院、大出檐等为主要形式，具有很强的灵活性。

（15）山西

山西民居是中国传统民居的一个重要流派，与皖南民居齐名，有"北山西，南皖南"的说法；却也有着与其他地区民居一样的特征：聚族而居、坐北朝南、注重采光、以木梁承重、以砖石土砌护墙、以堂屋为中心等。山西民居风格古朴，围墙高大简朴，仅大门设在东南角独开。院落同北京四合院一般呈狭长状，封闭性强。

（16）台湾

台湾受闽南地区影响，中轴线明确，大门与正房正中相对，两边呈对称型，有严格的布局。大门前即为正房，正房中部为厅，前厅与后厅两两分隔作为供奉祖先牌位和妇女活动场所。厅前为小型院落天井，左右是居室，下雨天大房檐的优势发挥出来，飞檐吊角十分秀美。

（17）福建

福建"土家楼"，俗称"土楼"，当地称"围楼"。土家楼早期是用来防御外敌所建，圆形或方形围楼从里到外有三至五围，一、二层不开窗更是将外界隔绝，号称水、火、盗三不入。一、二层由于没有窗户用于堆放杂物等，三、四层开有小窗作为居室，内围房屋较外围更矮，每层楼房间分布整齐、分工明确，通常有几十家住在一起，楼中央是水井。

（18）浙江

浙江人民重面子，因此浙江民居十分庄严肃穆，不仅讲究严整对称的格局，而且大量运用雕刻、彩画等装饰房屋，以此来显示主人的社会地位。而对于平常人家来说，并不强求完全对称，天井和房屋规模都比较小。共通的是，无论大小民居都是以厅堂为中心，四周组成住宅群，巧妙运用连续、重复、交错等建筑手法使房屋看起来轻巧活泼而又不失庄严。

（19）青海

青海也是少数民族聚集区。因其丰富的建筑材料和独具特色的少数民族文化，青海民居的装饰不失富丽堂皇与典雅。房屋多为平顶，结构类似三合院，前出廊，中间为通堂；多修成二、三层，底层为大厅和厨房，二、三层设有楼台栏杆用于居住。同时受藏族影响，院墙为红色且屋顶四角放置 A 石头。在部分地区还存在着游牧民族的帐房。

（20）贵州

贵州毗邻云南，又与广西、四川、湖南接壤，具有"大杂居，小聚居"的特点。受四周地区影响，房屋为木质结构，"三开间，四进深"的三层住房和邻近地区类似。底层养畜和放置杂物，二层设有堂屋，两侧用于子女居住，三层的阁楼则作为储藏室，每家每户都有一个大阳台。"天无三日晴，地无三尺平"决定了贵州民居架空而楼居以解决防潮、通风等问题，同时建筑看起来虚实结合，具有鲜明的民族特色。

（21）江西

江西是一个富有历史和优秀文化传统的省份，民居沿袭明代"三间五架"的建筑风格，有些保存完好的民居最早可追溯到明朝中后期。江西民居采用天井式类型，院落与天井构成"n""H""目"或"日"字形，使整体看起来庄严肃穆，厅堂高大且宽敞，阁楼整齐而划一。堂屋作为全家的活动区域，堂屋前设有轩廊，左右还设厢房，整体布局严整。

2. 寺庙祠堂

我国乡村建筑中保留了很多寺庙祠堂，可以分为以下几种。

（1）祭祀祖先的庙

帝王、诸侯等祭祀祖先的庙称宗庙，帝王的庙称太庙。贵族显官、世家大族奉祀祖先的庙叫家庙或宗祠。

（2）祭祀圣贤的庙

如关帝庙、孔庙、武侯祠、岳飞庙。

（3）祭祀山川、神灵的庙

如城隍庙、龙王庙、财神庙、土地庙等。

祠原意是祭祀，也指宗庙、祠堂。祠堂就是祭祀祖宗和先贤的庙堂，也是宗族祭祀先祖、举办宗族事务、议决重大事务的重要场所。

我国乡村普遍存在的祠堂大都呈现对称结构，以庭院为中心纵横发展设计，中间是高大宽阔的门，左右各一扇小门。打开厚重的大门，跨过高高的门槛，就是一个庭院，两边的回廊挂着书画，正对着的就是主体厅堂，正中摆设着祖宗的灵牌、供品等。

3. 戏楼

又叫戏台，是供戏剧演员表演的地方，我国的传统戏剧是十分繁多的，在历史的发展过程中，戏剧的表现形式也是大小各异的，最原始的阶段，演员一般都是在露天的地方进行表演，随着社会制度的进步，演出的场所开始在茶楼、戏楼等地方。从一般情况来看，分布的情况大小各异，但是只要有人聚集的地方多半就有戏楼，从古至今，从大到小，戏楼一直存在于我国的日常生活中。戏楼一般三面敞开，一面留作后台，舞台台面空间简单，外延空间却很广。

4. 牌坊

牌坊是古代官方的称呼，乡村俗称它为牌楼。据考察分析，牌坊在周朝就已经存在了。最初的牌坊指的是门，后来历经朝代更迭，到唐宋时期发生了质的变化。商品经济开始发展时期，政府将城严格划分为居民区和商业区。商业区被称为"市"，市后来逐渐衍生为"城市"；而居住区被称作"坊"，这也成为人们的居住单位。而这些之间都有墙隔着，中间设有门，以方便平时的往来，后来逐渐形成了这种形式，所以现在这个也被叫作牌坊；而这些牌坊并不是一个固定不变的东西，南北方来说就有很大的不同。南方的牌坊总的来说比较小巧精细，比较有特色的是安徽、江苏和广西的牌坊，而北方由于我国的主要几个朝代都建都在北京，所以多受到皇家的影响，呈现出大方、气派的气质，显得十分凝重，多是宫廷的形式。按照建筑材料来分，主要有以下分类：木质的、石质的、砖质的、水泥质地的；按照功能来分，这些牌坊分为贞节牌坊、功德牌坊、孝子牌坊、名门望族牌坊、长寿牌坊、府衙官府牌坊、祭祀祠堂牌坊、地名牌坊、寺庙牌坊、能人异士牌坊、历史纪念牌坊、名胜古迹牌坊、书堂学院牌坊、文物庙牌坊、忠正牌坊、乐善好施牌坊、陵墓寺庙牌坊等。这些牌坊主要起着褒奖嘉奖、纪念故去、展示民俗、装饰粉饰、引导教化或炫耀的作用。而在古代，立牌坊是一件极其重要的事情，需要各方面的积极支持，而牌坊多是制作精美的，常常在牌坊上面粉饰有重要的图案，雕刻有各种图案和花纹。但凡是牌坊上雕龙饰凤的必定与皇家有一定的联系。那么这更是至高无上的荣誉，代表牌坊所表示的人在当地有着极高的地位，在封建社会中，其是重要的象征。

二、乡村习俗与节日

（一）乡村传统习俗

民间习俗是围绕人生重大事件形成的风俗习惯，其中生礼、婚礼、丧礼是三个重要的习俗。各民族和各地区风俗习惯有较大差异，本书主要描述汉民族中流行范围较广的习俗。

1. 生礼

生礼，即婴儿的诞生礼，是家人为庆祝新成员的加入而进行的一系列传统活动，多在小孩出生三天后举行。长辈们对新生儿最初的祈愿体现在"命名仪式"上，取美好幸运之字为后代命名，反映了家长的期望和心愿。婴儿出生三天后还要行"三朝礼"，即为孩子洗澡，俗称"洗三"。在北方地区，人们大多是用花椒、艾草等草药熬制的汤水给孩子洗澡；而在南方地区，人们多是在孩子的澡盆里放入喜蛋和金银饰品等吉祥物，这样做的目的是通过神灵的保护，避免孩子生疮；婴儿在刚满一个月时要办满月酒，亲友会送礼，在以往，人们通常送帽子，这帽子可是有讲究的，帽子上通常绣有寿星、虎头、金玉满堂、长命富贵等银饰。众所周知，在农村，按照传统的习俗，在百日这一天，为了表达美好的祝愿，人们聚集起来，为小孩降生一百天祝福，而在这一天还要举行抓周仪式，将各种东西放在表盘中，比如：书本、剪刀、铜钱等，小孩随意抓取，来预测小孩的一生，以表达对小孩未来美好人生的祝福。

2. 婚礼

其实不只在农村，世界上各个地方的人们都十分重视婚礼的形式。

第一个阶段是提亲。传统乡村男女之间想要结婚必须经过媒人这一关，通过媒人的中间作用，来衡量双方，如果不经过媒人，自己搞对象，而且受到了家庭方面的阻力，多半是要受到社会的耻笑的。在农村就算双方比较熟悉，但是为了结婚也要经由媒人的介绍，这也就是所谓的明媒正娶。即使到了现在，经过媒人介绍结婚仍然是一种较为普遍的现象。

第二个阶段是相亲。通过上文提到的媒人，男方带着礼品来到女方家，由女方的父母、亲戚帮忙见面，双方男女之间并不直接见面，不过这种习俗在民国之后逐渐有所改变，双方开始有所接触，亲自参与到相亲中。从现在的情况来看，除了男女双方自由恋爱的情况，青年男女到了一定年纪或自愿或被迫地通过相亲寻找结婚伴侣，若双方互相满意，便相互交换庚帖，然后再把庚帖拿去算命看是否合姻缘。在新中国成立后，虽然这种习俗不再存在，但是在某些地方，这种习俗依然是存在的。

1966—1976年，在对"文化大革命"进行全面的拨乱反正中，有关相亲的破旧风俗被破除，但仍遗留下了一些基本形式。20世纪70年代后期，文化上较为放松，乡村算命合婚之风又卷土重来。

第三个阶段是订婚。双方经过相亲后，对双方都比较满意，这时候，男方找准时机与媒人来到女方的家中，带着丰厚的彩礼来提亲，这时候，订婚了。在新中国成立初期，这种形式虽然存在，但是一般在从简，男女双方交换简单的生活物品即可，随着人民的生活水平不断提高，现在订婚的彩礼开始升级，在上门的时候，一般要给比较贵重的物品，如金耳环、金戒指、金项链等物品，显示男方对女方比较重视，有时候根据男方自身的条件，送的物品会更加讲究，多半会送一些带有吉祥意义的数目，比如666元的红包，或者其他具有吉祥意义的数目。如果要退亲，讲究会更多，如果在定亲后，男方反悔，那么男方的礼金不能要回，如果女方反悔，礼金要悉数奉还。在男女双方定亲后，则要选择一个成亲的良辰吉日，也即民间所说的"择日子""看日子"。双方确定的结婚日子一般来说都是比较具有吉祥意义的良辰吉日，有时候也会找人专门选择一个良辰吉日，甚至会找人选择一个送亲的日子，在这个时候，女方的人员会送嫁妆，在这一天，所有的嫁妆会系上红丝带，寓意红红火火，在这些箱子底部还会放上花生和红枣等，寓意"早生贵子"等父母的美好祝愿。

第四阶段是结婚。婚嫁双方都十分重视结婚，并且往往会大操大办。办喜事，这在各个国家都是十分重视的，这也是一个人一生中最有意义、最隆重的一次仪式。时代的发展、社会的进步带动了婚姻制度的革新，农村的婚礼形式发生了些许的变化，比如最近大热的集体婚礼和旅游婚礼，而且还有些男方入赘到女方家的。随着改革开放，农村人民的生活水平不断地提高，农村的婚礼也开始变得隆重起来，从步行骑马到专车接送、从一切从简到大操大办，婚礼的规模和内容日益繁杂。自20世纪80年代以来，婚礼的模式变得更加正式而隆重，不仅有专业的婚庆公司、专职的主持人、循规蹈矩的婚礼程序，还有场景装饰、灯光音乐、现场表演等文艺活动。过去，结婚需要主婚人主婚、证婚人证婚，而现在大多略去这一部分，婚礼流程都由司仪操持。同时，一些传统的婚礼习俗部分地区仍沿用至今，例如结婚前需男方提前布置好新房并由弟弟或侄子等男性亲属陪伴彻夜宿守新房，也称作"暖房"；还要在屋内外装饰红双喜字和彩球、摆红烛、燃放烟花爆竹等。婚礼当日新郎迎亲必不可少的是"四彩礼"：一块离娘肉示与父母骨肉相连、两棵带根大葱喻婚姻甜蜜长远、两斤粉条愿夫妻日子充裕、两包绵白糖盼后代牢靠聪明。不论过去还是现在，长久不变的是迎亲人员去时必为单数、返时必为双数，行走路线亦不能重复，以此祈求上天的美好祝愿。另外，若有两家迎亲队伍相遇的意外情况，过去需得两家互换红花、红喜字或放鞭炮庆祝，现在因为婚礼习俗的变迁只需新娘向车外扔红手帕讨个好兆头。迎亲队伍到达女方家附近要燃放鞭炮表示即将到达，女方听见鞭炮声也要做好等待新郎接亲的准备。新郎到达后，岳母要给新郎改口红包；同样，新娘到达男方家后，婆婆也要给新娘改口红包，后来还新增了新娘给婆婆头戴喜花这一习俗。关于结婚的穿着礼仪基本未变，新郎、新娘都需身着喜服，只是从过去的凤冠霞帔和状元服变成了现在白色婚纱和黑色西装、红盖头变成了头纱或直接不戴。在过去，新娘出嫁需抓钱并怀抱用红布包裹的洗脸盆，人们通常称之为"聚宝盆"，由兄弟背上婚轿或婚车，再由女宾客换上"踩堂鞋"；后来这一习俗有些许变化，新郎取代了兄弟和女宾客的位置，新增了新娘弟弟"送亲压车、挂门帘、挂钟"的习俗。到达男方家里后，新娘需先跨过火盆或盛子以辟邪祈福。紧接着就是最重要的拜堂仪式，因新人在天地桌前拜堂，故又称"拜天地"。执事人高喊"一拜天地，二拜高堂，夫妻对拜，共入洞房"即礼成。新娘坐福礼也由先拜堂后坐福变成了先坐福后拜堂，坐福后由小叔子拉下地，再由女宾客给新娘上头和开脸。

喜宴上还有"下厨礼"，即女方家人要赠红包给置办喜宴的厨师，喜宴一般在中午和晚上。婚礼当天晚上，新娘新郎要在新房中喝"交杯酒"，吃"合喜面"，早期还有掀盖头等，接着便是闹洞房，这也是流传至今未变的一大习俗，新婚当夜由新郎新娘的关系亲密的亲朋好友闹洞房至深夜。婚后第二天，新娘往往要早起给公婆奉茶，男方一家人一起吃团圆饭。过去，婚后第三天或第七天新郎要陪伴新娘回娘家，称"回门"或"回酒"；现在一般是婚后第三天回门。回门是新女婿第一次正式到岳父母家做客，由女方的近亲好友陪席，新郎要坐在首席受到最为隆重的招待。回门也是女方家办喜宴的时期，女儿"省亲回门"，父母往往宴请所有亲朋好友大操大办，中国人热情好客的特点体现得淋漓尽致。新婚一个月后，新娘要回娘家住几天，俗称"住家"；新婚第一年，新郎新娘一般在大年初二或初六携带置备好的礼物回娘家"拜新年"，往往根据新娘家直系亲属的数量置办相应的礼物，而受礼之家要招待新人，这一习俗至今未变。

3. 丧礼

丧礼是为追念故人，安慰丧家遗族，并借以提醒一般会葬者对死之警觉而行的礼仪。丧礼在农村也是十分重要的一种仪式。家中的老人一旦去世，这个时候丧礼就开始了。在以前，祭奠去世亲人要拿一个盆、一张纸敲着盆到屋外烧纸，后返回屋内，再把盆放在老人脚下，此为"孝盆"；在盆里面烧纸，相传这样可以给逝者"送钱"；这一系列的活动被称为"送终"。送终后，将尸体安放妥当便要向死者的娘家或舅家等外系亲族报丧，以通知他们前来吊唁。待所有亲属到齐后便举行"入殓"仪式：剃头、洗身、穿寿衣、在舌头下压一枚硬币、穿鞋戴帽后放入棺材，但不封棺。入殓后要在家正厅临时搭建一个灵堂，灵堂里设香案，香案上要摆上供品如水果等，还要放置香炉以供吊唁者奉香。香案上还要点上长明灯，由死者家属守灵，陪伴死者走完最后一步。守灵者多为死者子女，也称"孝子"；他们身穿白孝衣，头戴白孝帽，腰间系上一根粗麻丝，手中拿一根木棒（通常是由大拇指般粗的柳木做成并缠上白纸）。不管见到来吊丧的人是否熟悉都要以磕头的方式来表示感谢。一般来说，出殡的日子由风水先生算好后，等待出殡的这段时间都为吊唁和守灵的时间。封棺在出殡当天早上进行。出殡时，由"阴阳先生"主持，村里的青壮年帮忙抬棺，全程在悲壮的唢呐声和哀恸的哭声中进行。队伍最前方是用白纸做成的"白鹤"和"引魂幡"引路，两边是花圈、纸幡、花篮等，队伍一边走一边燃放鞭炮并向空中撒纸幡，后边则是鼓手。通常男孝子需牵扯着一丈多长的白帐伴着棺木慢慢行进，而女孝子在棺木周围按照一定的曲调唱哭以诉说对死者的思念。到了坟地，棺木首先要绕坟三周，然后放在墓前，待孝子施礼后送入墓穴；之后填土起坟冢，将火纸堆成空心长方体并把所有与葬礼有关的物品丢进去悉数燃烧，丧礼即结束。后续便是逢死者百日、忌日、生日、春节和清明节等有特殊意义的日子后人按礼数扫墓、祭拜。

（二）乡村传统节日

传统节日是指一年中依照农业生产不同的节气和时令，乡村中形成的祭祀、集会、宴聚、娱乐等活动习俗。

1.春节

我国农历年的岁首称为春节。春节对我国来说是这一年来最重要的节日，这是人们团圆相聚的日子，也是总结过去、展望未来的一个重要节日。史书记载，过春节是虞舜时期兴起的，距今已有四千多年的历史。舜即位后带领官员下属等祭拜天地，人们为纪念新帝即位便将这天当作"岁首"，算是正月初一，后又将正月初一设为春节，农历新年的雏形由此出现。秦始皇大一统之后以十月作为正月，秦朝和汉初均沿用秦历。直到汉武帝继位后，为规整历法命公孙卿和司马迁造"太阳历"，即后朝我国一直沿用长达两千零八十年至清朝末年的农历（又称夏历、阴历），现在人们仍广泛地使用农历过生日和传统节日。

春节在不同朝代、不同地域有不同的称谓。先秦时期将春节称作"上日""元日""改岁""献岁"等；到了两汉时期，又叫"三朝""岁旦""正旦""正日"；魏晋南北朝时称为"元辰""元日""元首""岁朝"，唐宋元明时，则称为"元旦""元""岁日""新正""新元"等；到了清代，一直叫"元旦"或"元日"，其中大多数叫法现在部分地区仍在使用。辛亥革命时期，孙中山在南京就任中华民国临时大总统时宣布使用世界通用公历，即1912年1月1日为民国元年新年，也叫作"阳历""新历"。1949年9月27日，中国人民政治协商会议第一届全体会议做出采用世界通用的公元纪年的决定。为了区分阳历和阴历两个"新年"，传承我国传统节日和文化，故把阳历1月1日称为"元旦"，农历正月初一正式改称

"春节"。

春节来临之际，全国各地的人们开始买年货，准备过年需要使用的物品，在除夕的时候，全家人都要聚集在一起享用年夜饭，这是一年来最丰盛的一顿饭，在这一天，人们还要放鞭炮，贴年画，迎接新的一年。我国的春节都是团圆的日子，但是各个民族的过节方式都是各有不同的，汉族和满族以及朝鲜族过节的方式都是大同小异的，在这一天都是要吃饺子的，各家张灯结彩，燃放鞭炮，并向家人送上最真挚的祝福，这一天的庆祝活动也是十分丰富的，人们在这一天要逛庙会，欣赏精彩的节目。

2. 元宵节

元宵节也叫上元节，是每年的农历正月十五。因正月是农历的元月，正月十五是一年中第一个月圆之夜，古人又称夜为"宵"，"元宵"由此得名。元宵节是春节后的第一个传统节日，为了庆祝一年初始，人们通常将新年广义定为正月初一至正月十五，作为庆贺新春的延续。

据传统，元宵节是春节的最后一天，因此这一天人们广泛庆祝。这一天，人们纷纷走出门外，张灯结彩庆祝，各家都赏月、猜灯谜、吃元宵、共度佳节，其乐融融。因为要猜灯谜的缘故，所以元宵节也被称为灯节。这一传统习俗的出现还要追溯到汉朝；大唐盛世，这一活动因此变得更加兴盛，坊、市处处张灯结彩；到了宋朝以后，这一习俗到达顶峰，这一活动更加热闹，持续时间也更长，一般来说要持续五天，形式也更加丰富，这几乎是我国时间最长的灯节了，到了清朝，虽然活动只有三天，但是赏灯会的盛况空前，规模很大。

到了宋朝，灯节已不仅仅局限于赏花灯。据说南宋时民间盛行元宵节猜谜之风，渐渐地，有人突发奇想将猜谜与花灯融合，因谜语能启迪智慧且颇有兴趣，受到各个阶层和年龄段的欢迎，"猜灯谜"（又叫"打灯谜"）由此产生并盛行起来。

3. 清明节

《淮南子天文训》有云："春分后十五日，斗指乙，则清明风至。"按《岁时百问》的说法："万物生长此时，皆清洁而明净；故谓之清明。""清明"一词来源于二十四节气歌"春雨惊春清谷天"的"清"，由于二十四节气比较客观且准确地反映了一年四季气温、降雨、物候等方面的变化，所以古代劳动人民按照它安排农事活动。清明在四月，正值初春之际，此时气温升高，雨量增多，正是春耕春种的大好时节。故有"清明前后，点瓜种豆""植树造林，莫过清明"的农谚。这也体现了农业和自然的密切联系。

某种程度来说，清明节作为节气被列为传统节日显得有些格格不入。节气是我国物候变化、时令顺序的标志，而节日则包含着一定的风俗活动和某种纪念意义；但清明节与纯粹的节气又有所不同。清明节最初是节气，后来渐渐演变成祭祀节日，祭祖和扫墓都在清明节进行。扫墓俗称上坟，是祭祀死者的一种活动。汉族和一些少数民族大多都是在清明节扫墓，有的在春节前后也要扫墓。按照习俗，扫墓时需带上以白酒、猪肉、水果、纸钱等为主的物品供奉在墓前。民间有种说法是供奉的东西和焚烧的纸钱都会到达逝者手上，供奉的越多逝者就会收得越多，因此人们为了纪念亲人往往带上各种物品，祈盼亲人在另一个世界能过得好。供奉结束后还要为坟墓培上新土，折几枝新枝插在坟上，然后叩头作揖行礼祭拜，最后撤掉酒食带回家。在有些地区，家里还设有专门的祭祀桌祭祀先祖。唐代诗人杜牧的"清明时节雨纷纷，路上行人欲断魂。借问酒家何处有？牧童遥指杏花村"形象地写出了清明节的特殊气氛。

清明节与传统节日另一不同之处在于清明节使用的是阳历，即每年的4月4日至6日之间，而这个时候春光无限好，正值人们外出踏青或春游的最佳时期，因此清明节又叫"踏青节"。明清时期踏青成为一项雅俗，在我国古时候，清明也被称作探春、踏春或者寻春，现在多称为春游或观光。百姓一般会在此时去近郊观赏大自然的景色，赏花看绿。

放风筝是清明节的另一项趣俗。早期，放风筝是人们驱逐晦气、图吉利的活动，人们将风筝放上天，等到风筝被云遮住后便剪断风筝线，风筝飘走就寓意"晦气走了""晦气没了"；后来放风筝逐渐成为人们的一项休闲活动。风筝在传承过程中制作材料、样式、制作工艺也发生了许多变化，放风筝的时间空间也拓展到可以随时随地放，而不仅仅局限于清明节。

"插柳戴柳"是清明节的又一习俗。顾名思义，插柳即将柳枝插在门上，戴柳一般是妇女和孩子的专属，妇女戴柳作点缀，孩子将柳条做成帽子戴在头上玩耍；尽管形式多样，归根到底都是为了跟随传统祈福。

打秋千是清明节前后的雅习，也称荡秋千，是我国古代北方的一种游戏，唐宋时就甚为流行，其主角是妇女和孩子。因为北方天气寒冷，一入冬妇女和孩子就很少出门了，等到天气暖和了，才出门活动活动。

拔河也是清明节的习俗，古称牵钩、俗戏。相传始于春秋战国时期，最初以竹皮制成竹索，以拖敌船，后来演化为民间的一种竞技比赛。据说清明拔河也是为了舒展筋骨，健体强身。过去一进入冬季，人们就很少出门，多在室内生活，活动的空间很小，春暖花开，就赶紧来活动活动，而拔河需要全身运动，既呼吸了新鲜空气，又锻炼了身体，可谓一举两得。以后这种活动变成一种体育运动项目，而在清明时拔河的习俗却逐渐消失了。

4. 端午节

端午节也称"端午""端阳"，是每年的农历五月初五。此外，端午节还有许多别称，如午日节、重午节、五月节、浴兰节、女儿节、天中节、地腊、诗人节、龙日等。尽管各地叫法不同，但庆祝方式万变不离其宗。

有关端午节的起源，人们众说纷纭，例如纪念屈原说；纪念伍子胥说；纪念曹娥说；起于三代夏至节说；恶月恶日驱避说；吴越民族图腾祭说；等等。每种说法都有的道理，但流传到现在的还是纪念屈原说。据著名学者闻一多先生在《端午考》和《端午的历史教育》中列举的百余条古籍记载和相关考古人员的考证，我们可以知道比纪念屈原说更早的说法是我国古代南方吴越民族举行图腾祭的节日。但是因为屈原的英雄事迹和感人肺腑的诗词早已在千百年的传颂中深入人心，人们"惜而哀之，世论其辞，以相传焉"，渐渐地，纪念屈原说占据了主流地位，后世也鲜有人认可其他说法。相传民众为了打捞屈原沉入汨罗江的尸体竞相划船四处寻找，为了不让鱼虾啃食屈原的身体往江中扔米饭和食物，又因米饭易散，于是用粽叶包裹；后来便演变成端午节特定的"赛龙舟""包粽子"，这也成为我国两千多年来的两大传统习俗。由于我国地域宽广，人口、民族众多且地区差异性大，因此端午节有多个名称和习俗。汉民族的习俗主要还是传统且极具代表性的赛龙舟、包粽子、喝雄黄酒、挂菖蒲艾草等，而在其他少数民族地区，端午节习俗可谓多种多样，例如女儿回娘家、挂钟馗像、迎鬼船、躲午、贴午叶符、佩香囊、备牲醴、比武、击球、荡秋千、给小孩涂雄黄、饮用菖蒲酒和吃五毒饼、咸蛋和时令鲜果等；除了一些带有迷信色彩的活动已经消失外，许多习俗流传至各个地区甚至邻近国家。其中比较出名的赛龙舟活动在如今已突破了时间、地域，成为国际性的体育赛事。

5. 七夕节

七夕节来源于我国的神话故事，相传牛郎和织女被王母娘娘拆散后只能在每年的七月初七这天鹊桥相会，这是我国传统节日中最具浪漫色彩的一个节日；受牛郎织女的爱情故事影响，七夕节是过去姑娘们最为重视的日子，因此也称之为"乞巧节"或"女儿节"。仲夏之夜，夜空繁星闪耀，地上张灯结彩，这是牛郎与织女相会的日子。传说这天银河贯穿南北，银河两侧最闪耀的两颗星星便是牛郎星和织女星；而七夕节观赏牛郎星和织女星更是流传千年的习俗。

相传织女是天上最聪明伶俐、心灵手巧的仙女，于是凡间的女性便在七夕节这天向织女乞求灵巧的手艺和美好的爱情，这也是"乞巧节"的由来。另说牛郎织女相会之时，人们抬头可以看到牛郎织女，在树下还可以听到两人的悄悄话。在过去，婚姻对于女性来说是决定一生的事，因此许多未出阁的女孩往往在这个特别的晚上乞求有一份美满的爱情和婚姻；她们往往在桌上摆上瓜果朝天祭拜祈愿以彰显虔诚之心，乞求姻缘的同时也祈盼女神能赋予其灵巧的双手和聪慧的心灵。受古代封建思想影响，后也有男性加入这个行列。现在七夕节逐渐演变为东方的情人节，受到众多青年男女的热捧。

6. 中秋节

农历每年的八月十五是我国的中秋节，因为八月十五是一年中秋季的中间部分，所以也被叫作中秋。在我国，关于中秋节的诗句是最多的，人们在这一天表达对家人的思念和对故乡的留恋之情。在这一天，月亮特别圆，所以人们会团聚起来赏月，在月亮下吃月饼，表达家人团聚的喜悦，所以，在我国，中秋节也被叫作"团圆节"。

在夏商周时期，我国就有祭拜月亮的习俗，在中秋这一天，都要举行隆重的迎接月神的祭祀活动，人们要沐浴更衣，设香案，点上香，摆上月饼等祭祀用品，在八月十五这一天，借着月光，把月神的神像放在月亮底下，点燃蜡烛，全家跪拜祭祀月神。完成祭拜仪式之后，大家在母亲的主持下开始食用月饼，这一天，全家都要聚集在一起，月饼的份额都是固定的，不能少也不能多，不论离家多远，都要回家团聚。相传，古时候的齐国丑女无盐，在小时候就虔诚地拜月神，在长大后，人品超群，但是未被皇帝宠幸，在某一年的中秋节这一天，皇帝在月光下见到她之后，觉得她生得落落大方，遂娶她为妻，立她为皇后。

在唐朝时期，中秋节开始流行起来，各家各户都开始在这一天庆祝，不论男女老少，贫富贵贱都要穿上新的衣服虔诚地祭拜月神来表达自己美好的心愿。到了南宋时期，中秋节就开始流行赠送月饼，寓意团团圆圆，在有些地方还流行某些庆祝活动。到了明清以后，中秋节的活动更盛行，许多地方开始烧香，逛灯会，在广州这种习俗依然保持着，在这一天，各家各户张灯结彩，灯的样式也是各式各样，有龙凤的，鸟兽的，鱼虫的，好不热闹。然后将竹竿插在房屋高处，如平台、屋顶或高树之上。入夜，满城灯火，如繁星点点，和天上明月争辉，以此庆贺中秋，也叫"竖中秋"。在这一天，人们点亮塔灯，放灯花，祝酒行词，表达对家人的祝愿、对家乡的思念，也表达对家人身体健康的祝愿之情。

7. 重阳节

重阳节作为我国最古老之一的传统节日，在很早之前就有相关的诗句来表达对重阳节的纪念，如"遥知兄弟登高处,遍插茱萸少一人"，在这一天，如诗中所写，人们要登高望远，遍插茱萸，吃重阳糕，饮菊花酒等。人们庆祝重阳节的方式都充满浪漫色彩。老子认为"六"这个数字是阴性的，"九"这个数字是阳性的，所以九月初九是一个十分吉利的日子，所以在我国很早的时候就开始庆祝这个节日，在这一天，因为是秋天，这是收割的季节，人们表达的愿望是十分丰富的，不单单是表达登高望远的浪漫色彩，还表达了对美好生活的祝愿，所以在我国有许多的诗句表达了对重阳节的纪念。

到了如今，重阳节在我国的重新定义下，有了全新的意义，它表达的是我国对于孝道的继承，我们在这一天呼吁尊老、敬老、爱老。在这一天老人们纷纷出门游玩，在大自然中尽情地表达自己，在这一天，家中的晚辈还会搀扶着老人到郊外或者为老人准备一些可口的食品。

8. 冬至

相传，在我国的二十四节气出现的时候，"冬至"是第一个被确立的时节，在两千五百多年前，人们观测太阳的时候，知道了每年的十二月二十二日这一天到二十三日这一天，黑夜是最漫长的一天，白天是最短暂的一天，在这一天过后，气候开始变得寒冷起来，人们把这一天也叫作"进九"，所以冬至是我国传统节日最具有历史的一个节日，至今在某些地方依然有它的身影，所以民间到现在依然有"冷在三九，热在三伏"这样一个说法。

冬至在我国现在这个时候已经不够重视了，因为这个时候临近春节，很少有人注意到这个节日，但是在古代，冬至是受到十分重视的一个节日，有一种说法是"冬至大如年"，足以见到冬至在那时候人们心中的重要程度。冬至后昼短夜长，白天被黑夜取代变得越来越短，而这天又表示阳气升起，代表着吉利，所以是值得被庆贺的；在北方某些地方，冬至依然是作为一个重要的节日来过的，一些地方在这一天甚至还要祭祖。

三、乡村文学与歌舞

（一）乡村传统文学

乡村的传统文学指的是从事农业生产劳动的广大人民群众创作的脍炙人口的作品。它产生、传播在广大乡村和农民中间，按照体裁可以归结为三大类。一是传统的民间故事，其中包括神话传说、寓言故事、俗语等脍炙人口的作品；二是民间所作的诗歌、歌谣、谚语等具有韵律的作品；三是民间最为广泛传播的戏曲，不仅仅包括戏剧，还包括评戏、大鼓、三弦等艺术形式。

1. 神话

主要保留在《山海经》《淮南子》《列子》《楚辞·天问》等典籍中，内容主要包括：

（1）创世神话

在我国的神话体系中，盘古是创造天地宇宙的神，世界上各个国家对此都有着相似的神话传说，相传在很久之前盘古生于天地之中，天每日升高一丈，地每日变厚一丈，如此许多年之后，天地开始形成。这是一个典型的创世神话。

（2）始祖神话

有关人类起源的神话，首推女娲的故事。女娲造人在我国是妇孺皆知的神话故事，传说女娲生于天地之间，感觉大地缺少生机，于是开始抟土造人。这个故事开始流行于母系社会中，描述的是女娲抟土造人的伟大功绩，这是对女性延续种族的肯定，也是对女性社会地位的一种积极的态度。

（3）洪水神话

中国传统神话中著名的大禹治水的故事是家喻户晓的，这也是洪水神话的开端，他"重疏通"的治水理念在如今看来也是一种智慧，可谓"股无胈，胫无毛，手足胼胝，面目黧黑，遂以死于外"，历尽千辛万苦。

（4）战争神话

黄帝和炎帝是当时中原的两大部落的首领，并在各自的发展过程中发生过较大程度的冲突。有一次著名的大战是发生在黄帝与蚩尤之间的涿鹿之战："蚩尤作兵伐黄帝，黄帝乃令应龙攻之冀州之野。应龙蓄水。蚩尤请风伯、雨师纵大风雨。黄帝乃下天女曰魃，雨止，遂杀蚩尤。"

（5）发明创造神话

这时候的神话故事，一般来源于新石器时代的后期，故事多半是以人类为主角，表达了人类在战胜大自然这一方面的丰功伟绩。

比较著名的故事有仓颉造字、神农尝百草、燧人取火、夸父追日、精卫填海等，这些神话故事都表达了人类的英勇的个性和勇气，显示了人类的美好品质，或表达了与大自然抗争的悲剧神话。这些神话故事在那个时候都表达了人类对于大自然的不可抗性的不服输的个性，是人类寄情于神话故事的美好祝愿。

2. 传说

在乡村，有许多关于农民起义英雄的传说。陈胜、吴广的传说已经成为《史记》的素材。关于黄巢、宋江、方腊、李自成等起义的传说广泛流传。还有许多表现美好人性和生活理想的传说。如《牛郎织女》叙述了这样一则故事：牛郎是一位老实巴交的青年，他从小父母双亡，被哥哥嫂嫂欺负，日子过得十分清苦，身边只有一头老黄牛做伴，但是有一天奇迹发生了，一位美丽的女子来到他的家中，为他做饭织衣，打扫屋子。原来是一位美若天仙的姑娘做的。他们结为夫妻，男耕女织，生活得很美满，生了一男一女。突然有一天织女却突然不见了，两个孩子没有了妈妈顿时大哭不止。

牛郎在这个时候也慌了，他不知道有什么办法可以把织女找回来，这时候，一直陪伴他的老黄牛开口了，向他道明了原委，并恳求牛郎杀了他，把它的皮剥下来，穿在身上就可以飞天，去寻找织女，牛郎不肯，但是拗不过老黄牛，于是杀了老黄牛。牛郎牵着两个孩子赶紧追上去，王母娘娘在这个时候急忙拔下头上的金簪向空中一划，在天地之间瞬间生成了一条大河，牛郎顿时没有了办法，他们两夫妻只有隔着遥远的银河相望，他们每年的见面只有七月七日这一日，成千上万的喜鹊飞过来搭起一座大桥帮助他们夫妻见面。

3. 生活故事

传统生活故事多取材于日常的生活中，故事流传较广，它不一定具有十分清晰的历史背景，故事多半是经过二次加工的或者完全虚构的，常常是"有个人""有兄弟俩""有个财主"，或者就是"哥哥""弟弟""王小""张大"等。它的时间多不确定，可以是"古时候""从前"等。传统生活故事主要有长工与地主的故事、官和民的故事、劳动故事、家庭故事、爱情故事。例如《半夜鸡叫》，周扒皮的故事可谓家喻户晓，他为了剥削长工，每日天还未亮的时候便学鸡叫叫长工下地干活，所以，当周扒皮再次作祟时，长工们一拥而上，痛打"偷鸡贼"，周扒皮狼狈不堪；《唐打虎》的故事讲述了祖孙俩打虎，爷爷让七八岁的孩子把老虎引来，自己举着斧头蹲在地上等着，只要老虎一扑上来，那斧子能把老虎从嘴一直豁到屁股，又快又准；《梁山伯与祝英台》讲述了这样一则故事：祝员外的女儿祝英台从小就希望能够上学，又生得落落大方，十分漂亮，有一天，她突发奇想，为什么不装扮成男儿身去上学呢？于是她扮成男人的样子到了学堂，遇见了一个叫梁山伯的男同学，学问出众，人品也十分优秀。他们情投意合，结拜为兄弟，形影不离。日子一天天过去，祝英台越发觉得梁山伯是一个十分可靠的男人，她对梁山伯早就已经芳心暗许，三年的时间转瞬即逝，他们到了分别的时候，两人都十分舍不得对方，但还是恋恋不舍地分了手。过了几个月之后，梁山伯拜访祝英台的时候，才发现原来祝英台并不是原来的那个清秀的小书生，而是成了一位落落大方的美丽女子，梁山伯不禁怔在了原地，再见面时，他们都明白了彼此的心意。这时候梁山伯决定向祝家提亲，但是祝员外看不上这个穷小子，对他冷嘲热讽，并说已经将祝英台许配给了别家公子，梁山伯这时候万念俱灰，回家之后，大病一场，不久就病逝了。祝英台闻讯之后，黯然销魂，她答应了爹爹的亲事，在迎亲这一天，她穿上最漂亮的衣服，路过梁山伯的坟前的时候，天地变色，飞沙走石。祝英台走出花轿，来到梁山伯的坟前，跪下来放声大哭，顿时梁山伯的坟前裂开一道大缝。她纵身一跳跳了下去，这时候，风消云散，雨过天晴，缝隙中飞出一对美丽的蝴蝶，在阳光下翩跹起舞。

4. 寓言故事

寓言就是哲理故事。寓言一般篇幅较短，情节单纯，描写线条较粗，富有哲理性。如《拔苗助长》《朝三暮四》《愚公移山》《亡羊补牢》《掩耳盗铃》《寒号鸟》《画蛇添足》《狐假虎威》《鹬蚌相争》《塞翁失马》等。《朝三暮四》讲的是这样一则故事：宋国有一个养猴子的人名叫狙公，喜欢猴子，他家养了一大群猴子，养猴的人能明白猴子的心，猴子们也能讨得狙公的欢心。他对猴子们十分重视，甚至达到了宁可减少全家食用也要满足猕猴。然而，不久后，家里缺口粮了，他将要限制猴子们吃栗子的数量，但又怕猕猴不顺从自己，就先欺骗猕猴说："给你们的栗子，早上三个，晚上四个，足够吗？"猴子们一听，都站了起来，十分恼怒。过了一会儿，他又说："给你们的栗子，早上四个，晚上三个，这下足够了吧？"猴子们一听，一个个都趴在地上，非常高兴。这个故事揭露的是狙公愚弄猴子的骗术，其意义是告诫人们要注重实际，防止被花言巧语所蒙骗。

5. 童话

童话是流传于民间的儿童故事，富于幻想、内容单纯直白、人物善恶分明、情节曲折起伏，引人入胜。有动物故事，如《狐狸、猴子、兔子和马》：狐狸在树林里很不得人心，于是猴子和兔子聚在一起，决定想出一个办法来整治一下这个狐狸。终于它们想出了一个完美的办法，一日，它们来到狐狸的家中，问狐狸知道不知道这个世界上最好吃的东西是什么。狐狸感到疑惑不解，于是它们说，这个世界上最好吃的莫过于马屁股上的肉，狐狸听说了之后，动了歪念头，决定去尝一尝马屁股上的肉的味道，又听到它们说要想吃马屁股的肉必须把自己的尾巴和马的尾巴绑在一起。有一天狐狸在野外遇到了正在睡午觉的马儿，它决定尝一尝马屁股的肉的味道，于是把自己的尾巴和马的尾巴绑在一起，对准马的屁股一口咬了下去，马儿本来正在熟睡，顿时觉得屁股一痛，痛得跳了起来，对着狐狸就是一脚，在野外疯狂地跑了起来，拖着狐狸满地跑，在树上的猴子看到了这番场景之后笑得从树上掉了下来，摔红了屁股，而兔子更是笑得不能自已，把自己的嘴都给笑裂开了。还有些关于精灵的故事，例如《狼外婆》。

6. 歌谣

歌谣不似诗词那般是经过仔细推敲后创作的，它带有很大的随意性，往往是人们灵感来袭时口头创作的表达个人想法和情感的短篇韵文作。其中可以和着曲调唱出来的叫作歌，不唱的叫谣。自古以来就有各种不同的民歌在世界各地传唱开来，例如，四川邛州的"秧歌"，江南吴地的"山歌""掉歌"，湖南衡山的"采茶歌"，广东潮州的"秧歌"，南雄、长乐等地妇女中秋拜月时唱的"踏月歌""月歌"，广西壮族的"痕花歌"，侗族的"琵琶歌"等。这些地地道道的民歌都反映了广大人民群众的心声，虽然我国地大物博，地理环境各异，但是都表现了人民的日常生活。民歌大都是一些优美的抒情歌曲，如明代吴地山歌《月上》。

7. 谚语

谚语同歌谣出处一样，是人们口头传诵而出；谚语与歌谣不同之处在于谚语一般具有哲理性和实用性，它往往用简单通俗的固定语句来反映自然规律或深刻哲理。农民在生产生活过程中总结出来的有关农业天气的谚语非常多，很有价值。比如，"冬暖多瘟疫，夏冷不收田""春旱不算早，秋旱减一半""立冬不起菜，必定要受害""人误地一时，地误人一年""伏日深耕田，赛过水浇园"等。再如，"好种出好苗，好葫芦结好瓢""浇不死的韭菜，旱不死的葱""阴坡地上羊粪，阳坡地上猪粪""人勤地不懒，大囤圪堆小囤满"等。

8. 长诗

长诗的主要成就体现在民族史诗。最早的民族史诗保存在《诗经》中，《诗经》中的大雅部分的相关作品有《生民》《公刘》《绵》《皇矣》《大明》，这些作品记载了在农活开始时，人们举行隆重的祈谷、籍田典礼，祈求上帝赐丰收，天子率诸侯象征性犁地等活动；国风中最长的一篇《七月》，则是全面深刻地反映农夫生活的优秀作品。我国少数民族的史诗成就比较大，其中最为著名的便是藏族史诗《格萨尔王传》。它塑造了以格萨尔王为首的英雄人物们同藏族人民一起战胜邪恶势力的英勇形象，《格萨尔王传》贵在篇幅宏大，它既真实再现了古代藏族与邻近地区、部落和国家之间的战争，还记录了藏族人民的社会生活。因其情节独特、语言优美且主题鲜明，至今藏族地区还有人口头传唱，是一部"活着的史诗"。

9. 绕口令

绕口令将声、韵、调极易混淆的字交叉重叠，编成句子，说快了容易出错，是一种民间情趣的艺术样式。例如："扁担长，板凳宽，板凳没有扁担长，扁担没有板凳宽。扁担要绑在板凳上，板凳偏不让扁担绑在板凳上。""南边来了他大大伯子家的大夯拉尾巴耳朵狗，北边来了他二大伯子家的二夯拉尾巴耳朵狗。他大大伯家的大夯拉尾巴耳朵狗，咬了他二大伯家的二夯拉尾巴耳朵狗一口；他二大伯家的二夯拉尾巴耳朵狗，也咬了他大大伯家的大夯拉尾巴耳朵狗一口。不知是他大大伯家的大夯拉尾巴耳朵狗，先咬了他二大伯家的二夯拉尾巴耳朵狗；还是他二大伯家的二夯拉尾巴耳朵狗，先咬了他大大伯家的大夯拉尾巴耳朵狗。""黑化肥发灰，灰化肥发黑。黑化肥发黑不发灰，灰化肥发灰不发黑。"

10. 谜语

谜语起源于古代的隐语和廋辞。"谜语"的命名始于明代，组织者在灯上粘贴谜条供人们去猜，因此又叫作"灯谜"；反映农业生产生活的谜语更是广为流传。例如，"名字不积极，干活顶努力，田里来回跑，再累不休息。"（拖拉机）"小铁牛，两个头，一头喝水一头流，流进山坡梯田里，禾苗点头乐悠悠。"（抽水机）"样子像楼梯，直通天和地，四季变颜色，黄绿相交替。"（梯田）"像糖不是糖，像盐不是盐，人畜不能吃，庄稼吃着甜。"（化肥）"一个娃娃真俊俏，衣服穿了七八套，怀中藏有珍珠宝，头上戴有红缨帽。"（玉米）

11. 快板和快书

快板别称"数来宝""顺口溜""流口辙""练子嘴"，是一种源自宋代的传统说唱艺术，属于我国曲艺的韵诵类曲种。快书是在快板的基础上发展起来的，二者属于同一大类中的两小类。

快书与快板同以节奏感极强的说唱或诵读进行表演，并且其词曲均为规整平齐的韵文；二者区别最突出之处在于其曲调、节奏、方言和词曲内容不同。具体来讲，快板仅表演富有哲理性或抒情性的节目，其词曲平仄有别、偶有押韵，称为"花辙"；快书则表演塑造典型人物形象之类故事性极强的节目，并且词曲往往每一回目一韵到底，这与快板相比结构更为严谨，同时又更有曲艺韵味。另外，快板和快书曲词的基本句式比较自由灵活，虽多是七字句为主的结构，但在实际运用时为了更契合故事情节和人物情感，只要与说唱的节奏和曲调不矛盾，也可以嵌字、增字或减字。

快书和快板按照流行区域、方言变换、道具使用和说唱风格的不同又分为许多曲种，其中山东的竹板书最为著名，另上海的锣鼓书和天津的快板书等也十分优秀。

快书和快板作为韵诵类的口头说唱艺术类型，十分注重曲词语言本身的创作质量及艺术魅力。在词曲的创作过程中不仅巧妙运用我国传统诗歌惯用的"赋、比、兴"手法，而且非常注重诸如"排比、对仗、双声、顶针、叠韵、谐音、双关、比喻"等修辞技巧和手法。快板和快书崇尚喜剧色彩和娱乐效果，表演者往往创造"噱头"和"包袱儿"来提升观众的代入感并增加表演的吸引力，他们追求一种"寓教于乐"的美学境界，其审美风格具有先进性和历史性。

12. 大鼓曲词

大鼓是中国传统曲艺众多分类中的一个重要类别，有十余个种类，而曲词是戏剧人物的语言，也叫"曲辞"；大鼓通常在曲词的配合下出现在曲艺舞台上，包括"大鼓、渔鼓、坠子、琴书、时调小曲、牌子曲"等，音乐唱腔是区别不同大鼓曲种的重要标志。它们的共同特点是："唱故事、音乐性强。"大鼓是把文学、音乐、表演三种因素相结合的传统说唱艺术，以文学说唱为主；鼓词是唱出来的叙事诗，是一种优美的说唱诗。鼓词以民歌、故事、话本等材料为基础并加以发展，有人物有故事、有抒情有叙事，更像是唱出来的故事，配合着大鼓曲调，吸引人而又通俗易懂。鼓词也可以脱离大鼓口头演唱，但一定要同唐诗宋词一般讲究平仄押韵，两句相对，对偶工整。

（二）乡村传统歌舞

《尚书·舜典》上说："予击石拊石，百兽率舞。"讲的就是原始社会的人们在出猎之前或狩猎回来之后为祈福和祭祀而进行的原始宗教仪式。人们扮成兽形围在一起跳舞，一边跳舞一边欢呼歌唱，气氛十分欢乐，这便是传统歌舞的原型。《吕氏春秋·古乐》说："葛天氏之乐，三人操牛尾，投足以歌八阕。"书中所唱之词为祈求风调雨顺、五谷丰登。在原始社会，歌舞是用于表达情感的一种形式，但多用于表达开心和祈愿，因此原始社会的人们用歌舞纪念战争胜利、庆祝丰收、驱鬼除疫、祭祀祖先和为男女求爱等，歌舞也因此成为他们初级社会的调和剂。人们歌舞不仅为了祭祀神仙，也是为了放松娱乐自己。

由原始社会发展到阶级社会，我国有一个不同于西方的特点：西方原始氏族血缘组织的渐渐解体是随着阶级的出现而进行的；而我国却换汤不换药地将这种组织残余置为不可动摇的地位，并在此基础上形成了带有浓厚封建色彩的乡村固定组织。与此同时，原始歌舞也被人们传承并发展起来。《论语·乡党》里说：孔子在每年"乡人傩"的时候，自己也恭恭敬敬穿起朝服去参加。"乡"指孔子氏族所在地即出生的老家；"傩"就是每年年三十举行的逐鬼除疫的仪式。战国时期屈原的《九歌》写的就是楚国民间祀神歌舞的歌词。汉代关中地方民间歌舞，见于记载的有《东海黄公》；南北朝和隋代，北方有《钵头》《大面》《踏摇娘》，南方有《狮子舞》，唐代更把这些歌舞加以提高；北宋有《迓鼓舞》，南宋有《旱船》《竹马》《花鼓》等。这种歌舞的特点是：农民在节日才演出；是业余的；是在广场或队伍行进中表演的；人们通常载歌载舞，装扮成人物来表演，但还没有构成完整的戏剧性故事；除歌舞外，还包括各种技巧表演，如踩高跷、武术、筋斗等。自宋以来，这种歌舞通称为"社火"。民间歌舞主要形式有秧歌、地方戏曲、皮影戏等。

1. 秧歌

秧歌是我国北方地区广泛流传的民间舞蹈之一，它极具群众性和代表性，在不同的地区又有不同的风格和称谓。秧歌的称谓分为两种：踩跷表演的称为"高跷秧歌"，而不踩的称为"地秧歌"。现在多将"地秧歌"统称为秧歌，而秧歌也演变成了秧歌舞。从南宋周密《武林旧事》中介绍民间舞队中"村田乐"的记载到清代吴锡麟《新年杂咏抄》中现存秧歌与宋代"村田乐"的源流关系可以看出秧歌的历史久远。

秧歌的队形为其主要形态，工整划一且人数灵活多变，少则两三人，多则上百人；因此秧歌也被分为集体舞、双人舞和三人舞等多种表演形式。表演需要根据角色的特征手持相应的手绢、伞、棒、鼓、钱鞭等道具，在锣鼓、唢呐等吹打乐器或慷慨或柔和的伴奏下舞蹈。因各地秧歌的舞法、动作、风格、伴奏和内容各不相同，表现出来的韵味也大不一样，有的威武雄浑，有的柔美俏丽，有的温婉舒适、独树一帜、各领风骚。

（1）河北昌黎地秧歌

昌黎地秧歌最早产生于元代，主要分布在以河北昌黎为代表的卢龙、抚宁、滦县等地，它生动形象地反映了当地民众的生活特征和精神风貌，是河北省最具代表性的民间舞种之一。从形式上来看，"排街秧歌"和"场子秧歌"是它的两大主要流派；而从内容上看，分为无固定情节的"平秧歌"和内容自由的"秧歌出子"。昌黎秧歌又与当地的歌舞、小戏联系紧密，三者在相互融合中发挥着各自的优势，使得昌黎秧歌富有形式活泼、内容丰富、戏剧角色化和行当化的特征，深刻地表现了人物的情感和性格。在我国民间有许多著名的秧歌小戏，影响颇深，秧歌的风格也多种多样，最著名的代表是民间艺人周国宝代表的周派，名声很响亮，甚至达到了家喻户晓的境界。

（2）山东鼓子秧歌

鼓子秧歌源于北宋、成于明、盛于清，分布在今山东鲁北平原的商河地区，是山东三大秧歌之一。从当地老人口中可知，鼓子秧歌来源于包公；北宋时期商河地区连年受灾，包公前来放粮赈济灾民,他的下属将鼓子秧歌传给了当地居民,受到居民的热烈追捧。后来每逢新春佳节人们就跳起秧歌以示对包公的感激之情,流传至今,相沿成俗。鼓子秧歌在商河民间上至老者下至少儿都爱学会跳。秧歌队伍中有伞头、鼓子、棒槌、腊花、丑角五种角色,表演风格迥异,韵味独特。现存鼓子秧歌主要分为"行程"和"跑场"两部分,"行程"是舞队在行进或进入场地前的舞蹈;"跑场"是表演的主体,又分不同角色表演的"文场"和"武场"。鼓子秧歌表演所跑的场子队形极为丰富,有"牛鼻钳""勾心梅""一街二门""六六大顺""里四外八""八条街""四门斗"等百余种。歌舞者众多,组织严密,形式完整,舞技健美,气势磅礴,蕴藏深厚的历史文化内涵,富有浓郁的时代气息和鲜明的地方特色。新中国成立后,鼓子秧歌多次参加全国民间艺术大赛,屡获大奖。

(3)山东胶州秧歌

民风淳朴、文化底蕴深厚的山东还产生了首批进入非物质文化遗产名录项目的胶州秧歌,它也是山东三大秧歌之一。胶州秧歌又叫"地秧歌""耍秧歌""跷秧歌""扭断腰""三道弯"等,起源于清朝咸丰年间。据清代学者宋观炜《秧歌词》记载,如今胶州秧歌完全还原了以前的舞蹈动作、服装道具和表演形式等。胶州秧歌的角色、基本动作、表演程序和跑场队形具有极强的复杂性、专业特性和严谨性:例如其角色有"膏药客、翠花、扇女、小嫚、棒槌、鼓子"等;基本动作主要有"翠花扭三步""撇扇""小扭""丑鼓八态"等;表演程序有"开场白""跑场""小戏"三部分;跑场队形有"十字梅""四门斗""两扇门""正反挖心""大摆队""绳子头"等。其对女性舞蹈的要求极高,不仅要抬重踩轻腰身飘,还得行走如同风摆柳,其中具有代表性的动作"扭断腰"和"三道弯"无疑将女性的柔韧性和曲线美展现得淋漓尽致;而在"棒槌"的清新洒脱和"鼓子"的"丑鼓八态"反差映衬下,胶州秧歌也因此具有独特韵味。胶州秧歌的舞蹈为一绝,其音乐也是一门艺术,由打击乐、唢呐牌子、民间小调三大部分组成。新中国成立之后,胶州秧歌在专业人员的多次研究下被编成汉民族的舞蹈教材之一;1996年,文化部授予山东省小屯村"中国艺术之乡"的称号。

(4)山东海阳大秧歌

海阳大秧歌同"鼓子秧歌""胶州秧歌"并称为山东三大秧歌。海阳大秧歌流行于山东半岛的南部与黄海的南阳市一带;它涉及范围广泛,不仅遍及海阳市的十余处乡镇地区,还辐射到周边乡镇地区。据海阳赵家庄《赵氏谱书》记载:"二世祖(赵)通,世袭(大嵩卫)指挥、镇抚,诰封武略将军。洪熙元年,欣逢五世同堂。乐舞生闻《韶》,率其创练之秧歌,舞唱于庭,其乐融融。"由此可知海阳秧歌最早出现于明代,它较胶州大秧歌多出了"戏"的部分,但其角色和阵势更为复杂。海阳大秧歌队伍结构分为执事、乐队、舞队三类,每一类的角色多达十余种,其内容丰富,结构严谨。角色分类有药大夫、花鼓、霸王鞭、货郎、翠花等,还有其他许多角色,这里就不依次列举了,在舞队的最后是秧歌人和其他名不见经传的小角色。秧歌队的阵势多种多样,最为常见的是"龙盘尾""二龙绞柱""三鱼争头""众星捧月"等。海阳秧歌的舞蹈极具特点,它要求舞者在舞台上奔跑时要结合扭腰的方式来完成舞蹈动作,对于女性舞者来说,在跳秧歌时要边扭腰边摇扇,肩部要有所抖动,这样一来就显得舞蹈活泼；另一方面，对于男性舞者来说，步伐采用颤动式，同时摇头晃脑，这样能显得舞蹈风趣。这款舞蹈不仅体现了海阳人民的集体智慧和创新精神，也展现了海阳乡村百姓的精神风貌和性格特征。1996年，海阳市同小屯村一起被文化部命名为"中国民间艺术之乡"。

（5）陕北秧歌

陕北秧歌是流传于陕北高原的一种具有广泛群众性和代表性的传统舞蹈，又称"闹红火""闹秧歌""闹社火""闹阳歌"等，名字也突出表现了陕北群众质朴、憨厚、乐观的性格。它主要分布在陕西榆林、延安、绥德、米脂等地，历史悠久，内容丰富且形式多样，其中绥德秧歌最具代表性。绥德可谓陕北秧歌的中心，那里的乡村至今仍保留着传统秧歌的表演程式、礼俗和风格特色，不仅有"神会秧歌""二十八宿老秧歌"，还有1942年之后才兴起的新秧歌。秧歌表演者常有数十人，有的多达近百人，在伞头的率领下，踏着铿锵的锣鼓，和着嘹亮的唢呐，做出扭、摆、走、跳、转的动作尽情欢舞，秧歌表演十分红火。秧歌吸收了当地流传的水船、跑驴、高跷、狮子、踢场子等形式中的艺术元素。传统的老秧歌、神会秧歌中保存着"起场""谒庙""敬神"等祭祀礼俗，表演中还有拜门（又称沿门子）、搭彩门、踩大场、转九曲等活动。秧歌可根据动作风格和内容划分为"文场子""武场子""踢场子""丑场子"等；其中"踢场子"为表现男女爱情生活的双人舞，有较高难度的舞蹈动作，需展示"软腰""二起脚""三脚不落地""龙爪穿云""金鸡独立""金钩倒挂"等高难技巧。陕北秧歌在1942年的延安新秧歌运动中成为主角，被赋予了新的精神风貌和时代内容，并随着革命形势的发展而传遍全国。

（6）辽宁抚顺地秧歌

抚顺地秧歌，有时也被称为"鞑子秧歌"，是一种形成年代古老，民族性、民间性及地域特色都极为浓厚的民间舞蹈形式，主要流传在今辽宁省抚顺满族发祥地一带。抚顺地秧歌形成于清初，一直流传至今。它与满族先世的民间舞蹈有着直接的渊源关系。据史书记载，唐代已有名为"踏锤"的舞蹈，明代有被称为"莽式"的歌舞，它们对抚顺地秧歌的形成有一定的影响作用。抚顺地秧歌中最具代表性的人物是旗装打扮的"鞑子官"和仅穿皮袄、斜挎串铃及各种生活和狩猎器具的"克直吐"（俗称"外鞑子"）。其表演动作多源自跃马、射箭、战斗之类满族原始状态的生产生活，也有的是模仿鹰、虎、熊等动作，其中的舞蹈元素具有传统性。舞蹈动作体现了这些人的豪放特点，并生动地展现了渔猎生活和战斗生活的特点。其伴奏音乐借用了满族萨满跳神的打击乐形式，有"老三点""七棒""快鼓点"等演奏方式，与汉族秧歌有较大区别。抚顺地秧歌自清代以来一直在抚顺地区流传，深得群众喜爱。据1986年调查，当时尚有50个秧歌队在活动，然而目前渊源和传承人谱系较为清楚的只有4个秧歌队。由于环境变化、老艺人数量减少等原因，经常性的抚顺地秧歌活动已难以开展，表演的走阵、动作也有逐渐被简化的趋势。

2. 地方戏

戏曲是集文学、音乐、舞蹈、美术、武术、杂技等表演艺术于一身的传统戏剧形式。

戏曲在不同地区有着不同的发展，因而成为地方戏；地方戏历史悠久，早在原始社会歌舞已有萌芽，在漫长发展的过程中，人们不断赋予其新的内涵和生命，地方戏因而在不断地改革与丰富中逐渐形成比较完整的艺术体系。地方戏最大的特色在于它不同声腔系统的唱腔，地域和文化的差异使得地方戏极具多样性，"地方"二字便可看出这是它的显著特征；尽管地方戏种类繁多冗杂，但按照内容和表演形式可划分为说唱、滑稽、民间舞三种形式。不同的音乐唱腔以当地的语言、民歌和民间音乐为本源，吸收融入其他地区音乐的优良之处而产生，是一个兼容并蓄的过程，因而有些相邻地区的音乐具有相似性。而在各个剧中，人物大部分由"生、旦、净、末、丑"等为主的角色行当充任，这与我国的京剧又有着些许相似之处；在表演上着重用虚拟的空间和"程式性动作"来展示生活；对表演者来说，舞蹈要体现出艺术性，技术性很高。我国的地方戏种有：京剧、北方昆曲、评剧、北京曲剧、河北梆子（北京、天津、河北），豫剧、河南曲剧、河南花鼓戏（河南），晋剧、蒲剧、山西北路梆子、上党梆子（山西），吕剧、山东梆子、柳琴戏（山东），徽剧、黄梅戏、庐剧、泗洲戏、皖南花鼓戏、淮北花鼓戏（安徽），赣剧、南昌采茶戏、宜黄戏、九江青阳腔（江西），沪剧、昆剧、锡剧、淮剧、扬剧、越剧、滑稽（上海、江苏），越剧、绍剧、婺剧、勇剧（浙江），汉、楚剧、花鼓戏（湖北），湘剧、祁剧、长河剧、花鼓戏、湘昆（湖南），秦腔、眉户剧、碗碗腔、延安秧歌剧（陕西），川剧、四川曲剧（四川），闽剧、莆仙戏、梨园戏、高甲戏、芗剧、潮剧（福建〉，粤剧、潮剧、广东汉剧、正字戏、西秦式、白字戏、雷剧、山歌剧、花朝戏、乐昌采茶戏（广东），桂剧、邕剧、广西采茶戏、壮剧（广西），琼剧（海南），满族戏、二人转（内蒙古），龙江剧、二人转（黑龙江），吉剧、黄龙戏（吉林），二人转、辽南戏、凌源影调戏、阜新蒙古剧（辽宁），陇剧、安多葳戏（甘肃），青海平弦戏（青海），花儿剧（宁夏），新疆曲子（新疆），黔剧、贵州花灯戏、贵州梆子、安顺地戏、贵州侗剧、黔东傩戏（贵州），云南花灯戏、白剧、昆明曲剧、壮剧（云南），藏戏（西藏），歌仔戏（台湾）。

3. 皮影戏

皮影戏始于西汉朝的陕西，成熟于唐宋时代的秦、晋、豫，极盛于清代的河北，元代传至西亚和欧洲。皮影戏即用皮革制成的人物或道具剪影，利用投影的光、色与音乐相互配合，再现故事情节的表演形式，因而也称"影子戏""灯影戏"。制造皮影的皮革以牛皮和驴皮为主，上色以红、黄、青、绿、黑五种纯色的透明颜料为主；这使得皮影具有很强的坚固性和透明性，不仅使投射到幕布上的剪影显得晶莹剔透，更延长了皮影的使用寿命。皮影人物与京剧有相似的服装风格和角色分类，皮影被划分为"生、旦、净、末、丑"五个类别；为了方便表演，每个人物都由"头、上身、下身、两腿、两上臂、两下臂、两手"十一个分体部件连缀组成，表演者通过控制人物领口前的一根主杆和在两手端处的两根耍杆来使人物做出各式各样的动作。因为皮影设备十分轻便，表演者阵容小，往往一个戏班子六七个人一箱皮影就能演出几十部戏；所以表演班子的流动性极强，其演出场地也可随时随地搭建，通常在人流量大的剧场、大厅、广场、庭院、学校乃至街头都能瞧见它的身影。早期皮影戏是随军的一种娱乐形式，其全部行头装箱就走，辗转十分便捷，这也是它广为流传的原因所在。皮影戏表演对表演者的技艺有很高的要求，在演皮影戏时，表演者要同时控制多个影人，并且还要跟音乐相匹配，不能出现动作不连贯、僵硬的缺点，还要考虑情节变动和旁白等。因此学习皮影戏是一个极其艰难的过程，往往技艺高产的皮影表演者多为经验丰富的中年人甚至年老之人。

皮影戏的内容上到神话寓言、下到民间传说，左到武侠公案、右到爱情故事，古到历史演义、今到时装现代；无所不奇，无所不有。常见的传统剧目有《白蛇传》《拾玉镯》《西厢记》《秦香莲》《杨家将》《岳飞传》《西游记》《封神榜》等。其中按照内容长短又被划分为折子戏、单本戏和连本戏。由于皮影戏的流传面广和民间普及性强，在地域、文化、风格等的长期熏陶下，其音乐唱腔、风格与韵律都吸收了各个地方的戏曲、曲艺、民歌小调、音乐体系等精华，从而形成了异彩纷呈的众多流派，壮大了皮影戏。在陕西、河南、山西一带的皮影流派中，有弦板腔、阿宫腔、碗碗腔、老腔、秦腔、南北道情、安康越调、商路道情、吹腔等十多种；演唱时采用和声接腔、帮腔和鼻哼余韵的唱法，形成了独具特色的拖腔，婉转悠扬所到之处尽显美与情。而河北、北京、东北、山东一带的皮影唱腔，虽与陕西、河南、山西一带同源，但其唱腔在京剧、落子、大鼓、梆子和民间歌调的滋润之下又形成了不同的流派；平调、花调、悲调或流畅，或华丽，或悲凉，无不彰显了人类智慧的结晶和情感的释放，其中唐滦地区的"掐嗓唱法"十分独特，与鼻哼唱法有着异曲同工之妙。其他诸如湖南、湖北、江浙、福建各地的皮影戏音乐及唱腔也都带有当地特色。当代皮影戏发展迅速，在2006年已被列入第一批国家级非物质文化遗产名录，并在2011年申请世界人类非物质文化遗产成功，如今的皮影戏早已面向世界开创了新的发展方向和途径。

三、乡村方言与美术

（一）乡村工艺美术

乡村工艺美术隶属于艺术、人民和乡村；是农民艺人在长期的文化积淀和社会实践中从自己的视角和审美出发，就地取材进行手工创作的工艺美术品。它是民间乡土文化的瑰宝，是劳动人民智慧的结晶，具有悠久的历史渊源和丰富的东方文化内涵。我国传统乡村工艺美术种类繁多，成就显著，包括剪纸、刺绣、石刻、脸谱、蜡雕、草编、粘贴艺术、灯彩、纸扎、艺术壁画、农民画等二十多个种类。

1. 剪纸

剪纸即用剪刀将各色纸张通过重叠、对称、镜像等巧妙手法剪成各式各样的图案，人们通常将剪纸贴在门、窗、墙或者灯上，因此剪纸别称"窗花、门笺、顶棚花、花灯"等。剪纸不仅起到装饰的作用，在节日或婚礼、寿辰时还可渲染节日氛围，其中最为著名的便是红双喜、寿字、福字。在过去剪纸盛行的年代，同"女红"一般，在女子幼时便由母亲传授，这几乎是乡村每个女孩必备的技能，甚至还被人们当作品评女子的标准；早期都由妇女和姑娘们学习剪纸，后来也渐渐有男性接触，有的还以剪纸手艺谋生。

剪纸的内容范围极广，因而寓意十分丰富，例如：龙、凤、庆云、麒麟等祥和的图案用以祈盼吉祥避邪；娃娃、葫芦、莲花等图案象征多子多福；家禽、家畜和瓜果鱼虫等与百姓生活息息相关图案则祝愿家庭富足。剪纸是一种民俗艺术，它的产生和流传与乡村的传统节日和风俗习惯有着密切的关系。例如窗花、门笺、灯花是在春节或元宵节时贴挂的；喜花是结婚时布置新房时用的，通常会张贴在室内的家具、器物和墙上；寿花是在过生日时张贴的；而丧花是在有人去世时张贴。在北方乡村，每逢过年，一旦窗上新糊了雪白的窗纸后通常会贴上花花绿绿的窗花，门顶贴上门笺烘托出过年的喜庆；元宵节时，灯笼上必贴灯花。除此之外还有墙花和顶棚花，分别贴在房间的内墙和屋顶。殊途同归，这些装饰大多起到美化环境和增强气氛的作用，同我们现在的丝带、彩灯、气球等装饰物品功能一致。

剪纸作为一项民间艺术，因其来自民间，所以同其他民间艺术一样具有很强的地域性。陕西剪纸具有粗朴豪放、单纯简练的特点；河北蔚县和山西广灵剪纸在原来单色结构的基础上加染色彩，浓厚中透着秀美艳丽；江苏南京剪纸醇厚简单，粗中有巧；广东佛山剪纸色彩富丽、手法多变、装饰性强；山东高密剪纸细腻精巧，一丝不苟；宜兴剪纸华丽工整；南通剪纸秀丽玲珑。剪纸不局限于剪窗花，还可用于制作绣花的花样和送礼时的装饰，可谓一种实用的民间艺术，受到各个阶层人民的喜爱。剪纸艺术因其简单的制作过程和单纯的造型变换使得其自身看起来像小孩子的玩物，实则剪纸包含着丰富的民风民俗和生活内涵；它不仅是对多种民间美术表现形式的浓缩和夸张，还比较集中地体现了民间艺术的造型规律、创作构思及作品的形式特征。可以说，剪纸艺术是民间美术的剪影，是人类美学史上的一次飞跃。

2. 刺绣

刺绣又名"针绣"，俗称"绣花"，以绣针引彩线（丝、绒、线），按设计的花样，在织物（丝绸、布帛）上刺缀运针，以锈迹构成纹样或文字；绣品可用于装饰生活服装、歌舞或戏曲服饰、台布、枕套、靠垫等生活日用品及屏风、壁挂等陈设品。刺绣在古代称"黹""针黹"；后因刺绣多为妇女所作，故又名"女红"。《尚书》载，远在4000多年前的章服制度中，就规定"衣画而裳绣"；至周代，有"绣缋共职"的记载；早在战国时期和两汉时期，在我国现如今的湖南和湖北就出现了高质量的刺绣作品；到了唐宋时期，刺绣的运用体现在书画、装饰品等方面；明清时期，由于统治者重视，宫廷绣规模空前巨大，民间受中央影响刺绣质量空前提升；不仅产生了号称"四大名绣"的"苏绣、粤绣、湘绣、蜀绣"，还有优秀的地方绣，如顾绣、京绣、瓯绣、鲁绣、闽绣、汴绣、汉绣和苗绣等，都各具风格，沿传迄今，历久不衰。刺绣的针法还分有"齐针、套针、扎针、长短针、打子针、平金、戳沙"等几十种，丰富多彩，各有特色。

3. 草编

草编是乡村广泛流行的一种手工艺品。它利用各地所产的草，就地取材，编成各种生活用品，如提篮、果盒、杯套、盆垫、帽子、拖鞋、枕、席等，既经济实用，又美观大方。草编不仅形式多样，成品颜色和纹样更具艺术美。有的先将草染色，再搭配各色的草编织各种图案；有的则是编好后再加印装饰纹样。不论何种方法，草编艺术给人们带来的不仅是生活上的便利和实用，还有视觉上的享受，至今有些地区仍流传着传统草编，但大多当作工艺品。草编按地区划分主要分为以下几种具有代表性的种类：河北、河南、山东的麦草编，上海嘉定、广东高要、东莞的黄草编，浙江的金丝草编，湖南的龙须草编及台湾草编等。

4. 花灯

花灯又叫"灯彩"，与灯笼不同的是，早期的花灯多在传统节日和婚礼寿宴等喜庆的日子悬挂，用以衬托欢乐的氛围。据研究，挂花灯来源于汉代的元宵节。人们为欢庆"元宵不禁夜"，千家万盏灯火在元宵这一天齐点亮，万民同庆；点花灯有祝愿国家昌盛、人民安居乐业的寓意，后来笼统地将花灯叫作灯笼，成为中国人喜庆的象征，这一习俗也就代代相传。花灯在经过后世手艺人的完善和创新后，开创了一片新的天地；高超的制作水平、丰富的图案样式、多样的造型种类等都推动了我国花灯艺术更进一步发展。从种类上分，有宫灯、纱灯、吊灯等；从造型上分，有人物、山水、花鸟、龙凤、鱼虫等；除此之外还有专供人们赏玩的走马灯；其中以宫灯和纱灯最为著名。花灯艺术完美融合了绘画、剪纸、刺绣、纸扎、蜡烛等工艺，在传统灯笼的基础上，赋予其新的活力与色彩，其材料涵盖了竹、木、麦秆、藤、兽角等，是中国古代较为成熟的工艺品。

5. 纸扎

纸扎与风筝和灯笼极相似，均以竹木等为框架，覆以纸张做成各类图案。纸扎起初源于民间祭祀活动，后来在传承过程中渐渐被人们忽视，其本身意义变成了装饰品。纸扎艺术在明清时期为最盛，家家户户在节日或喜庆之时便用纸扎出各类有寓意的动物：诙谐的"老鼠攀葡萄灯"、喜得贵子的"麒麟灯"、望子健康的"鸭（压）子灯"、祝贺新婚的"鸳鸯灯"、祈求丰收的"金鱼灯"……这些色泽艳丽、造型拙朴、寓意明快的各类纸扎品，均取竹、木、线、纸为主要材料；以竹、木为骨架，以线团固定住主要部位，糊彩纸以装饰；为喜庆欢快的活动平添几分色彩，或为哀丧、祀祭场面蒙上一层神秘的面纱。

6. 农民画

农民画即民间绘画，起步于1958年"壁画化""诗画墙"等配合"大跃进"的文化艺术活动。当时民间绘画以诗配画或漫画形式表现满怀赶超激情的政治运动；20世纪60年代则以写实、半写实、单线平涂的形式，配合社会主义教育运动的忆"三史"、讲"三史"、举办"三史"活动，忆苦思甜，比如《一件血衣》《四代人的命运》等连环画；20世纪70年代农民画接近专业绘画，其形式为年画、版画、国画，反映革命、斗争的时代精神，始终自觉为政治服务，"以党的基本路线为纲，紧密联系三大革命斗争实际，围绕党的各项中心工作开展"。之后,这种民间工艺美术多系农民自己制作和自我欣赏的绘画和印画,其范围包括纸马、门画、神像以及张贴于炕头、灶头和房屋山墙的吉祥图现代农民则在纸面上绘制乡土气息很浓的绘画作品,逐渐形成了陕西户县、安塞,江苏邳县、六合,上海金山等地的农民画乡。其中,户县民俗绘画源于民间,与当地戏剧、舞蹈、民间社火、竹马、旱船、龙灯等丰富的民间文化形式有深厚渊源,有明显的地域特色,民间风情强烈,乡土气息浓郁;所画内容多取材于人物、动物、花鸟等题材,勾画出户县美丽的自然田园风光;采用白描形式,构图简洁而饱满,想象大胆丰富;注重色彩对比,以大红大紫的色彩、夸张化的描述,追求强烈的直观效果,讲究装饰性;风格浪漫稚拙,怪诞抽象,浑厚质朴,气韵生动,粗犷里蕴含细腻,浓艳而不失淡雅,古拙中流露天工。

7. 风筝

风筝古时称为"鹞",北方谓"鸢"。风筝形状多样,主要以动物和几何图案为原型;而图案主要根据个人喜好而设计,例如宣传标志、动物、蝶、飞鸟等。风筝的建造材料除了早期流行的丝绢、纸张外,随着时代技术的发展,还有塑胶材料、竹篾、木材及胶棒等,现在市面上流通的多为塑料制造。放风筝这一传统的民间习俗,是流行于乡里、城镇的一种群众性、自发性的娱乐活动,更是一种广泛、深入的群众性体育活动,它不仅能强身健体,而且还有利于人们的心灵陶冶。

(二)乡村方言

语言是人们交流的工具,是思维的载体。我国幅员辽阔,除了被广泛用于交际的普通话之外,农民之间交流仍然使用方言。我国乡村各种不同的方言分布区域很广,一般研究者将现代汉语分为七大方言。

1. 北方方言

北方方言以北京话为代表,是现代汉民族共同语的基础方言,具有一致性的特点。北方方言分布地域极广,又分为江淮方言、西南方言、西北方言和华东华北方言四个次方言。东到安徽省、江苏长江以北地区(徐州、蚌埠一带属华北、东北方言除外)、镇江以西九江以东的长江南岸沿江一带;南到四川、云南、贵州等省及湖北大部分(东南角咸宁地区除外)、广西西北部、湖南西北角等地区;西到陕西、甘肃等省和青海、宁夏、内蒙古的一部分地区,新疆汉族也使用北方方言;北到京津两市,河北、山西、河南、山东、辽宁、吉林、黑龙江,还有内蒙古的一部分地区。现在全国推行的普通话就是在"北京官话"的基础上发展起来的,如今使用这一方言的人约占汉族人口的73%,是我国使用人口最多的方言。

2. 吴方言

吴方言即分布于江苏南部、浙江绝大部分、上海和安徽南部部分地区、江西东北部、福建的语言,其使用人口为全国总人口的8.3%。吴语内部又划分为六个地区,即太湖片(北部吴语,分布于苏南、上海及浙江湖州、杭州、绍兴、宁波一带,以上海话、苏州话或绍兴话为代表），台州片（浙江台州一带），婺片（浙江金华一带），处衢片（浙江衢州、丽水一带），瓯江片（脉江温州一带），宣州片（安徽南部部分地区）。其中安徽西南部和浙江西部受赣方言影响、浙江南部保留了较多古代百越话的特征，以致不能和作为典型吴语的太湖片吴语通话。吴方言又称"江东话、江南话、吴越语"，起源于至今三千年前的周朝，为吴越文化之根基，是中国七大方言之一。

3. 客家方言

客家方言主要流传于我国南部地区的客家族，其中以梅县话最为典型。客家话还分布于广东东部及北部、福建西部、江西南部、广西东南部、台湾、四川等地，尽管地区跨度大，但我国使用客家话的人数并不多，因为这是一种由北方人南下时带来的外来口音，使得客家话的本土气息长时间受外来影响的方言，使用人数大约为全国人口总数的4%。相传客家方言在南宋时期便已初步定型，但直到20世纪才被官方定为客语；它曾是太平天国的国语，后来太平天国覆灭，便成为地方语言。

4. 闽南方言

这种方言在我国沿海一带较为常见，比如我国的福建、台湾、海南等地。不仅如此，连一些东南亚国家都使用这用语言。而这种方言又根据使用者的不同而分为多种讲话方式，福州地区代表闽东，厦门和台湾则代表闽南。

5. 粤方言

粤方言取自广东省的简称"粤"字，因此主要为广东人的通用语言，当地人也称之为"白话"。除此之外，广东省邻近地区如以珠江三角洲为中心的广西壮族自治区、香港、澳门和海外华人等也广泛使用粤语。粤语声调非常复杂，共有9个声调，其使用人口大约占汉族总人口的5%。理论上来讲，普通话是广东地区的唯一官方语言，但因粤语的深厚根基和文化传承，粤方言也破例作为准官方语言。

6. 湘方言

湘语分为新湘语和旧湘语，新湘语包括岳阳话、益阳话、株洲话、湘潭话等，其中以长沙话最为典型，受官方语言和赣语言的影响较大；而旧湘语包括衡阳话、湘乡话、邵阳话等，以双峰话为代表，主要分布在衡阳、湘乡一带，新湘语更接近于北方话。湘语是湖南省的主体方言，它的语言复杂，使得湖南省外仍存在着一些湘语方言岛，其使用者约占全国总人口的5%。

7. 赣方言

赣方言又名江西话，以南昌话为代表，主要用于江西大部、湖南靠近江西一侧的部分地区，如浏阳、平江、茶陵等地；另在浙江、陕西等地还存在少数赣语方言岛。其使用人数约为占全国总人口的2.4%，位于世界第三十八位。赣方言可分为九片方言，主要有北部地区的南昌话、东部地区的鹰潭话、中部地区的抚州话、西部地区的宜春话、西南部地区的吉安话等，其内部各方言之间互通程度较高。赣方言一般有4—7个声调，其中南昌话共有19个声母，67个韵母，韵母又分为"开韵尾、闭韵尾、促韵尾"。而江西其他地区有的为客家话，不属于赣方言。

　　乡村文化记录了乡村文明的发展史，是综合了人类文化学、民俗学、社会学，特别是艺术学的重要课题。它不仅蕴含民俗内涵、科技内涵，同时又富有深沉的文化价值、历史价值以及独特的艺术思维观念；它是传统文明的活化石，同时又是现代精神文明的源泉。对它的发掘、记录、整理、研究和开发不仅是对传统文化的充实与丰富，并且对弘扬民族文化、增强民族自信心以及加快经济、文化的建设步伐都具有促进作用。发展和建设乡村文化，首要的就是对乡村传统文化活动进行传承，并进一步发展。要贴近群众生产生活实际，充分利用农闲、节日和集市等时机，组织花会、灯会、赛歌会、文艺演出、劳动技能比赛等有地方标志性的文化活动；要发挥文化资源优势，拓展文化产业的相关领域，使文化产业在乡村经济发展中占有一席之地；要紧密结合农民脱贫致富的需求，倡导农民群众读书用书、学文化、学技能，普及先进实用的农业科技知识和卫生保健常识；要以创建文明村镇、文明户等为载体，积极引导广大农民群众崇尚科学，破除迷信，移风易俗，抵制腐朽文化，提高思想道德水平和科学文化素质，形成文明健康的生活方式和社会风尚。

第二章　城市化进程中乡村文化的秩序转型与价值衰落

所谓文化秩序是指一种文化在特定体制规范下价值目标设定的同一性，奠定了文化发展的基本路径和基本空间。一个社会一旦形成良好的文化秩序，就能够确定该文化在所处社会中的统治地位，建构起文化自身的权威，形成文化的内在生产力和外在竞争力。当然，文化秩序也并不是一成不变的，总是伴随着自身赖以生存的周边环境的变化而不断变化。当力量较大的强势文化秩序占据上风时，弱势文化秩序就会发生转型，严重者还会导致该文化的价值衰落。

第一节　城市文化的扩张对乡村文化的冲击与消解

一种文化一旦去干涉另一种文化的精神生活和价值观，就必然产生文化与文化之间的竞争与较量。或者说，假如文化之间没有形成价值之争，那么一种文化不会自动变成一个令人困惑的问题，不会成为反思对象。任何一种文化都不构成问题，它只是生长着。乡村文化之所以成为现在人们关注的主要问题，是因为其他文化的侵入。

一、城市化进程对乡村文化的强势改造

工业化带动城市化，并创造了"城市文化"。在城市里，居住在一起的人们创造出一种新的生活方式，因为他们需要协调彼此的思想、需求和利益。城市好比社会发展的催化剂，它在居民中传播着新的文化和思想。城市的经济结构、社会结构以及市民特有的异于乡村的城市化生活方式共同塑造了城市社会的城市文化，它们构成了钢筋混凝土包裹着的城市的灵魂。"现如今，中国大众的生活（无论是社会生活还是日常生活）已经拥有了非常大的自由度，也拥有了较高的宽容度，人们开始认可现代社会所张扬的具有理性和创造性的文化价值观念。但是也要看到，这种现代价值观念尚未构成具有崇高价值和巨大感召力的主导性价值取向。同时，消费主义超前来临，后现代的文化心态通过大众文化、通俗文艺、快餐文化等形式悄然进入中国民众的生活之中。"城市文化是指包含着契约精神、法治意识、独立竞争意识等现代公民意识及其特有的生活方式。在当今社会的文化体系中，

城市文化与乡村文化的地位是不平等的。城市文化具有比传统乡村文化更优越的特质,生活于城市的市民在思维方式、行为方式、生活方式等方面都体现着优越于乡村文化的城市文化,其作为主流文化的地位是无可争辩的。而乡村文化则是非主流的、处在边缘的、待改造的文化。城市文化通过各种形式不断向乡村灌输和贩卖自己的理念与精神,改变着乡村文化的生存现状和价值理念,农民原有的以血缘为纽带的人际关系、居住方式甚至语言习惯等都潜移默化地发生了变化,农民已经无法在乡村世界找到从前的家园感。对此,英国学者卡·波兰尼强调,一种社会变迁(包括社会灾难),"首先是一种文化现象而不是经济现象,是不能通过收入数据和人口统计来衡量的……导致退化和沦落的原因并非像通常假定的那样是由于经济上的剥削,而是被牺牲者文化环境的解体"。这段话深刻说明了乡村社会"被嵌入"工业化、市场化的轨道后,失去了自身文化的本真,缺乏本土文化的支撑与归属。

二、大众文化的负效应对传统乡村文化的过度解构

大众文化是指在现代都市工业社会中产生,以现代都市大众为其消费对象,通过当代都市大众传播媒介传播的无深度的、模式化的、易复制的、按市场规律生产的文化产品,是"一种都市工业社会或大众消费社会的特殊产物,是大众消费社会中通过印刷媒介等大众传播媒介所承载传递的文化产品,其明显的特征是为大众消费而制作出来的,因而它有着标准化和拟个性化的特色"。大众文化自产生之日起,就与城市存在着密不可分的关系。它产生于城市,以大众为自己的"典型"受众,和原有的城市文化相比,"大众文化作为商品经济社会寻常百姓的一种日常文化消费方式,更多地表现出关注世俗人生的文化品性",这就是说大众文化更加具有亲民性,更加接近人们的生活。更重要的是大众文化以现代传媒为传播手段,可以按照市场规律成批生产,大量复制。这些特点使大众文化很快就在城市文化中占据了主导地位。大众文化生而具有正负效应并存的特性,其正向效应表现在:第一,为适应工业文明和社会主义市场经济的发展要求,大众文化也相应地发展,从而蕴含一定的现代性意识,在总体上体现了对时代精神的追求。第二,努力做到与现代化同步。大众文化超越与批判农业文明,因而蕴含相当的工业文化精神和商业文化意识,力图大力推动现代工业文明。第三,大众文化具有一定的民主化。普通大众对社会文化资源的共享真正得到实现,对社会文化层面的发言权不断增加。第四,具有强大的娱乐功能。大众文化的娱乐功能能够缓和现代人由于高速紧张的现代生活方式而造成的心理紧张和内在焦虑,释放心理压力。但是,大众文化并不是十全十美的文化形式,它的兴起与流行使当代中国的乡村文化呈现出一道极具挑战性的文化裂变,其世俗功能、商业意识导致传统与现代的对立与对抗,导致人性结构中利益与道德、享乐欲望与价值理性的分裂与对立。那些不可忽视的负向效应,需要我们大力关注并加以防范。

三、城乡文化资源配置不合理与农民文化需求之间的巨大反差

长久以来，我们的乡村建设多致力于经济增长。农民物质生活水平的显著提高也就要求提高文化消费水平，提高精神生活质量。但是，由于长期以来传统计划经济体制实行"城乡分割、工业优先、城市倾斜"的发展战略，受其影响，我国公共产品供给也是长期重视城市而忽视农村。直到今天，我国乡村公共文化的供给水平与农民文化需求的增加也是不匹配、不均衡的，仍处在一种严重的缺失状态。因此，逐步构建城乡公共文化服务网络。加大非物质文化遗产保护挖掘和整理开发力度。继续抓好多彩农村文化工程，推动精神文明建设深入开展。这样的情况在整个中国的乡村社会当然不是个例。由此可以看出，多年来政府在满足农民文化需求方面表现出缺位和失语的态度。

第一，与城市相比，乡村公共文化供给的经费投入明显不足。长期以来，我国用于文化发展的资金一直偏少。由于公共财政对公益文化事业的投入严重不足，农村文化馆或文化站业务经费和活动经费紧缺，基础设施陈旧落后，活动器材和设备非常匮乏，导致基层公共文化设施、公共文化网络和公共文化服务体系的服务能力较差，根本无法开展相应的文化活动。

第二，乡村公共文化供给过程中文化精英的缺失。乡村文化精英是指乡村社会中具备一定的文化知识储备和生产技能，并能在实践中调动社会资源获得更多的权威认可的群体。从整体观点来看，他们能利用已有的个体素质和掌握的资源给村民以贡献和扶助，能够成为群体的榜样和模范，给群体带来更多的利益。近年来，民间团体常常因为演员婚姻、职业变动、市场因素等原因而解散，再加之城市文化、大众文化和外来文化对乡村文化的冲击，民间表演艺人"传—帮—带"的自发性和积极性减少，乡村社会的文化精英纷纷逃离乡村，逃向城市甚至更遥远的地方，以致造成乡村发展的"空心化"。当前乡镇文化站缺乏动力也有不少是缺乏能力，国家公布的第一批518项国家级非物质文化遗产中很多到了必须尽快抢救的境地，地方文化资源日渐枯竭，人才培养后继乏人。乡村文化精英的缺失使得支撑乡村可持续发展和文明转型的资金、技术、知识、人才和需求等资源大量流失，乡村治理可利用的手段严重匮乏，从而陷入乡村发展的困境。

第三，乡村公共文化供给的体制与机制的缺失。目前，我国还没有形成一整套科学的农村公共文化供给的体制与机制，有些该出台的法规还处在制定之中，或已制定出来的缺乏实施细则，或实施细则不完善，致使文化的供给在管理过程中处在无序状态。在管理体制上，政府既是管理者又是经营者，存在着职能不清，错位、越位、缺位等现象。国家对各部门的投资、收益与人员进行统一管理，从事垄断经营。这种管理体制缺乏竞争机制，缺乏监督与约束，各部门既无外在竞争压力，又无内在创新动力，从而弱化了提供公共服务的公益性职能。在机构设置上，存在县乡两级文化机构设置不规范，上下不对口的问题。在文化供给的市场管理上，存在着各级党委和政府多头管理的问题，结果造成文化市场管

理不到位，文化服务功能衰退。文化供给管理制度的无序性，使得文化设施成了"死了的文化化石"，对群众既不能"文"也不能"化"，没有任何意义，从而造成农村文化配置的无效状态。

文化的物质基础设施并不能代替文化活动本身，文化的享受不仅在于欣赏它的内容，还在于认同它的表现形式，唯有真正参与到一种文化中才是真正的享受。而对于当前乡村文化建设来说，缺少群众参与性的文化组织及其相应的动员机制无疑是主要的内在缺陷。由于城乡文化资源配置的不平衡，农民的文化需求无法得到满足，极大地挫伤了农民参与文化活动，自办文化的积极性，结果使得本就缺乏文化的乡村雪上加霜。为了改变这种状况，有些地方已经制定了相应的政策。

第二节 农民对乡村文化的认同感疏离

一、传统乡村文化自身发展的局限性导致乡村文化自卑感渐强

传统乡村生活的确培养了人们安静、祥和的人生态度，赋予了人们心灵的抚慰和精神的慰藉。但是，不可忽视的是，由于城市化的快速发展，乡村始终梦想着拥有城市完善的生活保障和舒适的生活环境，乡村居民也在用新奇的心态热捧城市文化和城市中的新兴事物，成为城市生活盲目的追随者和模仿者。另一方面，由于乡村文化固有的保守观念和落后思想阻碍了乡村社会的现代化发展，乡村生活不足以带给农民生存的自信和安全感，无法给他们的生命以良好的情感呵护。乡村社会的现代化发展迫切需要城市的帮扶，而城市却在用戏谑、嘲讽的方式展示自己的优越感。在强势的城市文化面前，乡村文化由于自身的缺陷和不足越发表现出明显的无奈与自卑，致使一些文化激进主义者力主摆脱和改造传统乡村文化。

二、现代农民身份认同的危机感与焦虑感

身份制度带有浓烈的意识形态的味道。斯特克瑞认为："为了能够以一种有序的、内部一致的方式行动，一个人必须定义环境：即准是环境中的他人，谁是环境中的自己。"定义谁是环境中的自己就是自我身份认同。身份是社会成员在社会中的位置，其核心内容包括特定的权利、义务、责任、忠诚对象、认同和行事规则，还包括该权利、责任和忠诚存在的合法化理由。身份认同是个人在情感和价值意义上，视自己为某个群体成员以及隶属于某个群体的认知，这种认知最终是通过个体的自我心理认同来完成和实现的。社会学家简·金斯指出：认同概念的现代功能包含人际关系中的两个基本因素：基于人们同一性的关系和基于差异性的关系。简要地说，认同概念一方面揭示了"我们"是谁；另一方面

又区分了"他们"是谁。近年来,农民对自己的身份认同正处于极度危机和焦虑的状态。"农民"一词似乎成为愚昧、落后、故步自封等贬义的象征和代言,对于长期生活在乡村社会的农民而言,摆脱农民身份成为他们"走出去"的主要动力。现代城市高昂的生活成本不会给他们带来更多的幸福感、充实感和稳定感,将户口迁入城市意味着他们将失去土地的保障和生存的底线。必须清醒地认识到,农民工放弃城市户口并不是为自己的农民身份自豪或骄傲,选择不放弃农民身份依然是基于基本生存的需要。而生活在城市中的农民工,时常会因为自己的农民身份而产生一种距离感和被排斥感。

三、乡村道德规则的碎片化与认同危机

传统中国的乡村社会是"伦理本位"的社会。但是,由于近代以来西方文化与工业文明的入侵和冲击,乡村社会的生产方式发生了巨大转变,社会结构、社会关系与生活方式也发生了巨大的变化,农民的日常生产生活行为日益商品化、市场化和社会化。新的生产经营方式和角色分化解构了乡村社会的传统结构和运行机理,深刻影响着农民的个体心态和人格形成,造成农民价值取向的复杂与多变,这在无形中消解了传统道德的承载基础,引发乡村社会传统道德观念的一系列变化,从而使传统道德碎片化、边缘化。虽然旧的生活方法有习惯的惰性,但是历史沿袭下来的宗法伦理道德观念随之逐渐瓦解。一方面,传统道德权威在乡村社会日渐衰落,道德的舆论控制作用渐渐无力;另一方面,现代乡村社会存在的多元道德价值观的混乱状况使农民陷入两难境地,导致乡村社会道德评价标准的失范。正如孟德拉斯在《农民的终结》一书中所说,"劳动者不再仅仅依赖于自己的良心、干劲和牢固的劳动观念,家庭父亲的道德观念也不再是劳动者评价的主要依据和从事经营管理的标准等等。"人们不再有共同的荣辱、是非、对错、善恶的判断标准,不再有地方性的伦理共识和道德规范,对人与事的道德评价往往只依赖于个人喜好及与当事人的亲疏远近等主观认识,村民评价的参照体系混乱而且缺乏规范,从而导致乡村社会陷入紊乱无序的风险迅速上升。

第三节 农民价值观念的变迁与失落

价值观以价值追求为核心,以价值标准为主要表现,是人们对外部事物能够满足主体需要的状态和属性的认识,是人们在价值选择、价值评价和价值创造中表现出来的取向准则。作为乡村文化的核心内容,农民的价值观念是分析乡村社会分化与整合的文化变量,折射乡村社会变革与发展的兴衰成败。农民价值观念的变迁与发展意味着农民逐渐放弃旧的行为选择标准体系而接受和形成新的行为选择标准体系,也反映出乡村社会价值规范的变化和调整;既体现了农民对我国社会正在发生的深刻变革的积极回应,也以间接方式反

映出社会变革对农民价值观念的消极影响；既对乡村社会的动态运行有积极作用，同时也潜含着对和谐社会稳定局面的掣肘与破坏。

一、改革开放以来农民价值观念变迁的轨迹与特征

农民价值观的变迁并不是一蹴而就的，伴随中国社会不同历史阶段的经济、政治、文化的发展变化，价值观形成了自己的变迁轨迹。在价值结构上，农民价值观的变迁呈现出传统价值观与现代价值观同时存在、共同影响的交替性特点；在价值体系上，呈现出开放多元的价值观格局，有些曾经在村庄获得广泛社会认同的观念与价值在今天却难以找到认同点；在价值取向上，呈现出对物质利益的极大关注并热切追求物质的功利性特点。

（一）以家庭联产承包责任制为核心的乡村改革导致农民传统价值观开始变迁

1978年，以安徽省小岗村为先锋，新中国开始实行以家庭联产承包责任制为核心的农村改革。自此，开始了中国农民价值观变迁过程中最具有历史意义的初始阶段。家庭联产承包责任制的推行是农村生产关系的一次根本性调整，通过责、权、利的挂钩，农民获得了独立自主的生产权、经营权，由社会变革的旁观者变成了社会生活的参与者、实践者和创造者，主体意识和参与意识明显增强，相应的以人民公社为依托的群体价值的主体功能则明显减弱。家庭联产承包责任制的推行使得长期扎根于农民思想中的"平均主义"、"吃大锅饭"的价值观失去了赖以生存的现实土壤，动摇了农民的传统价值体系，以政治为导向的价值判断标准开始向以利益为尺度的价值方向转变，社会本位的价值取向也开始向个人本位的价值取向转变，"让一部分人先富起来"、"谁致富谁光荣"的价值观在乡村现实中得以确立和强化。

家庭联产承包责任制的推行使长期困扰中国农村的基本生产方式问题得以解决，大大调动了农民的生产积极性，激发了农民的创造力，使多年来被计划经济体制所压抑的农村生产力获得了空前解放，为个体主体的生存提供了舞台。随之，农民的自主性和独立性增强，个体意识、主体精神不断得到确认。但是从总体上来看，1978年至1984年，农民的价值观仍处于迷茫阶段，在进行价值判断和价值选择时仍然是基于自发状态。这是因为，当时党和政府更注重乡村经济、社会生活秩序的恢复和发展，未能及时正确地对农民的精神生活和价值取向加以引导，再加之长期僵化的计划经济体制对农民思想观念的束缚，致使大多数农民游移在传统文化与现代文化之间，在价值判断和价值选择上陷于左右为难的境地。

（二）"离土又离乡"社会背景下农民价值观的日益多元化

"离土又离乡"是我国20世纪80年代以来农村剩余劳动力转移的一种主要方式。家庭联产承包责任制的发展为中国带来了商品经济，农民脱离了"面朝黄土背朝天"靠天吃饭的生活，开始走出村庄这一相对封闭的生产生活环境而走向完全陌生的更加开放的外部

世界，过上了"离土又离乡"的生活。一般来说，"离土又离乡"是指农村剩余劳动力离开家乡到外地城镇从事非农产业活动，即农村剩余劳动力进城就业。随着城市化战略的推进，这种转移方式越来越重要。"离土又离乡"的具体形式包括两种：一是彻底脱离农业和农村，进城从事第二、第三产业并在城镇或大中城市落户定居；二是去外地城市打工，长期工作生活在外地，逢春节等重大节庆才回到家乡。20世纪80年代发生的波涛汹涌的"民工潮"就是这种情况。20世纪90年代，与国民经济高速增长同步，"离土又离乡"的农民工总量逐年攀升，广泛分布在国民经济各个行业，成为推动我国经济社会发展的重要力量。

农民选择农业外就业，到城市里寻找生活的出路，寄予了他们对改变生活处境，改变身份和阶层地位的期待。"离土又离乡"的农民通过自己的努力成为乡村社会的"先富群体"和"致富能人"，他们的示范效应使得"谁致富谁光荣"的价值观在现实社会得以强化。走出去的农民在外面的世界中尽情地吸收着各种前所未有的价值观，也不失时机地把这些与乡村迥然相异的价值观带回到乡村去，强烈冲击了传统乡村社会中的安土重迁、与世无争、重农轻商等观念。在新价值观的影响下，农民适应新环境的能力很快提高，自我意识、开放意识、冒险精神和能动精神空前高涨。于是，在乡村社会呈现出多元价值观并存的情况，既有并未完全消失的传统的自然经济观念、小农经济意识和宗法意识，也有商品经济所倡导的市场观念、竞争意识、开放意识。多元价值观并存必然会造成观念与观念之间的对撞，表现在：传统的重义轻利的伦理道德价值取向与现代的重利轻义的物质利益价值取向相互碰撞；传统的安土重迁、以土为本的观念与现代的远离乡土、轻农重商的价值观激烈冲突，集体主义价值观与个人主义价值观相互胶着，义利之争开始成为农民各种价值观冲突的核心。

（三）以市场经济为主导的经济体制改革导致农民价值观的迷茫与困惑

1992年，党的十四大明确提出了"我国经济体制改革的目标是建立社会主义市场经济体制"。社会主义市场经济体制的确立将农村、农业与农民吸引到市场中，其开放多元的文化环境为农民的价值选择提供了更为宽松和自由的社会环境。面对城市生活的新奇、现代、文明和农村生活的封闭保守、落后，不少农民尤其是青年农民毅然决然地走出了以家族和村落为基本生存空间的生活圈。在经历了残酷严苛的市场洗礼和思想磨砺后，他们日渐熟悉市场经济的运作方式，适应市场的自身能力也得到极大提高。与此同时，自担风险、自谋生存、自我决策的自主意识也显著增强，并确立了竞争观念、效率观念、契约观念、法治观念等现代观念。在新理念的影响下，农民正在逐渐摆脱贫穷、落后和愚昧，变得更加开放、富有朝气和现代。尽管市场经济体制下乡村社会的发展总体向好，但是我们也要看到，我国的市场化发展与农业的现代化、农村的城镇化发展是不同步的，具有明显的非均衡性，城市仍然居于社会发展的前沿和主导地位。由于城市的强大吸引力，"农民进城"的道路表现为一种单行线，农民价值观的变迁也呈现出计划经济体制时期的政府主导转变为市场经济体制下的单向度的城市和市场主导。由于市场经济的道德文明基础尚未形成，与社会主义市场经济相适应的新的舆论力量、价值观念也还没有完全形成，再加上政府一直以来都不太重视农村和进城农民的精神文明建设，农民价值观中许多优秀品性被虚置化。可以说，在市场经济的影响下，农民的人生观、政治观、道德观、价值观、生态观和婚姻生育观等都面临着彻底的革命与改变。

具体来说，部分农民不去看社会进步的主流，否定改革的成果，在思维方式和行为方式上出现了淡化政治、淡化意识形态、淡化精神生活的倾向。村庄与村庄之间、村民与村民之间缺乏普遍的价值认同，对一些社会问题难以形成村庄共识。市场经济主导下的利益标准取代了许多传统的价值评价标准，追求利益成为农民价值观变迁的主要驱动力，表现在实际生活中，他们的思维方式、生活方式和价值观念也朝着市场方向转变，变得越来越短视和趋利。传统的道德观开始失落，以和为贵、与人为善等道德观逐渐被相互提防、唯利是图和以自我为中心的道德价值观所代替，拜金主义、极端个人主义沉渣泛起。在利益的驱使下，土地已不再是农民的安身立命之本，相反变成了谋取高额利益的工具，出让土地的经济补偿能让他们欣喜而带来更大的心理满足。可以说，当下我们应该更关注中国农民的发展问题，关注乡村社会和农民在现代社会如何提高生存质量、实现社会和人的全面发展的问题。

（四）培育现代新型农民理性自觉的价值判断与价值选择

"作为社会现代化之根本因素的人的现代化绝非只是少数社会精英分子心态的现代化，而是广大民众的心态的现代化。"从一定意义上说，社会主义新农村建设首先就是一场价值观的革命，要帮助农民进一步更新更适合现代化发展的观念，创造性地设计出既能合乎农民普遍的心理习惯和思维方式，又能体现时代价值和民族精神，并能被广大农民顺利认同的社会规范，使农民在价值判断和价值选择上更加理性和自觉。

社会主义新农村是一个政治稳定、社会和谐的农村，彰显着民主、平等、法治等价值理念，创建民主平等的政治生活新规范。在这里，每一个农民都是乡村社会的真正主人，都能够获得平等的社会地位和对等的利益分配，有权参与乡村社会事务的管理；他们的自由和权利以法律和制度的方式得到保障，一切侵犯农民自由和权利的行为都会得到防止和惩治；社会主义新农村是一个生产发展、农民生活宽裕的农村，是经济繁荣、分配公正的农村，创建了科学发展的农村经济生活新规范，彰显着科学发展、公平正义等价值理念。建设社会主义新农村，就要大力发展现代农业和农村经济，公平、合理地配置资源，实现分配公正与公平，实现农业的可持续发展，使人类与自然能够和谐相处；社会主义新农村是一个崇尚文明、崇尚科学、民风淳朴的农村，形成了生动活泼的农村文化生活新规范，彰显着道德、文明、幸福、和谐等价值理念。建设社会主义新农村，就是通过各种文化艺术形式为农民提供优秀的文化产品和文化服务，让广大农民接受文化熏陶，积极倡导团结友爱、勤俭持家、勤劳致富、诚实守信的社会公德、家庭美德和个人品德，塑造积极、和谐、健康、文明的乡风、民风。

当然，新农村建设重塑农民价值观最重要的目的是培育现代新型农民。

因此，必须清除传统意识中的负面因素，汲取其中的优秀人文精神，同时还要增强民主法治、竞争合作、开放创新等现代观念，实现价值观念和思维方式的现代化超越与重构。这也意味着，进行社会主义新农村建设就不应该把农民看作是完全被动的接受者，而一定要充分尊重农民的意愿，切实保障农民的知情权、参与权、管理权和监督权，鼓励他们主动地参与到建设中去，充分发挥他们的自主性和创造性。要给农民创造平等的发展机会，创造更新、更好的发展平台，激发其创新动力，培养其可持续的发展能力。

二、改革开放以来农民价值观念冲突的具体表现

社会的变革与发展必然带来价值观的变迁，同时，任何重大的社会变革及新体制的确立又需要与之相适应的价值观给予支撑。改革开放的深入推进以及社会主义市场经济体制的建立和逐步完善，从家庭联产承包制到乡镇企业的异军突起，从"以粮为纲"到发展多种经营，这一过程必将使农民的价值观经历一场脱胎换骨的洗礼与变迁。农民，尤其是经济发达地区的农民，表现出强烈的创新意识、竞争意识、民主法治等现代意识。但是，在农民的思想深处仍然积淀着千百年来传承下来的"居住方式的群聚性、生活方式的封闭性、组织结构的等级性、调节手段的礼俗性、经济形式的农耕性、资源渠道的自给性"等特点，又不可避免地成为农民价值观念变迁的深层心理障碍。因此，农民价值观的变迁，一方面昭示着农民在观念转变过程中表现出积极、理性的价值选择，另一方面也折射出农民在面对社会变革时因为"水土不服"而表现出无可奈何与盲目跟从。

（一）集体意识的缺失与个体意识的强化

伴随中国革命和建设的历程，正是由于集体的温暖和力量使得新中国农民获得了新生，集体观念也深入农民心中。然而改革开放以来，尤其是伴随农村家庭联产承包责任制的广泛推介，村庄内部出现了阶层分化，人与人之间的异质性逐渐增强，原有的建立在机械团结基础上的社会结构不可避免的面临着被瓦解甚至是淘汰的命运，有机团结占主导地位的新型社会结构却迟迟未建立起来。换句话说，当前中国广大农村正处于旧的社会形态已被破坏，新的社会形态尚未建立起来的尴尬境地，村庄社会结构出现了"断裂"现象，维系村庄秩序的集体意识也逐渐被瓦解。

当然也要看到，乡村社会追求富裕并不断发展的过程为农民的主体性生成提供了舞台，个体获得了独立性，自主性增强，确立了高扬个体价值与自我实现的人生价值论。农民寻求个体发展和实现个性的主体意识愈加强烈，个体意识和主体精神不断得到确认，这极大地冲击了传统的以整体取代个体的价值取向。此外，以"差序格局"为主要特征的中国农村结构日渐解体，个人主义正在蔓延，人际关系日渐淡漠。可见，以往村庄成员之间的相互关心与帮助被如今村庄成员们"各顾各""事不关己高高挂起"的冷漠所代替，村庄成

员之间的交往和互动越发显得更加功利性和目的性极强，交往中的情感因素逐渐被忽视。从某种程度上来说，村庄中的集体意识是建立在村民相互之间的深厚感情基础之上的，而村庄成员之间在交往过程中表现出的感情淡漠无疑在一定程度上说明了村庄集体意识逐渐淡化。

（二）传统以道义为导向的价值观转向以利益为导向的价值观

义利之辨是中国传统文化中的主要辩题。但是总体来说，中国传统文化仍是以道义为基本导向，尤其是儒家文化占据统治地位后，他们提出的重农轻商、重义轻利、舍生取义等思想更是得到巩固。随着改革开放的深入发展和社会主义市场经济体制的建立，传统农民的义利观发生了重大改变。市场经济把重视物质利益、追求实效的价值观念推至前台，突出并强化利益主体的自我生存与发展能力的自立精神，个人的经济动机受到国家承认并获得合法化，个人之利不仅被"正名"而且得到空前的张扬，追求个人利益、追求幸福和快乐的生活已经为社会所肯定。广大农民从自我本位出发，不断参与到市场运行的各个环节，并在其中乐此不疲地追求自己的利益，金钱观念和实利意识得到大大强化。农民内心曾经一度坚持的"重义轻利"的价值观念被昭示"重利轻义"的价值观所代替，媒体所报道的"谋利计功、见利忘义"等行为不绝于耳。

（三）知足守旧的传统观念与创新竞争的现代观念激烈交锋

中国传统社会是农业社会，小农经济是主导的生产方式和经济形式。在这种自给自足的生产生活方式下，农民将农业和家庭手工业相结合，依靠原始而恬静的"男耕女织"式的生产方式基本可以满足自己衣食的生活需要，做到"仰足以事父母，俯足以畜妻子，乐岁终身绝，凶年免于死亡"。没有压力的生活使得农民极容易养成知足常乐、安贫乐道的性格和安分守己的惰性心理以及求稳求安的价值观念，他们缺乏竞争意识和创新精神，既不重视吸收外来信息和借鉴他人经验，更拒绝与他人交流与合作。他们每天满足和陶醉在简单的生活中，"日出而作，日落而息，凿井而饮，耕田而食"成为沿袭中国乡村几千年的单一画面。

普利高津的"耗散结构理论"认为：孤立系统是缺乏活力、僵死、无序的系统，而有机系统则是开放的系统。任何一种系统都必须不断地与外界进行物质、能量和信息交换，而后才能形成活的有序结构。从发展的角度来说，小农经济因为把封闭隔绝、与世无争看作是人类社会尽善尽美的乌托邦，在强调中庸、均平、和谐的平静生活中消磨了人们的斗志。而市场经济则鼓励竞争，强调差别、对立，力图在竞争中激励斗志，激发奋进的决心，从而繁荣社会发展和经济腾飞。从这个意义上说，小农经济严重阻碍着市场经济的发展，制约农村经济的繁荣与发展。尤其是在社会转型时期，社会主义市场经济条件更要求具有开放的眼光，不断推陈出新，开放务实。

（四）宗族观念与法治理念的冲突

对于中国社会而言，法治不是文化演进的自然结果，而是社会发展的必要选择。中国作为一个后发展国家，法治建设必然会受制于现行的经济发展水平，但现代中国法治社会建设的最大困难则是来自中国传统社会的宗法伦理的影响。尤其是在农村社会，直到今天依旧潜移默化地影响着人们的思维与行动，阻碍着法治观念的树立。因为，中国传统社会的宗法伦理精神几经沉淀，已深深地融入国民的血液之中。

一是从等级观念向要求平等民主思想的转变。建立在农业经济基础上的以父家长为中心的宗法制度是中国传统文化所依托的社会结构，其最典型的特征就是等级制度森严，并通过礼仪制度的形式在人们物质生活和社会生活的各个方面表现出来。人们以"三纲五常"的规范作为道德的内涵，按照自己的等级身份过着相应的生活。在等级伦理之下，没有公平、正义，奴性和服从成了天经地义。人的个体主体意识丧失，权利意识、平等观念匮乏，很难形成追求权利与自由的行为模式。但是，伴随在农村普遍推行民主选举、民主决策、民主管理、民主监督，我国村民自治制度也不断得以完善，从制度安排上调动了广大农民群众当家做主的积极性、主动性，他们渴盼法治，渴望平等，自主意识、公正意识、平等意识和民主法制意识也在不断加强。现代法治的根本精神是"法律面前人人平等"，人们不分民族、种族、身份、血缘、财产、家庭、教育、信仰、职业的差别，一律平等地享有权利，承担义务，这是等级伦理所绝对排斥的。

二是习惯法与实体法的冲突。传统中国以习惯法维护社会秩序。习惯法是人们在长期的生产、生活过程中所"自发地"形成的社会相互间交往行为的规则，人们根据这种交往规则解决相互间的纠纷和矛盾。由于这种规则来源于人们的日常生活实践，很大程度上为实用理性所支配，因此更容易达成人们的心理认同。尽管国家推进法治的进程极大地破坏了乡村社会的习俗系统和权力结构，但并不能有计划地、系统地摧毁乡村社会的文化网络和社会结构，它必然要与乡村社会历史形成的根深蒂固的习惯法正面遭遇。于是，在乡村社会就形成国家正式法律制度与民间非正式规则同时发挥作用的局面。一方面，人们必须遵守制定法和实体法；另一方面，由于习惯法长期赖以存在和发展的文化土壤与社会条件难以在短期内完全蜕变，民间规则在调节社会关系、维护社会秩序方面仍然起着国家正式法律制度不可替代的作用。在这种情况下，在农民的价值世界中就存在着传统伦理与法律价值、权力本位与法治观念、主人意识与现代守法精神相背离的现象，使得正在构建的市场经济法律规范体系的内在精神和时代价值尚未得到很好的认同和内化，法律未能变成社会主体自觉通行的生活准则和现实生活中的"活法"。农民价值观的这种混乱现象既阻碍着适应市场经济发展要求的伦理秩序和法治秩序的建立，也阻碍着乡村社会的发展与进步。

（五）勤俭节约观念在消费主义冲击下日益消亡

勤俭持家、俭以养德是中国人在长期的实践中总结出来的、与小农经济相适应的生活方式和实用行为，也积淀为人们固定的一种价值理念。与城市居民相比，农村居民的消费观念受传统观念的影响更甚，再加之农业收入较低以及自身缺乏相应的商品和消费知识，因此他们的消费行为显得更加谨慎。但是我们仍然要看到，以大众传媒为主要传播中介，西方社会的消费主义在农村地区开始大面积流行，并确立了全面主导地位。消费主义是市场逻辑的必然产物，鼓吹过度消费，嘲笑勤俭节约。在消费主义面前，"俭以养德"的美好传统毫无抵抗之力迅速瓦解。

人们在发展生产，增加收入的基础上，主动改善自身的生活状况与生活环境，不仅追求基本生存资料的满足，而且追求享受资料与发展资料的满足，从而使自身的物质文化生活水平逐步提高，这是一种积极的消费观。但是，由于多年贫穷生活的压抑，农民的生活一旦从温饱走向富裕，他们的消费欲望便不断得以释放。消费主义的盛行与中国传统的"面子心理"找到了完美的契合点，导致农民在财富的使用上缺乏必要的伦理审视，出现了一些炫耀型、攀比型、跟风型、浪费型消费。先步入富裕行列的农民大多崇尚奢侈消费和享受性消费（比如山西煤老板的炫富消费），他们用过度消费来摆脱城市居民对他们的偏见，"靠花钱来买尊重"，在大肆消费的过程中缺少对弱势群体的同情和帮扶，缺少慈善道德。受消费主义影响，那些没有太多经济能力的农村青年为满足自己畸形的消费欲望，甚至不惜以身试法或者出卖尊严。在城市消费主义文化的"殖民"下，农民的生活条件在改善，乡村的生活习惯在改变。但他们的主体性在逐渐消失，生活中原有的意义也在丧失，他们不知道人为什么活着，不知道应该如何看待和追求人生的价值。

三、农民价值观变迁的负效应与消极影响

社会主义新农村建设的推进为农民价值观的更新提供了机遇和条件，农民在价值判断和价值选择上将会更加理性和自觉。但是，"社会生活的剧烈变化也自然而然地使欲望迅速增长。繁荣愈盛，欲望愈烈。就在传统约束失去权威的同时，渴望得到的报酬越厚，刺激就越大，欲望也就变得越迫切，越不愿受控制。在这最需要限制激情的时刻，限制却偏偏更少了。脱缰野马般的激情就更加剧了这种无规则的混乱状态"。美国现代问题专家英格尔斯曾深刻指出："如果一个国家的人民缺乏赋予某些制度以真实生命力的现代心理基础，如果执行和运用这些现代制度的人还没有实现心态、思想和行为方式的现代化转变，就必然会导致这些制度出现失败和畸形发展的悲剧。"价值冲突是一种深层次的社会冲突，有可能动摇人们内心的根本信仰，造成认识的混乱。社会上各种价值观的竞争、对抗、冲突也会使得社会道德处于一种无序的状态，导致人们行为的失范和社会矛盾的激化。价值冲突往往是在社会的重大转型时期出现的，意味着旧的社会结构次序的解体和新的社会结构次序的建立，其中充满了复杂的矛盾。农民价值观念在转换过程中产生的负面效应集中体现为，当农民发觉自己或他人的社会行为与社会的发展不协调甚至相冲突时，他们必然在心理上产生恐惧和不安，其现实后果就必然会造成农民社会行为的多样性和社会选择的不确定性。农民价值观变迁过程中的冲突已经严重影响到中国农村经济的发展、社会秩序的稳定和农民精神生活的充实。为此，必须运用正确的价值观去引导、规范农民的行为选择，使其自觉摒弃传统意识中的负面因素，养成新的文化品格与农民现代化的价值观。

(一)价值判断上的混乱使农民易于陷入信仰的真空

市场经济与消费主义所强化的享乐主义和拜金主义等价值观与我国传统文化的价值精髓以及同我国的社会主义价值观相矛盾,而个人主义、享乐主义和拜金主义等价值观恰恰又满足了人们低度的生理和心理欲求。可以说,当前我国农民的价值观日益世俗化和去意识形态化,个人中心主义极度泛滥,国家主导的集体主义价值观已不被多数人认同。很多农民心中只有权利意识与个人欲望,义务与责任感早已抛之脑后。

价值观变迁中出现的偏差、混乱与冲突在某种程度上反映出农民在价值判断和价值选择上的犹疑与多元。由于不同的思想意识、文化观念、道德行为、价值标准云集交汇,而社会主流价值观又得不到认同,使得农民在进行价值判断时失去了价值参照而心情焦虑,无所适从。他们找不到情感归宿和精神寄托,时常感觉迷茫和困惑,更无法判知究竟基于哪种价值标准做出的行为才是最合规律也最正确的行为。处于价值观混乱阶段的农民需要精神寄托和心灵力量的支撑,需要一种精神权威或超越性、神圣性力量来规范个人行为。由于当前并未对其给以及时、正确的引导,引发了整个社会价值根基的动摇,从而陷入价值信仰的混乱与真空。在有些农村地区,各种地下宗教、邪教力量和民间迷信活动也正在快速扩张和"复兴",一些地方农村兴起寺庙"修建热"和农民"信教热",甚至在一些地方出现了"村村有寺庙、见神就祷告"的现象。

(二)农民价值观念中的碰撞与冲突增加了社会整合的难度

"对稳定性的追求使得社会行为主体努力捍卫规范和价值体系的行为呈现出一种惯性。然而,有些事件却很难用现存的规范和价值体系去解释,必然会威胁到现存价值体系的普适性和稳定性。"转型期的中国乡村社会具有高流动性的特征,很多农民的心态处在浮动不安定之中,感到精神迷茫并充满恐惧与焦虑。具体来说,有生产生活的不确定性、信仰价值体系的不确定性、社会道德标准的模糊性以及身份认同的危机感。农民价值观变迁过程中呈现出的矛盾、碰撞与冲突不仅仅是单纯的观念问题,还反映出农民这一庞大群体对待当下中国正在进行的社会变革的基本态度。如果不及时对这些矛盾与冲突加以引导,势必会影响农民对改革的价值认同和对党的政策的价值判断,甚至引发农民对社会主义制度的质疑。

从农村经济结构转型来看,体制和制度因素导致的贫富差距逐年加大,使农业和农村经济持续发展、农民收入增加遇到了前所未有的困难和新问题,使广大农民处于被剥夺、受伤害的心理状态。这种心态极易造成群体间的隔阂,造成他们对那些非法致富群体的愤怒、小信任甚至敌对状况。更严重者,这种心结还会蔓延,造成他们对党和政府的不满情绪。就目前农民的行动结构来说,他们流向城市实现市民化转型的行动过程面临着与城市、国家政策和传统身份认同等力量的不均衡的博弈。此外,由于农民大量外出务工,放弃了农业生产,现有的农业生产规模大量缩减,而且越来越多的农民(外出的或留守的)开始对农业生产渐渐失去了信心。从基层农村政治来看,存在着农民无法平等参与政治活动,政治生活透明度与公开化较低，政治信息闭塞、沟通渠道不畅等现象，当人们的政治参与意愿和热情受到压抑或者渠道不畅时，就会以一种非正式的方式甚至非法的方式宣泄。比如，贿赂干部以期改变政治组织的决策、决定，利用"小字报"进行人身攻击，采取暴力手段报复干部等。其中利用民谣"议论时政"就是当前我国农村的一大景观。当前时政民谣呈泛化趋势，千奇百怪、数量可观的时政民谣有某种夸大事实、挑拨和涣散作用，导致种种流言散播，从而影响农民对政策的正确理解和对改革的客观判断。

（三）超过社会承受限度的农民价值观变迁导致社会"无序化"状况的发生

现代化的过程是价值观变迁的过程。中国的现代化是一种后生外发型的现代化，需要在几十年内完成西方先进发达国家经过几百年才完成的现代化过程，于是中国的现代化呈现出一种高度压缩性的快餐式现代化。例如，在还没有完全实现机械化、电气化的同时，又要投身到信息化的潮流中；在国内市场经济体制远未完善的同时，又要加入经济全球化的残酷竞争中；在个人主体地位还没有完全确立的同时，高度现代性的协作机制又必须建立起来。这些原本有先有后、相互矛盾的目标压缩在一个时期的实践中，不免会造成价值混乱甚或本末倒置，呈现一种无序性的断裂的局面，而高度压缩性的快餐式现代化需要在新的社会结构内重新分配社会资源，这必然牵动着相关利益群体的神经。以自身利益最大化为行动原则的不同个体的价值取向在毫无思想准备的情况下会发生急剧变迁，变迁的过程过于剧烈，幅度过大，有些超出了人们的自我调适和心理承受能力，结果造成价值冲突明显，价值标准混乱。

第四节 乡村文化价值重建的现实需要

乡村文化生态是一个相对独立的文化系统，它超越了感官的物质享受，有着自身的存在价值，也是乡村共同体内的精神家园，农民需要在自己的日常生活中来表达自己的世俗关怀，表现自己人生意义。但是，由于受城市文化与工业文明的冲击，传统乡村文化精髓不断被否定，而新的精神文化尚未建立健全，这就使得乡村社会的精神之基出现"沙漠化"的趋势，进而影响到乡村社会的发展。文化价值一旦失落，势必造成文化本身的虚化和人心的散落，最终影响到人们生存秩序的稳定与和谐。假如我们不去关心农民的文化生活，也忽视建构他们的人生意义，那么，在传统文化价值已经失去，现代文化价值尚未建立起来的情况下，他们必然会被其他诸如邪教之类的力量所吸引和影响。乡村文化的价值衰落是一个渐变的过程，并不是一夜之间轰然倒塌的剧变，正生活于乡村社会的农民并没有意识到精神的变迁和文化的颠覆，这种"慢性自杀"式的过程更容易麻痹人心，使人忽略掉问题的严重性。可见，不对乡村文化未来的演变方向进行分析以及不重构乡村文化价值，就会忽略乡村秩序的基础。因此，重塑更高意义的乡村文化价值，为新时代的乡村社会筑起坚强的精神堡垒，就成为目前非常现实的问题。

传统乡村文化自身存在着无法克服的缺陷，也要求在乡村现代化发展的进程中重建乡村文化价值。例如，保守、安于现状、小富即安、缺乏进取精神等文化特质，已经严重影响了乡村社会的现代化发展，是必须改变和抛弃的。当然，乡村文化的价值重建，并不是要完全否定原有文化，也不意味着原有文化的彻底消失。尽管工业化与城市化的速度在逐年加快，城市占领乡村的势头日渐迅猛，但是"城乡二元结构"的社会形态仍将呈现一种长期性的趋势。一个国家的农业绝不会彻底消亡，乡村社会也不会最终解体。在文化领域，将是城市文化与乡村文化和谐共生、共同发展、相互影响的现状。

城市文化也并不必然都代表着先进与现代的文明。事实证明，乡村文化在与城市文化的交流与对阵中，大量存在和较好贮藏在乡村文化中的不同形态的中华文明精粹也必然在影响着城市文化，尽管这种文化的影响力量在今天看来有些微弱。因此，乡村文化的价值重建必然是一个"取其精华，去其糟粕"的过程，既要坚持原有文化的价值精髓，找回被抛弃的文化价值和文化内容，如建立在诚信基础上的人际道德观、和谐的生态伦理观等，也要顺应时代发展潮流，实现乡村文化的自我更新与发展。无论如何转型和发展，乡村文化作为现代文化的发展根基这一基本点是毋庸置疑的。无论其所面临的挑战如何艰巨，结果不可能也不应该走向消亡，势必还要为传承悠久的中华文明和建设中华民族共有的精神家园做出应有的贡献。

此外，现代化进程中的进步理念与先进价值引领乡村文化价值的现代发展，成为乡村文化价值重建过程中不可忽视的因素。现代社会的基本特征是创造与变革，乡村文化的现代发展也必须适应知识经济的时代潮流，转变传统思维方式，追求创新与变革。农民流动的增加则使越来越多的农民接触到城市文化，其成就动机和进取精神被大大调动起来，并逐渐接受市场经济的精神。在新农村建设和农业、农村现代化的进程中，农村愈加认识到知识和人才的重要性，尊重知识的风气正在形成，农民要求掌握技术和提高科技素质的欲望越来越强烈。更主要的是，现代化进程不断向农民传递自信、创新、进取、开放、独立的精神。这一切都在呼唤乡村文化价值进行现代转变。

如果说，现代化、工业化、城市化是必须承受的宿命，那也必须在"理想主义和现实主义之间寻求一种平衡"，在城市文化与乡村文化之间寻找互补与平衡。必须走出"非此即彼"的单向思维模式，跳出"工业文明与农业文明""城市文化与乡村文化"的二元对立的思维框架。要超越城市文化和乡村文化，吸取两种文化所积淀的人类文明的普适价值，同时对其各自的缺憾也要有所警戒，力求做到"多样下的稳健"发展。文化价值重建势必会遭遇意想不到的困难，这种困难或许是来自文化自身变迁过程中的局限性，也可能是现实社会环境的文化碰撞。困难不是回避问题的借口，而应该给予我们攀登的勇气。

第三章 文化认同——乡村文化价值重建的内在支撑

一种文化价值的实现，从根本上说取决于该文化能够在多大程度上为人们所认同。这是因为，文化认同不仅仅体现在"符号"意义上，更体现在单位个体内心深处的那种甘愿为文所化的认同感。文化认同是个体对所属文化发自内心的产生情感上的归属感和依赖感，并能够保持与创新自身文化的心理过程，包括价值规范认同、传统习俗认同、宗教信仰认同、民族语言认同、文学艺术认同等。文化认同是文化主体形成"自我"的过程，蒙田说过："世界上最重要的事情就是认识自我。"自我是个体心理深层的结构构造，认识自我就是人们开始想知道"他们是谁，处于何处，要到何处去"这一系列问题。具体对中国乡村社会来说，就是"我们是谁""农民应当是什么样子""农村应当是什么样子"。一个明显的事实是，近些年来，文化急剧变迁下的乡村社会似乎淹没于新的经验、脱节于旧有的传统。生活在乡村社会和城市社会的农民因为对于新情况的不适应感日渐增强，从而构成了一种集体身份焦虑。随着焦虑的产生，乡村文化认同对象呈现出虚化状态。当代中国乡村文化现代性变迁的一个最主要表现就是乡村文化的认同危机，简单理解就是不知道或不清楚"我是谁"，或者"我"有了多种身份，原来以为清楚的，现在变得模糊了；以前自信的，现在惶惑了；以前相信的，现在怀疑了。如果不能最大限度地追寻广大农民群众对乡村文化的认同，乡村文化价值构建就失去了它应有的理论外延，完整意义上的新农村建设的历史任务也就无从谈起。

第一节 对传统乡村文化精华的再认同

人类社会的文化进步通常都是站在传统文化与文明的基础上不断实现新的形式和组合。正如马克思所指出的："人们并不是随心所欲地创造自己的历史，也不是在他们自己选定的条件下去创造历史，而是在客观的、既定的、从过去继承下来的条件下创造历史。"事实上，任何一种新的文化都无法从根本上割断自己与固有文化之间的精神纽带，与传统文化一刀两断。因此，乡村文化建设除了应立足于与经济发展相关的数字增长和"破旧立新"的基础上，还更应与有着数千年农耕文明历史和儒家文化影响的"旧"农村的传统相衔接。传统与现代是不断继承与发展的关系，传统文化作为文化之根或直接或间接地影响着人们的思维方式和价值观念。只有根植于传统的"推陈出新"和"扬弃",合理利用乡村传统文化并发挥其良性功能才会使乡村文化的价值重建获得基本的心理支撑。

一、对传统文化精华的再认同是乡村文化发展的惯性和必然

在黑格尔看来:"传统不是一尊不动的石像,而是生命洋溢的,有如一道洪流,离开它的源头愈远,它就膨胀得愈大。"一个民族的文化在其不断发展的过程中,必须紧紧围绕沿袭已久的传统文化这一条中轴线,以这条轴线为基础,民族文化的内容才能够不断得到补充和完善,形成丰富的文化内涵。这是因为,对于生活在民族文化中的社会成员来说,传统文化的内容及其所呈现的价值是一种约束"范型"或规范模式,统摄了社会成员的文化心理,并能够规范、整合社会成员的思想和行为,形成社会共同体。在这个共同体中,传统文化是所有社会成员的共同意识以及自觉奉行的原则,在此基础上形成人们对传统文化价值的心理认同,使之感情上主动拥戴,行为上自觉遵守,并生发出人们思维、行为的趋同性、和谐性和一致性。文化传统如同一只无形之手将生活于其中的人们紧紧联系起来,凝聚成"同心同德"的社会整体力量。作为民族凝聚力的根源,文化传统在社会发展的过程中始终起到稳定着特定社会秩序的作用。可以想象,假如一个民族中的传统文化被解构甚至完全消失,人们的认同感消失,缺乏规范的行为会变得更加自由,最终使社会秩序处于普遍失范和混乱的状态,更严重的,可能会中断这个民族的发展进程。因此,对一个国家或民族来说,能够凝聚人心的力量除了经济利益的聚合力以及种族血缘的亲和力、政治意识形态的控制力之外,更主要的还是社会成员对其民族传统文化的认同感、归属感,并在此基础上所产生的向心力。

对于乡村社会而言,传统的力量同样巨大,甚至更大。在文化转型的过程中,乡村文化传统的轴线也不会任意地中断或消失,其中就暗含着文化惯性的力量。乡村文化秉承中国传统文化的特点,并扎根于乡土之中,千百年来为传统中国农民提供了整体性的人生意义与价值。以宗法观念和家族意识为例,宗法观念和家族意识是一种根深蒂固的家族乡土本位意识,深深渗透于中国乡村的日常生活中,是人们对其生活共同体予以的高度认同,广泛持久地影响着乡村生活。同时,由于家族的某些社会功能在一定程度上代表了农民对自身历史感、归属感、道德感和责任感的追求。因此,家族意识的存在及宗族的延续有其发挥作用的群众心理基础和客观环境。让农民完全放弃自己的文化传统而取向于城市文化不是不可能,只是要看到,完全抛弃了传统文化之后,新引进文化必然存在着异质难合性,人们在适应新文化的过程中就不可避免地产生水土不服的不良反应。当新文化无法满足和弥补人们的心灵需要时,他们仍然会转而从已经被抛弃的传统文化中寻找精神出路。因此,文化惯性的力量并不是随时都会发生作用的,只有在社会转型时期,旧有的社会秩序被逐渐打破,而新的社会秩序则尚未确立,在这样复杂的情势之下,文化的惯性力量才会显现。

近十年来,学者们通过研究农村劳动力流动和转移的问题后发现:农民工虽然生活在

城市中，却并未和原有的关系网络断绝关系，仍在原有的关系网络中交换信息与资源，寻求支持与庇护。城市生活中的由外来务工人员聚集起来的"浙江村""河南村""四川村"等公共生活空间就是最直接的例证。这些特殊的生活社区或生产、经营的集聚地虽然是在城市社会中重新建立起来的，却延续着基于乡土的关系网络和组合方式，并且凭借着对地缘关系的信任而集结在一起，变化的仅仅是空间而已。诸如此类的集聚地体现的是农民对乡村社会资本与关系网络的运用和依赖，显示了传统乡村文化顽强的生命力和极强的适应性。可以肯定，尽管城市始终将现代性垄断于其中，并通过扩张与虹吸造成了农村的虚空化，但是这并不会彻底摧毁乡土传统，更不会对农民"从经济到文化到意识形态上所有的价值"彻底颠覆。事实上，乡村文化尽管在不断转换形式，但是也在不断更新着传统。正如萨林斯所说："文化在我们探询如何去理解它时随之消失，接着又会以我们从未想象过的方式重新出来了。"

金耀基说：中国的现代化目标是构建一个新的文明秩序，它必然有启蒙的因素，这种启蒙的东西离不开文化传统。在这个意义上，建设中国现代性部分的资源必然离不开中国"轴心期文明"的文化传统。因此，在乡村文化的价值重建过程中，强调对传统文化精华要素的再认同是当代中国乡村文化转型发展的必然。因此，建构中国乡村文化新价值体系，并不是要完全移植和模仿西方工业化或城市化的建构模式，更不是与传统乡土文化彻底决别，而恰恰是要立足于传统，吸收传统乡村社会创造的积极文化成果和精神文明，开拓自己的现代文明之路。

二、对传统文化精华的再认同是树立乡村文化自信的内在力量

传统乡村文化在中国传统文化中占有特殊地位，并起着主导作用，它反映着劳动人民独特的生活情趣，包含着丰富深刻的社会历史信息，代表着民众的审美理想，是中国人生存智慧的结晶，也是民族凝聚力和生命力之所在。乡村优秀传统文化是在游牧文明、渔猎文明和原始农耕文明中养育、积淀下来的，更加真实地反映了生产生活实际、民族特征、价值观念和审美理念。它传承着文化传统，延续着中华文明，也在以独特的方式潜移默化地影响着人们的思想观念，为文化创新提供着基因和动力。作为一种独特的文化韵味，乡村文化蕴涵着乡村社会基本的生命姿态和价值理念：泥土般的厚重、自然、淳朴，而又不乏善良、温情的生存姿态以及基本善恶的分明等。这种精神价值、思维方式、想象力和文化意识是维护我国文化身份和文化主权的基本依据，这些生生不息的民族精神情感和个性特征，以及自强不息的民族凝聚力和亲和力是维系中华民族情感的重要纽带与建设先进文化的丰富精神资源和深厚文化根基。

乡村文化的解体，其核心在于传统乡村生活方式的土崩瓦解，在于乡村文化不再以自信的面目出现在农民面前，而逐渐被农民所抛弃。如前一章所述，许多农民对自身所处的乡村不以为然，农民身份成为他们急于摆脱的符号，他们极力追求现代化、城市化的生活

方式，村民与本土亲近性的缺失使得他们不再是文化意义上的农民。随着城市的地位日益凸显，乡村已然不再是中国文化想象的中心。在与城市文化和西方文化的碰撞中，乡村文化被冲击得支离破碎，乡村文化价值彻底崩塌。既存的乡村文化处于解体之中，而新的适合乡村社会健康发展的文化秩序又尚待建设，大量村民特别是乡村青少年在无根的文化处境中表现出明显的无奈与自卑，他们内在精神的贫乏就成为不可避免的趋势。因此，他们成了一种在文化精神上无根的"存在物"，成了文化荒漠中的"无家可归之人"。为了拯救已然失落的乡村文化，我们必须重新唤醒人们尤其是农民对传统乡村文化的"记忆"，重新树立乡村文化的自信，使大众真正懂得乡村文化的价值和精髓，真正懂得人类文化整体的内涵与意义。否则，我们损失的将不仅仅是一种文化形态，更重要的是失去了寄寓在传统文化中的宝贵的人类智慧和精神血脉。

乡村文化最强有力的基础是绵延千百年渗透到乡村文化主体——农民的骨髓和性格中的传统文化。我们认为，恢复乡村文化最起码的自信心就是恢复乡村作为社会文化有机体存在的基本尊严，要给予那些生活在乡村的个体置身于乡村社会时对自己的基本存在表现出自信，要使长期浸淫在传统文化中的农民认可并承认文化的优秀价值及其合理的一面，达到对传统文化的认同，在此基础上重新培育乡村文化自身的增殖意识与能力。这种文化自信绝对不是单纯的模仿城市文化的自信，而是基于自身文化基础的自信。人既是文化的创造者，也是文化的创造物。从文化哲学的视角，文化作为个体和社会运行的基本方式，无时无刻不在影响、制约、决定着人们的情感行为和价值取向。一个人成为文化主体的标志在于他已经具备了在所属文化中自我生存与生长的能力，一个成熟的文化主体则意味着具备基本的自信，能够认清所属文化存在的不足，找到自我文化发展的方向。他们具备适当的整合外来文化资源的意识与能力，也能对异质文化保持开放的心态，包容不同种文化，并且在创造新文化的同时不断超越原有文化，充实自我文化内涵，提升文化价值。

三、走以传统为基础的文化现代化道路，构建乡村文化新认同

文化现代化是人的现代化乃至整个社会现代化实现的前提和动力。范·尼乌文赫伊兹认为："发展工作的焦点，始则经济，继则社会，终而为文化，这个顺序使人想起西方自产业革命以来处理公共事务的顺序。"在现代化的起步阶段，人们都十分关注经济发展；当经济发展到一定阶段而出现社会问题时，社会问题的解决就被提了出来；再后来，则是文化的问题。在中国走向现代化的过程中，乡村社会经历了翻天覆地的巨变，随之带来的是社会变迁下的文化大发展与文化断裂，这种变迁和断裂凸显了乡村现代化建设与乡村传统文化认同之间的紧张关系。走向现代化的过程，当然不能忽视文化的现代化，否则就是一种不完全的现代化。

由于受乡村传统伦理文化和价值取向的"实质性"影响，建设现代化的新农村和实现乡村文化的现代化，不仅要"向前看"，而且也需要"向后看"，既要以传统文化为本位，

积极发掘传统文化的精华，也要正确处理乡村发展与传统文化之间的关系，构建起符合中国乡村特色的文化新认同，实现从文化迷信向文化自信的转变，从文化批判向文化传承的转变，从文化传承向文化整合的转变，从而走向乡村文化的现代化。但是，在建设乡村现代化的过程中，传统乡村文化面临着"破坏有余"而"重建不够"的双重历史命运。"破坏有余"可以理解为工业文明与城市文化对传统乡村文化带来的过度破坏，以及对传统乡村社会秩序与文化秩序的无情摧毁，农耕文明架构下的一切原有文化都在迅速地瓦解、消失、涣散、泯灭，现代化与传统文化特别是乡村民俗传统文化之间的距离越拉越大；而"重建不够"则是指在乡村现代化建设的过程中缺乏对乡村文化建设进行必要和科学的价值指导，无法使其快速走出价值迷失的困局，更无法很快结束认同危机的现状。正是这种双重命运，导致改革开放40多年来乡村社会的城市化建设与文化建设发生了严重错位，人们总是将现代发展片面强调为诸如社会发展、经济提升等观念，却忽视了乡风文明、心理素质、精神家园等的文化建设与发展。

构筑乡村文化的新认同必须立足于走传统本位的乡村文化现代化道路，既要树立民族和乡土的传统文化自信，更要反思文化批判立场传承传统文化。在文化—民俗学层面，要加强对乡村物质文化遗产和非物质文化遗产的保护；在精神—哲学层面，要继承"仁爱民本、自然和谐"等思想，并对民间宗教信仰等乡村精神结构加以传承，它是对乡村传统文化的全面性、系统性、价值性传承。我们要认识到，对乡村传统文化的传承不是仅仅满足于教会相当一部分人包括孩子会唱多少首民歌、民谣，也不是简单地恢复行将消失的文化形式等。民歌、民谣、民俗等是传统乡村文化的形式和载体，形式和载体是传统文化传承与发展的媒介，我们固然要使其延续下去，但是如果只传承这些外在形式，那么我们获得的也只是一些没有活态的传统文化躯壳，是空洞无用的东西。从根本上来讲，对传统文化的传承，还要重新解读和深入挖掘传统文化中的内涵和精神，这才是传承的灵魂所在。凶为，祖先留下了很多诸如天下为公、刚健有为、自强不息、有容乃大、崇德重义、道法自然等思想瑰宝和文化要义，构成了中国传统文化鲜明的民族特色和民族风格，这些思想在今天仍具有重要的现实意义。

文化传承的过程离不开文化整合，因为，文化整合是文化现代化的一种自主性和开放性的成长方式，其中既包括对文化自身的长处与不足的自我扬弃，也包括对多元异质文化批判吸收的科学态度。所谓"文化整合"，就是通过文化调整，理顺人们的文化心理情绪状态，使广大农民形成一致的文化观念和文化认同。基于此，乡村文化的传承也必须依靠文化整合。乡村文化整合最应该考虑的就是如何使农民在文化实践中深刻认识到传统乡村文化精神中的负面价值和消极因素，积极转化其中的消极、落后的价值观念，并在文化实践中充分借鉴现代化进程中的价值理念，嫁接经过现代化实践证明了的普适价值和理念，从而建立具有自主性和伸展性的现代乡村文化新认同。

首先，整合传统乡村文化中的内在不足与缺陷，把现代化发展的文化"阻滞力"转变为精神"推动力"。在本书第一章中我们就提到，由于我国传统乡村文化存在着封闭性、保守性和趋同性的固有缺陷，相应地也使得广大农民养成了封闭、保守与趋同的思维方式和心理素质。他们通常只承认那些沿袭已久、不脱离传统思维方式和行为习惯并司空见惯、习以为常的事物，力求使自己的认知判断和行为选择符合传统价值观与群体行为。正是由于这种"求同不求异"的文化性格使得他们不敢创新、不敢竞争，结果成为阻滞乡村社会现代化发展的强大力量。为此，有必要通过整合乡村文化来更新农民的传统观念，充分发挥农民在文化建设和文化实践中的主体创造作用，使之具备更适合现代社会发展的文化心理和文化性格，最终把传统乡村文化的阻滞力变成建设乡村新文化、重建文化价值的推动力。

其次，努力消弭城市社会与乡村社会的"文化鸿沟"，促使城市文化与乡村文化的协调发展。现代化、城市化与工业化的大发展，一方面带动了社会生产力飞速发展，使得乡村与城市、农民与市民和农业与工业之间的经济鸿沟日益缩小。但是另一方面，城市文化又以强势姿态出现，不断消解着传统乡村文化中的价值"羁绊"，导致乡村文化的"整体日益衰微"，从而又在城市文化与乡村文化之间产生了新的"文化鸿沟"。乡村文化越来越找不到自己的立场，成为城市文化的附庸，渐被抛弃。如果这种"文化鸿沟"不能消除甚至越来越大，是根本不可能实现国家的整体现代化的。因此，在乡村社会培育出一种既剔除了传统文化中的消极因素，并在我国传统文化土壤中扎根，又能够与现代化进程相适应的现代文化，从而实现城乡文化的协调发展，就成为当下乡村文化建设的迫切选择。

再次，寻求破解"现代化悖论"的方法，建设适应现代乡村社会的新的文化环境。亨廷顿主张的"现代化悖论"认为："现代化建设需要稳定的社会、文化和心理环境，我们所致力建设的现代型社会也应该是高度稳定、和谐发展的社会。但是，不可否认，现代化进程本身就是一场大变动，现代化变迁的过程也是再造不稳定、不和谐的过程，相应的造成了社会、文化和心理上的不稳定。"寻求有效破解"现代化悖论"的具体方法，是当前所有发展中国家面临的不可回避的严峻的现实问题。中国的乡村文化现代化建设不仅应该关注现代化的价值，也不能忽视现代化价值所带来的负面影响。这就要求乡村文化的现代化必须从"复制西方发达国家的现代化建设"转化到"超越西方发达国家的现代化建设"，在实践中构建既传承和延续了自身道德生存的价值元素，吸收和借鉴了西方现代化发展的积极价值，同时也抛弃了传统乡村文化中的固有缺陷，超越了西方现代化发展的负面价值的现代乡村新文化精神。只有通过文化整合，积极寻求破解"现代化悖论"的有效方法，建设一种适应现代乡村社会的发展与跨越的文化环境和文化平台，才能积极稳妥地推动乡村乃至全国的现代化进程。

第二节　公民意识的养成与乡村社会公民文化认同

公民文化是文化的一种具体形态，最早是阿尔蒙德于1956年指出的："社会的政治文化是指作为被内化于该系统居民的认识、情感和评价中的政治系统。"在阿尔蒙德看来，公民文化是描述社会文化与政治活动关系的一个范畴，通过公民政治活动中的政治认知、政治情感、政治信仰、政治态度和政治价值等来体现，揭示的是一定社会文化对政治体系和公民政治行为的影响。关于公民文化的确切定义，东西方学者认识的角度各有不同。站在文化的角度，我们认为：公民文化是一种现代民主政治文化，代表着建立在国家与公民的契约关系基础上的权利和义务的价值判断，代表着在私人生活和公共生活双重领域中的复合品性，代表着契约、自由、权利以及社会责任等公益观念和公共精神。公民文化既具有理性的特征，也存在着积极性的特点。所谓公民文化的理性化是指一种平衡的政治取向，公民对待和参与政治活动的理性态度，他们有足够的获取政治信息的渠道，有进行政治参与和政治认知的能力。比如说，"有不去摧毁政府权威的政治活动；有温和的政治参与；有节制的政治纷争。公民文化的内涵是守法、宽容、恕道和理性论事"。所谓公民文化的积极性是指公民认为政治与个人关系密切、利益攸关，他们能够积极、主动地参与到各种政治事务中，在参与动机上承认具有政治责任并愿意主动承担政治责任。也因此，公民文化被称为"参与型文化"，或者是"积极的公民文化"。

近年来，中国乡村社会的政治实践已经越来越多地吸收了民主因素，中国传统政治文化向现代化发展的诸多条件和因素正在迅速增长和积蓄，并取得了一些鼓舞人心的实践成果。但是，作为一个农业大国，中国农村并没有建立起真正的公民文化，传统文化中"臣民文化"思想与民主政治所强调的自由、平等、人权、法治等观念格格不入，其残留的臣民意识还较为广泛地影响着今天的农民心态，阻碍着中国农民的公民意识的建立，阻碍着中国乡村社会政治现代化的发展。乡村文化的价值重建，必须培育与之相适应的公民政治文化，培养农民的现代公民意识，并最终努力建设现代乡村社会的公民文化认同，这既是中国社会主义新农村文化建设的内在要求，也是社会主义新农村政治发展的一项重要内容。

一、从臣民文化到公民文化：乡村公民主体意识养成的思想基础

马克思主义认为："真正的主体是人们已接受的并已内化为心中权威的意识形态。""现代民主政治发展的思想基础是公民普遍具有主体意识，这也是推动民主政治由低级向高级发展的强大动力"。因此，作为公民社会的主体和公民文化的创造者与传承者，公民必须拥有与其主体地位相适应的公民意识，发扬公民精神，并以此来指导自己的行为，从而建立能够产生和发展公民文化的社会基础。所谓公民的主体意识是指公民个人对自己在国家中的政治地位和法律地位的自我认识，是公民主体性的具体表现，也是公民作为一名社会成员对自己的基本认识和定位，从而积极行使公民的权利，自觉履行公民义务，维护国家法制的权威，培养起与政府合作的精神。在高度发达的公民文化中，强调人人平等以及人格独立，公民始终是一个独立的主体，在任何社会关系和政治关系上都不存在依附关系，他们有怀疑的权利、有理性判断的能力，并能充分地挖掘自己的能力，实

现个人的人生价值。

我国是农业大国，农民占了中国人口的大多数，因此，我国政治发展的水平和程度关键要看农民的政治修养。公民文化的塑造将使农民的主人翁意识更强，在村庄事务的管理中发挥出主动参与的精神，使村务管理更加有效。在一个具有良好公民文化的乡村社会中，农民不再是被压迫、被支配的客体，而是权力的主体，村庄中的公共权力必须来自农民的认同。然而，传统中国的臣民文化缺乏这种主体意识，并会在相当长的时间内制约着农民主体意识的增长。这是因为，在传统中国的乡村社会中，政治始终是高高在上的庙堂之事，而农民则被排除在政治之外，他们因为不可能拥有任何政治权力，也就无法摆脱作为权势力量从属者的自我心理定位。而且在对权力的敬畏与崇拜中，他们缺乏行使民主权利的主动性，成为被驱使、被奴役、被支配的"政治动物"。他们只有"子民""臣民""村民"的概念，而没有"公民"意识。"他们不能代表自己，他们的主宰是高高站在他们上面的权威，是不受限制的政府权力，这种权力……从上面赐给他们雨水和阳光"。臣民心态使农民缺乏主体意识，把自己当作权力的客体，认识不到自身存在的价值，形成了大多数村民盲目顺从、消极服从的乡村文化，形成了农民对政治的漠不关心与毫无兴趣的政治心态。

新中国成立以后，农民翻身做主人，开始当家做主。但是，部分农村中，由于长期的人治统治，农民仍然习惯于盲目听从指令，而没有真正去享有公民权利。在村民自治的过程中，政府的人治现象也较为严重。同时，由于缺乏适当的公民教育和法治教育，大多数村民的公民观念和法治理念仍然非常薄弱，依然存在相当数量的"法盲"。因此，当公民权利遭受侵犯或剥夺的时候，他们可能对此毫不知情，更谈不上用法律来维护自身权益。20世纪60年代初，在农村确立了人民公社体制，实行"三级所有，队为基础"。作为联系农村和农民的最基层单位的生产大队拥有全面的领导权，掌握着政治、经济文化、户籍管理、社会治安等方面的重要权力。这种管理方式和平均主义的分配体制以及伴随频繁的政治运动和强大的意识形态教化，使农民失去了自由思想和自由行动的空间，形成了农民对"集体"的强烈的依赖关系，使农民在社会生活中成了被动的服从者，缺乏主人应有的政治心理认识和自觉的政治行为能力，成为政治上的盲从者。尽管改革开放以来，家庭联产承包责任制的推行和市场经济的发展使农民的附庸意识逐步向主体意识转化，越来越多的农民开始以真正主人的观念和姿态关心政治、参与政治，农民也逐步实现了由"子民"、"村民"向"公民"角色的转换。但是，较之社会变革的速度，农民的民主观念的进步仍然显得滞后，要求参与政治的意愿不强，对于一些重大的政治活动仍然不够关注，将政治参与仅仅视为实现某一利益要求和愿望的工具，若其某种政治目的无法达成，他们可能将不再进行更进一步的政治参与。

新的公民观念的产生无法彻底摆脱传统政治文化的影响，传统文化所造就的社会心理在人们身上积淀的臣民意识与现代实践主体的公民素质要求相差甚远，以至李慎之先生感叹道："中国现在与先进国家的最大差距，我看就在人民的公民意识方面。"处在社会转型时期的中国农村，必须加强农民的公民主体意识培育，促使农民的权利义务、民主法治、公平正义等意识的形成，使农民开始相信自己的政治能力，真正地认识到自己的政治角色，参与到公民文化中。个人对于自己的政治角色的认识必须通过参与到政治活动中才能实现，不参与到政治活动中去，不进行政治行为就无法正确认知自己的政治角色，无法感知自己的政治行动力，政治效能感也会很差。参与不但能够使人融入社会中去，避免个人对社会的疏离感，同时也会增强个人对社会以及政治体制的认同感。没有这种认同感，国家的民主政治体制就不会有效运转起来。因此，培养农民的公民文化认同，实现政治文化主体自我意识中的角色转换，实现由臣民文化向公民文化的整体过渡，是乡村社会公民文化模塑的关键点和特殊难点，其更深远的影响是激发乡村社会的文化重建。

二、从封建专制到村民自治：乡村社会公民意识养成的政治实践

在传统农村，家族文化和亲缘文化已植根于人们的心理深层结构之中，并支配人们的政治社会行为，村民对自己参与政治能力的评估普遍不高，自然也就无法养成公民意识和政治概念。而新中国自20世纪80年代开始的村民自治组织制度，既有诸如选举、监督、社会治安、村务管理等政治与社会功能，更对我国农村公民意识的培养与训练起到了重要的作用。

（一）封建专制文化下的民间"自治"无法培养公民意识

很多人认为，拥有几千年封建传统文化影响的乡村地区是不会有自治精神的。中国几千年封建社会的专制主义形成了专制文化，在乡村社会中又形成了族长、长老以及与王权有千丝万缕联系或王权代表的士绅等传统权威的统治。但是，考察我国乡村社会的发展史，仍然在乡村社会的中央集权中发现了中国民间社会的自治传统。在封建专制的政治文化中发现了由于封建官僚体制只触及县级政权，有着"皇权不下县"的鲜明特点，县以下则实行以乡绅和宗族头人为经济文化代表的自我管理，从而使得乡村社会存在着长期的自治传统，并建构了具有时空合理性的乡村权力结构、权威体系和价值形态。在传统中国，基层的自我管理通过相对完善、力量强大的家族体系来进行，兼具乡村精英角色即乡绅的治理，人们的组织心理狭隘，在组织认同感上，人们效忠的对象仍然是与他们生活最密切的村民、家庭，对他们的行政组织也只是盲从，国家的观念即使不是没有也是非常淡薄的。由此才有"国有国法，家有家规"的说法及家国同构的中央和地方组织形式。

封建社会的所谓"自治"与现代社会的乡村自治有着本质区别。发端于"草根"的村民自治，缘起于乡村社会内部，具有社会自发和自我组织的特点，是一种群众性的自我整合，此时的自治是一种缺乏民主基础的被动的自治，这种文化缺乏培养公民意识的土壤，培养起的仍然只是臣民意识。在传统中国乡村社会的长期历史发展进程之中，始终欠缺民主成长的环境和氛围。因为，传统的中国农村以小农经济为主，农民的生产和生活均以家庭作为基本单位，大多数生活也都是在家庭这个私人空间中，他们进行生活的公共领域有限。在有限的公共领域内，除了水利等与经济生活相关的活动外，就只有祭祀、敬神等家

族、宗教共同事务与公共领域相关。由于所生活的公共领域狭小，农民自然也就不存在太多可以表达自己意愿与权利的空间。

（二）建基于民主基础的新中国村民自治制度对公民意识的培养

以一些重大历史事件为标志，村民自治主要经历了四个发展阶段。第一阶段是萌芽时期，从1980年村委会产生到1988年村委会组织法试行前。第二阶段是试验时期，从1988年村委会组织法开始试行到1998年村委会组织法正式施行前。第三阶段是普及时期，从1998年村委会组织法正式施行后到目前。第四阶段是繁盛时期，自十七大以来的这段时期。村民自治制度是亿万农民建设中国特色社会主义民主政治的伟大创造，被称为"现阶段中国农村治理的重要方式之一"。正如彭真同志所说，"基层群众自治是最广泛的民主实践，通过参政议政，逐步锻炼、提高议政能力。农民群众将一个村的事管好了，逐渐就会管一个乡的事情；把一个乡的事情管好了，逐渐就会管一个县的事情，最后实现基层民主与国家民主的对接"。村民自治制度是中国在政治民主化进程中探索出的具有独创性的直接民主的实践形式，也是民主管理制度的重要组成部分。村民自治制度的实施使得农民个体有史以来第一次能够自主地参与到组成村落公共管理机构并监督其实际运转的政治活动中，真正享有了知情权、参与权、管理权、监督权，去参与中国农村前所未有的民主自治进程。参与性是村民自治的基本精神，要让占中国人口最多数的农民参与到社会主义民主政治建设中来，通过行使民主权利使广大农民认识到自己是社会主义国家的主人，树立起他们的公民意识，增强国家的认同感和归属感。

村民自治将尊重和保护农民的权利落到了实处，有助于培养农民的权利意识。权利意识的建构是公民意识培养中的首要问题。权利意识是人对自身价值的自觉，即意识到自己有各种权利，并能明确地懂得权利的正当性与可行性，敢于在法定范围内主动追求和行使自己权利的意识。在公共生活中，公民只有认识到自身的主体地位才能产生主人翁意识。建构公民的权利意识首先就要保障和尊重公民的基本权利。因为，权利是公民存在的基础，是公民享有平等社会地位的保障，是公民参与公共生活取得并维护本人各种权益的依据，是公民谋求全面发展，实现自身价值的条件。公民只有享有广泛的公民权利，并使之得到合理的运用和保障，才能使其真正承认和感受到公民与国家、公民与社会荣辱相依的关系，才能使其更加积极地关注并参与到各种政治生活中来，才能真正实现自己的公民价值。"每个人或任何一个人的权利和利益，只有当有关的人本人能够并习惯于捍卫它们时，才可能免于被忽视"。村民自治制度将村民权利放在村落公共事务的首要位置，将尊重和保护农民的权利落到了实处，使纸上的权利真正得以实现。例如，《中华人民共和国村民委员会组织法》规定：凡是与村民切身利益密切相关的事项，都要实行民主决策，必须交由村民会议讨论决定，不能由某个人或少数人决定。这一规定体现了村民利益的不可侵犯性，同时保障村民能够拥有充分保护自身利益的自主权；而村务公开制度的实行不但体现了对村民知情权的尊重，而且将村干部的公共行为置于村民的监督之下，赋予村民一定的监督权，树立了村民在村落公共事务中的最高监督人形象，使村民在心理上感受到自身的主体地位和主体价值。

村民自治吸引、鼓励农民参与集体事务建设，有助于培养农民的责任意识。权利和责任是一对孪生子，相伴相生。随着权利意识的强化，村民必将意识到自己对他人、社会和国家应担负的义务和责任，能够主动承担自己应该承担的责任，不逃避和推卸由于自己的过错而应该承担的法律责任和道德责任。公民责任就是公民履行与自己公民身份相适应的，符合社会规范预期的职责。包括对民主与法治的追求，对社会公平正义的维护，对公共事务的积极参与等。公民责任意识的形成得益于公民对政治共同体的认同，村民责任意识的形成则得益于村民对村落共同体的认同，得益于集体行为对共同利益的维护。村民自治吸引、鼓励农民参与集体事务建设，如修建村级公路、维护灌溉设施、改变村容村貌等，农民积极投工投劳，在这个过程中，他们成为乡村政治的真正主体，而且一旦发现基层组织或个人不能很好地行使权力或权力被滥用时，会通过合法手段和程序对错误行为进行纠正，对领导干部进行重新推选；并且能够意识到，如果不这样做，本村公共利益就可能受到损害。

村民自治的制度设计为公民的公共事务提供了规则依据，有助于培养我国公民的规则意识。规则意识就是公民在认同某种规则的基础上自觉地去遵守和服从这一规则。公民规则意识既包括公民积极主动、自觉地遵守和服从法律规则，积极维护自己的合法权益，也包括理性实施公民基本权利。实践证明，村民自治的制度设计能够积极培养农民的规则意识。首先，村民自治制度是一种良法之治。亚里士多德指出：已成立的法律获得普遍的服从，而大家所服从的法律又应该本身是制定得好的法律。事实上，从20世纪80年代初在广西合寨村创立"村民委员会"到《村民委员会组织法》的颁布实施并不断完善、成熟，村民越来越认同这种制度，为村民规则意识的养成奠定了基础。其次，在村民自治中，村干部的个人意志已经不再是传统权威的代言，取而代之的是由村民共同制订的村规民约、村民自治章程等规则。这些村规民约与村民自治章程由于更契合农民心态，也因此更容易得到人们的认可而被运用。最后，有效的规则制定是培养公民规则意识的制度保障。村民自治的制度设计力图能够为农民参与到村落公共事务中的每个细节中去提供规则依据，科学的规则制定更好地保护了社会秩序，增强了村民对规则的信仰，进而养成运用规则的能力和习惯。

村民自治实现了村民政治参与的充分开放，有助于培养农民的政治参与意识。参与意识就是使公民意识到参与社会公共生活、政治生活既是自己的权利，也是自己的义务。村民自治实现了村民政治参与的充分开放，有学者经过调查分析认为："村民委员会直接选举对村民政治参与意识和政治参与能力的提高有正向增强的作用。"从21世纪初开始的农村村委会的"海选"使农民的选举权由求形式、走过场向真正行使民主权利转化。村民委员会的组成人员也由地方政府和组织的钦定变为由农民直接选举产生，并且选举结果得到地方政府和组织的一致认可。这一形势的变化，也激发了农民的民主参与意识，使农民对村委会换届和村级事务也由过去的漠不关心变为积极参与,尤其是对自己的选民资格和选举权更是十分珍惜。另外,由于我国政府尤其是县级政府公共财政的不足,许多应该由政府投资的农村公益事业不得不依赖于村民个人的投劳投资,因此,"一事一议筹劳筹资"制度在村民自治中的应用对于村民参与意识的形成具有极为重要的作用。公益事业的兴办来自村民需求,成本分担由村民协商决定,村民普遍参与到村庄公益事业的发起、决策、执行、监督等阶段。

(三)村民自治组织是塑造乡村社会公民意识的基层学校

民主的精髓就是公民自治。尽管我国在法律上规定了公民参与政治的权利,但由于缺少自主精神和参与习惯,加之缺少有效的制度化渠道,公民不可能一下子就具备管理国家和社会事务的能力。事实上,在各种小规模或基层的自治组织中学会自治、找到平等的感觉,养成公民应有的自尊,是为公民文化的成熟奠定基础的现实做法。因此,参与地方自治和各种自治性团体被一些政治家视为公民的 normal school(标准的学校)。在我国,村民自治委员会是基层群众性自治组织,由农民群众民主选举产生,农民自我管理、民主管理,主要负责本村的公共事务和公共事业,协助维护社会秩序,向各级政府反映农民的意见、呼声和提出建议。这种小范围的民主团体为我国占人口绝大多数的农民提供了前所未有的参与机会和接受民主意识、民主观念、民主价值、民主习惯的训练与培养的制度安排。同时,为了保障村民自治制度的贯彻实施,也形成了村民会议、村民代表会议、民主监督小组等一系列配套制度。"农村劳动的地域性特点,促使农民要比一般的城市居民更加关心基层政权和群众自治组织的建设。现在,在某些发达地区,农民民主意识增强速度之快令人难以置信。"

村民自治组织也是基层政权与家庭之间的利益联结纽带,是农民很重要的利益表达渠道。农民通过自治组织参与到村庄事务的管理中去并悄然地影响着国家政策的制定,"逐步对这种利益的表达形成一种心理上的习惯并将这种习惯投射到现实政治生活中,一种广泛参与的政治环境的形成遂成为可能。"在村民自治组织中,农民以理性、独立的姿态参与公民社会生活,体现了一种自我赋权、联合用权的强烈意识。同时在参与公共生活尤其是各种监督、维权活动的过程中很快熟悉村民自治所需要的民主知识、掌握民主技巧,塑造公民价值观、培养公民能力。如妇女协会就成为维护农村女性权利,培养农村女性现代公民意识和法治观念的重要场所。而"一个强大的、活跃的、参与式的公民社会将使国家更加负责任地行动并对公民的需要更快地做出反应"。可以说,村民自治组织作为底层民主的运作载体,推动了中国民主化的进程,丰富了村民的民主经历与体验,有利于形成成熟的公民文化。

三、从礼治传统到法治精神:乡村社会公民意识养成的文化走向

胡锦涛在十七大报告中指出:"要加强公民意识教育,树立社会主义民主法治、自由

平等、公平正义理念。"优良的公民意识是我国法治动态发展、社会更加文明进步和恒久有序的重要保证。换句话说，建设社会主义法治国家，必须仰赖于树立和培养普遍、先进的公民意识。然而，由于我国封建社会源远流长，有着深厚的"人治""礼治"而非"法治"的文化传统与心理，法律仅仅作为国家权力的附庸而存在，农民普遍崇尚权力而漠视法律。在农村，权力超越法律、行政支配法律等现象屡见不鲜。个别执法者甚至以权力的"主人"自居，滥用职权或越权行政。我们看到，当代中国乡村社会正处于从"传统社会"向"现代社会"、从"礼治秩序"向"法治秩序"转变的过渡时期，中国正在进行着一场以政府推动为主导力量的社会法治化运动，走上了一条政府"变法"的道路。然而，由于我国现代法治建设刚刚起步，人们的法治观念还比较淡薄，高度抽象化、专业化的法律制度一时难以被习惯了生活在没有现代法律传统的乡土社会中的人们所接受，人们无法理解和运用现代法律，乡村社会的法治秩序并没有取得事实上的主导地位。既然在农村社会培养农民的公民意识是现代乡村文化重建的重要环节，那么我们就无法忽视现代法律意识的培养与法治精神的建立。

（一）乡土社会法治精神培育的文化碰撞

以礼治为传统的中国乡土社会，尊重的是教化的权力，通过教化获得关于长幼尊卑和社会秩序的基本理解，中国社会实际上是建立在礼俗基础上的"长老统治"。法律基本上为儒家的礼教所支配，并与道德、伦理一起维护着社会基本的制度和价值观念。当传统乡村向现代化逐渐迈进时，农民被迫以现代化国家的公民身份直接面对政治和政府。由于行政力量的扩张使得传统礼治文化的权威弱化和丧失，乡土中国的礼治体系也开始分崩离析，礼治社会渐渐失去其内在核心，从而转向新型"法治"秩序。"法治"对于乡土社会来说，是把一种完全不同于传统乡土的秩序替代本土习俗的新生事物，即在中国传统礼治社会的基础上构建一个完全不熟悉的政治法律结构。在这个过程中，国家正式制度以巨大的力量向乡村社会推进，并企图利用其强大的话语优势完全替代乡村的习惯制度。但是，乡村社会的完全蜕变不可能一日完成，在转型的过程中必然有处于传统社会控制机制与现代社会控制机制相交替的时期，从而面临着两种意义和秩序系统的碰撞，"法治作为一种强势力量，扩展到了中国乡土，试图建立起一种法治的普遍性。然而，现实中时时会发生普遍性法律制度和本土人情、伦理、习俗和习惯之间的冲突和对抗"。这就是说，国家在推进法治的进程中虽然极大地破坏了乡村社会的习俗系统和权力结构，但其并不能有计划地、系统地摧毁乡村社会的文化网络和社会结构。由于无法回避的文化碰撞与交流，乡村社会在培育人们的法治精神的过程中，必然面临着种种障碍与羁绊。例如："息讼""厌讼"的心理仍普遍存在，当人们遇到冲突或者纠纷时，仍然自觉地选择"私力救济"，法治所推崇的"公力救济"常常被搁置。习惯于礼治秩序的乡民总是赋予法律乡土韵味，用乡土社会习俗上的地方性知识传统重新解读、看待和改造外来的法律制度。结果是法律必须在地方性知识的支持下才能"有效"运作，经过"改造"后的法律本身所追求的制度价值大大降低。我们当然有充分的理由相信，当今中国乡村法治生成状态的总体趋势是良好的，也要承认带有良善初衷和热情的轰轰烈烈的"送法下乡"活动是乡村社会走向法治社会的有效途径。但是，民众对法治的认同远远不够仍是乡村社会普遍存在的事实，以至于有些学者灰心地认为当代中国乡村法治的生成遥遥无期。

对此，亨廷顿提出警告："传统制度的解体可能会导致社会心理上的涣散和沉沦颓废，而这种涣散和沉沦颓废又反过来形成对新的认同和忠诚的要求，它可能和传统社会中潜在的或实际的集团重新认同或者和在现代化过程中演变出来的某一套新玩意或新团体挂起钩来。"亨廷顿的警告无疑潜含着几个前提：其一，传统制度的解体是基于国家权力对乡村秩序激烈的决断的而非互动的摧毁形成的。其二，乡村社会心理的涣散源于长期生长于斯的社会结构和价值体系遭受全面摧毁所致，这是一种身份丧失感和茫然的无助感。其三，在所谓现代化进程中产生的新的社会势力既可能是乡村现代化的受益者，也可能是其反对者。这就意味着在中国乡村实现法治具有复杂性、艰巨性、长期性，它绝不是急功近利的产物，也并非一蹴而就的事情，企图在短时间内用法律制度这种外生于社会的秩序重建乡村法治秩序，难免会遭到乡土秩序的挤对。

任何制度的创制与实践，其背后都关涉一个活生生的历史悠久的文化传统。农村法治实践并不是一个简单的"抛离乡土社会"消融于国家的过程，乡村现代法治进程也不是对乡村本土的文化资源一味地进行一体化或"格式化"的变革，而是必须确立一种开放式的图景，对本土的法律文化资源持一种宽容的姿态，重视加强对其开发和利用。这就是说，国家在乡村社会推进法治的过程中，既要充分考虑乡土实际，在借鉴和移植西方法律制度的同时，也要加强对传统法律文化的现代诠释，对那些易于被百姓所接受的习俗、礼法和惯例等内在制度适当加以吸收、利用、提升和改进。乡村法治化进程中所推行的法律、法规只有与乡土社会的内在制度相切合，才能真正渗透到社会生活的实际领域，而被人们认同、接受。

（二）乡村社会法治精神培育的社会基础

"不解决中国农村法律建设的问题，整个法律建设必将受阻。"因此，建设社会主义法治国家，推进法治进程，实现法治国家的价值目标，就不能忽略中国13亿人口中9亿是农民的基本国情。可以说，没有农村的法治化，就不可能有中国的社会主义法治化。尽管我们看到，中国乡村的法治建设遇到了无法回避的文化碰撞，支撑乡村法治和维护乡村秩序的法律制度都呈现出一种供应不足的态势，但是当我们以一种乐观的心态来看待悄然起步的乡村社会的法治化进程时，仍然会发现乡村社会的发展孕育了现代法治的基本条件。第一，灵活多样的市场经济形式解除了传统小农生产方式对乡村成员的束缚，其所确立的社会关系的契约化倾向已初步奠定了法治实践的社会学基础。第二，在农村实行乡村自治，农民自己管理自己的基层事务，基层民主制度得以体现。第三，伴随乡村社会不断融入城市生活农民视野不断开阔，开始关心社会问题，并开始习惯和接受法律介入生活的现实，开始了由"恭顺顺从"向"主动参与"转变的过程。

以建立健全村民自治章程和村规民约为基本内容的乡村社会制度化建设有利于乡村法治秩序的维护。村民自治章程、现代村规民约不是通过法律程序制定的，因而也就不具有国家正式法律的意义和效力。但是，以建立健全村民自治章程和村规民约为基本内容的乡村社会制度化建设是实施国家法律法规的配套措施，是乡村形成现代法治社会不可缺少的制度规范。第一，村民自治章程和现代村规民约的制定也不是随意为之的，而是广大村民群众结合本村实际以党的方针政策和国家法律法规为依据制定的。村民制定自治章程和现代村规民约的过程也是学习和掌握党和国家的方针政策与法律法规的过程，在这个过程中，农民受到了较为系统的社会主义民主法制教育。第二，现代村规民约是农民参与社会治安综合治理的有效途径，它把政策、法律具体化为全体村民共同遵守的行为准则，对各种违法活动明确予以禁止，对违反者除进行批评教育外还给予适当处罚，这既能约束村民，也能约束基层干部，从而逐渐化解乡村社会各种矛盾，增强村民和干部的法治意识和自治意识，对维护生产、生活秩序起到了积极作用。

除此之外，也要看到国家力量对乡村社会法治精神的培育。"当两种文化交汇碰撞的时候，排斥一定胜过融会。在一种文化中沐浴生活的人群遭遇另一种文化浸染时，为之感化或自动接受者总是不乏其人。然而，这种纯粹的个体行为若要发展为群体行为，其间的变化则异常复杂，没有政府的支持，就难以扩散。"如果只凭借乡村社会自身的力量无法培养出具有时代特征、符合时代发展需要的法治秩序。在今后很长一段时间内，国家力量将是推动法治、培育公民法治精神的主导力量，即通过国家对法治制度的设计，在内部资源丰富与发展的基础上，利用政府掌握的本土政治资源实现社会法治的进程、目标和任务。通过政府的力量充分发挥农村良好的法治本土资源，注意认可民间习俗、习惯与交往惯例，完善农村法律制度，逐步形成法治的驱动力和法治内部资源，改变乡村社会的矛盾现状。通过政府的力量理性运用政治资源最大化，在推进农村经济市场化、农村政治民主化及相应农民法律意识的转变基础之上，实现农村法治内涵的价值追求。当然，乡村社会法治精神的培育还需要通过政府的力量，最终培养起农民的法律信仰。"法被信仰，我们就不必担心法律得不到普遍的服从和贯彻实施，也无须考虑公民的正当权益得不到保障。更无须怀疑任何个人、团体甚或国家政府的违法行为得不到纠正和惩罚。"我们党认识到，法律的严酷与冷峻和外力的强迫、压制与威胁只能使村民产生敬畏感。相反，以民情为基础进行立法，体现农民的情感，维护农民的利益；政府严格依法行政，依法行使职权，防止行政行为的任意性与专断性；确保农村司法机构独立，将法律的公平正义性充分地展现给群众。当农民意识到法治的全民性质以及法律是自己权利的守护神之后，其法治主体意识自然就会提升。通过实际的法律运作使农民真正感受到"还是信仰法律好"，感受到法律值得尊重和崇拜，法律逐渐被信仰，从而为乡村法治建设提供了思想保障。通过政府的力量明确农民在乡村法治化进程中的主体地位，唤起农民的法治参与热情。"法治不仅是国家所关心并努力从事的事情，而且更是社会公众所关心的或者应当关心并努力投入其中的事业"。亿万农民是乡村法治化的真正主体，如果他们不认同已经制定的法律，也不积极参与到法律的遵守与执行中，法治社会的建设仍旧只是一个梦想。这就要求法治真正走向乡村，走进农民生活，成为他们日常生活的组成部分，与他们的生活方式、生存样式息息相关。

（三）公民意识：乡村法治精神养成的文化归属

公民意识可以看作是乡村社会法治精神最终养成的文化归属。作为西方政治法律文化核心的法治精神以及在西方文明发展进程中逐步生成的成熟的公民意识，是西方国家及社会制度得以稳固存在、法治秩序得以顺利运行的社会文化观念基础。公民意识是公民对公民角色及其价值追求的自觉反应，是公民法律意识、民主意识、独立人格和理想批判精神的综合反映，表现为人们对公民作为国家政治、经济、法律等活动主体的一种心理认同。法治精神则是指人们经由法治尊严与权威所自觉产生的法治信仰、法治信念、法治崇尚、法治守望、法治习惯和法治感悟。在本质属性上，法治精神以优良公民意识的养成为其基础，或者说，优良的公民意识是我国法治社会有序发展、文明进步的重要保证。正如马克斯·韦伯所言：在任何一项事业背后，必然存在着一种无形的精神力量；尤为重要的是，这种精神力量与该事业的社会文化背景有密切的渊源。法治是人类生活方式的理想追求，法治精神离不开理性自由的主体精神的培育，而这一主体精神恰是公民意识的本质规定性，并通过自由、平等和人权为中心的正义价值关怀表现出来。建设社会主义法治国家就要使"纸上的法律"变成生活中的"活法"，塑造农民的公民品格和意识，把法律制度和法律规范有效地内化为社会成员的价值选择、伦理信念和行为要求，使其自觉地去遵守法律、维护秩序。

第一，现代法治是基于法律的价值合理性塑造法律规定的权利与义务的权威性，需要公民积极守法精神的支撑。应该说，现代法治体现的是公平正义原则下和谐一致的自由与责任、权利与义务关系，呈现出一种内在自觉的理性秩序，既摒弃奴性守法观，也排斥极端自由主义。在现代法治社会，法律是社会共同体得以存在和维系、个体获得安全和保障及公民间相互关系良性发展的根本尺度和规则。公民通过认同法律价值将法律规范由外在规则内化为内在价值准则，进而形成尊崇、信赖、依靠、服从法律的积极守法行动。公民守法精神包含两层含义：一是依法履行义务，任何组织和个人都没有超越法律的特权；二是依法享有和行使权利。在现代公民意识中，权利和义务是核心，在公民文化中体现和形塑着各式各样的具体法律关系以及社会文化形态。因此，有必要培育农民的守法精神，树立权利义务对等的观念。

第二，公民意识落实到社会行为中，在于公民具备良好的民主意识、参与意识以及积极参与政治过程的能力和热情。"民主意味着在形式上承认公民一律平等，承认大家都有决定国家制度和管理国家的平等权利。""民主政体的特征在于：遵循预定程序，服从多数决定，容许少数意见。"现代法治国家要求公民应当积极主动地参与到国家政治活动中，并对国家的法律制度、方针政策进行客观评议，提出中肯的意见和合理化建议，从而充分地体现和保护公民个体的权利和利益。正如罗尔斯说言："一个公民必须决定哪一种立宪制度是正义的……一个完整的正义观不但能评价法规和政策，而且也能评价用于选择要被制定为法律的某些政治观的程序。"可以说，在乡村社会民主法治的发展与演进，需要农民积极地参与到政治活动中，不断发展和充实农民的公民意识。

第三，树立公民的独立人格和理性精神。"把人变成公民，是由臣民文化、市民文化走向公民文化伟大进程的必然表现，是市民国家与政治二元化进程中政治解放和人的解放的当然结果。因此，作为对公民角色以及价值理想的自觉反映，公民意识在本质上必然呈现出与民主政治和市场经济相适应的主体自由追求和理性自律精神。"首先，加强公民意识教育，使农民意识到作为公民的人格尊严和自由，以及人与人之间的平等权利，真正具有自尊、自立、自信的独立人格。其次，培育农民具有实事求是的科学精神和理性的批判精神。理性精神会让农民正确认识到人性的缺点，这样就不会陷入"人治"的泥潭，也会让农民正确认识到法律自身的局限性，不再把法律当作解决社会问题的唯一良方。科学精神会让人走出"无须付出代价"就能够实现法治的浪漫主义幻想，也认识到法律不是简单的专政工具。批判精神让农民能够独立思考政治、经济和社会文化等问题，不会盲目趋附于别人的意见，更不会陷入狂热的自由主义和无政府状态。

第三节 多元文化互动与乡村文化的个性化发展

当前中国的乡村社会越来越复杂，信息流通也越来越发达，必然需求各种不同的文化服务于社会的发展，并日益加快文化的更新转型，导致新的文化层出不穷。由于现代信息技术以及现代传媒对多元文化的大力传播，乡村文化不再是单一的文化形式，多元文化气息充塞千家万户，从而彻底改变了农耕文明时期的那种闭塞、保守的只局限于内部交流与对话的文化模式。科学、健康的乡村文化是开放的、包容的现代文化，同时也是富有地方特色和个性的地域文化，既能够满足农民多层次、多方面的精神文化需求，又可以满足各个不同层次的需要，吸引不同的人群。乡村社会中存在着的多元文化互动现象是整个乡村社会和谐发展以及创新乡村文化，进行乡村文化价值重建的重要因子和源泉之一。

一、文化的异质性带来多元文化的交流对话与冲突对撞

亨廷顿曾指出："政治现代化的源泉在城市，而政治稳定的源泉却在农村；现代性孕育着稳定，而现代化过程却滋生着动乱。"这就是说，为了保证乡村社会以及整个国家的现代化发展进程能够顺利进行，就必须避免乡村社会出现秩序动荡和社会不稳定的状态。因此，抛弃一元化思维，强调多元文化的特色，吸纳多元文化中的精华，遵循多元文化的价值并推进多元文化与乡村本土文化的融合就具有极其重要的现代价值，也就成为乡村文

化建设的一个基本原则。

文化之所以多元，关键在于不同利益主体之间形成了各自相异的文化价值观念，这种个体差异我们可以概括为文化的异质性。异质性因素的增强为多元文化的交流创造了必备条件，使不同文化的交流与整合在不同发展阶段和不同地域都客观地存在着。一般来说，人类文化之间的交流既是不同文化之间的物质文化和制度文化的碰撞和交汇，也是无形的文化体系和价值理念的整合和圆融。乡村社会的多元文化互动是说乡村文化与现代文化、城市文化、西方文化等外来文化之间是相互影响、相互吸收、相互借鉴，以他人之长补己之短，最终目的是实现文化的大发展、大繁荣。这种互动是一种良性互动，在互补互融，互相激荡、化合的过程中，可以维护乡村文化生态的良性循环，而不是以"此文化"取代和湮没"彼文化"。多元文化的良性互动是文化交流的理想状态，也是长久以来文化共融共生的追求。

但是，文化的"异质性"也带来了文化的多变性和不确定性，就必然导致文化的冲突与矛盾对撞。比如，一直以来，我们都在追求西方文化和城市文化下的现代化。然而，西方文化和城市文化却是具有强烈的排他性和渗透性特征的"外来物种"，进入乡村社会之后，并不是以温和的态度与乡村文化进行文化交流，而是力图彻底改变、侵占和颠覆我国的传统乡村文化，从而对乡村文化造成了非常巨大的破坏和震荡。"纵然西方的现代化再先进，纵然改造中国社会的愿望再良好，全盘的社会和文化颠覆也是不可行的。"乡村文化在与多元文化的交流中也必须要坚持自己的文化立场。另外，由于不同文化所坚持的文化价值不同，生活于其中的利益群体基本上是按照是否符合自己需要的价值理念进行文化筛选。对中国农民而言，由于自身受认知、视野、文化修养等多方面的限制，当面对外来文化、异质文化的强势包围和颠覆时缺乏敏锐的辨别力和细致的观察力，其文化选择也就呈现出被动性、盲目性和随意性。对待外来的多元文化，他们或惊喜崇拜，或全盘否定，或半信半疑，或辩证吸收，显示出文化选择态度上的矛盾心态。持惊喜崇拜态度的农民对外来文化充满好奇，他们放弃传统伦理道德，选择全盘接受外来文化。在这个过程中，他们成为外来文化的消费者和传播者，成为典型的文化激进主义者。在他们看来，一旦脱离传统文化习俗的约束就获得了极大的自由，就可以恣意妄为地在百花齐放的文化世界里驰骋；持全盘否定态度的农民一以贯之地坚持自己的文化传统，他们反对一些外来文化，即使是先进文化也在反对之列，自始至终认为自己的文化是优秀的、正统的，从而陷入了文化保守主义的泥沼；持半信半疑态度的农民对外来文化在短时间内保持中立、观望态度，只有当广大受众在与外来文化互动的过程中能够获利时才会主动去接受、模仿这些外来文化；持辩证吸收态度的农民一般来说都是比较开明的，他们具有较高的文化水平，在文化选择的过程中懂得既要肯定传统文化中的价值精髓，又要充分吸收和借鉴外来文化中的先进性，并努力把两者相结合，创造出一种新文化。或许他们文化选择和文化整合的步骤比较缓慢，但这个前进是朝着多元化互动的方向发展的。

二、在多元互动中树立兼容并蓄的乡村文化宽容价值观

当然，多元文化互动中的冲突与融合，既为乡村文化的发展变迁提供了良好的机遇，又为乡村文化的价值重建提出了诸多严峻的挑战。我们需以内涵和外延的综合视角从文化冲突中寻求发展之道，去解构乡村文化的发展动力。还应当尊重文化差异，包容多样化的文化共存，提倡和发扬文化宽容的精神，在整个社会中最大限度地形成思想共识。文化宽容就是要尊重与承认各种不同文化之间的差异与分歧，容忍不同文化之间的异质要素，通过对自身文化的扬弃与超越以及在与异质文化之间的相互交流与竞争中吸收和借鉴其中的优良成分，形成更加优秀的文化样态和多元文化共存共生的文化生态。文化宽容是人们在文化发展中所持有的价值观，既不是对异质文化的冷漠、怜悯，也不是对强权文化的纵容、怯懦，而是有原则性的积极向上的文化态度。

许多学者认为中国文化历来是宽大博容的，有时甚至是非常积极吸取的。从历史上来看，也确实是这样。比如，历代中原对北方少数民族文化的融合，东汉对佛教的求取，唐代对中亚文化的吸收，直至明清两代，明代的一些传教士可以凭借自己掌握的科学技术在宫廷做官，清代的统治者甚至还让中西的天文家比试日食的观测，统治者仍然对文化采取极为宽容的态度。整个清代中叶，就是对西方文化积极融合的过程。在民间，这种对文化的宽容似乎表现得更加明显，早期天主教在民间尤其是乡村的传播并没有遇到多大阻力，很多村民把自己日常生活信仰的祖先、道教神、佛教同等看待。

对中国文化来说，马克思主义最初是外来的，正是在与中国革命和建设实际的相结合、与中国优秀的传统文化相结合的过程中，产生了中国化马克思主义的理论成果，同中国传统文化水乳交融地结合起来，变成了人民群众喜闻乐见的中国形式，赋予马克思主义以中国特性、中国气派和中国作风，这不仅是马克思主义与时俱进的理论品格的体现，同时也是马克思主义中国化的必然路径。同理，对于现代中国的乡村文化而言，乡村文化由于其固有的缺陷和弱点，不仅被外来文化所诟病，也被广大农民所抛弃。在文化的多元互动中，我们就要看到这种不足，在尊重差异的基础上，博采众长，为我所用。因此，相比以往任何时代乡村文化都应更加尊重文化的多样性和差异性，更要在文化互动中学会修正和完善自己。这就需要强调社会不同层次的文化群体之间的同等地位，强调尊重乡村社会中呈现出的多元文化体系或价值观，努力做到"各美其美，美人之美，美美与共，天下大同"。"必须立足于不同族群、不同宗教信仰者、不同方言使用者，乃至不同价值体系支持者的需要，而非只为主流文化或主流价值观服务，从而呈现工具化的特征"，真正建设成为有中国特色的乡村文化形态。

但是对差异的尊重与宽容并不是没有原则、没有限度的。正如哈贝马斯所说："宽容绝不意味着接受被拒绝的观念和异己的有效性要求，即是说，它并不触及自身的真理信仰和这种信仰的坚定程度。从宽容中产生的压力并不会导致自身信念的绝对化，而会对这种

信念的实际有效性施加某种限制。"当然，我们也要看到，任何一种文化即使其现在的力量非常强大，也不能宣称自己如何优秀、如何完美。正如西方社会一直标榜的现代文化，当资本主义发展到一定程度，也出现了一系列文化生态失衡的问题。尤其是在资本主义高度发展的美国，也存在着一系列日益严重的社会问题如贫富悬殊、种族对立、暴力肆虐等，人们将其称为"不可治愈的美国病"。而城市文化在其发展过程中，尤其是近年来中国大城市的发展已经暴露出严重的"城市病"。这就告诉我们，尊重差异并不是回避问题。乡村文化在发展的过程中，除了借鉴西方文化和城市文化等外来文化的优点和长处，更要避免由于文化自身的缺陷而导致的社会不稳定等社会现象，以免自身文化在发展的过程中重蹈覆辙。

三、在文化创新中还原乡村文化的独特风貌和个性品格

面对外来文化的强大冲突，积极推进乡村文化创新，确立符合时代要求的文化优势，是重构乡村文化认同，达到文化价值重建的主要路径。"创新不仅是文化的生命之腱，更是文化的魅力之源。"党的十七大报告中提出"推进文化创新，增强文化发展活力"。中央政府《关于进一步加强农村文化建设意见》指出，要根据时代的特点和农民群众精神文化需求的变化，不断充实活动内涵，创新活动形式。只有创新，才能不断增强农村文化发展活力，才能实现农村文化的发展与繁荣。乡村文化的创新是一项系统工程，必然要求在创新乡村文化的时候要寻求政治与文化、经济与文化、社会与文化、环境与文化的结合点，以及传统文化与现代生活、人文历史与经济建设的结合点。我们要在保持乡村文化的独立性，保持乡村文化的独特风貌和个性品格的前提下，创作和推出大批内容生动健康、形式新颖多样、独具乡村特色和乡村魅力的优秀作品。通过重塑乡村文化的强烈吸引力和感染力进一步强化人们对于现代乡村的认识，树立起乡村文化的自信心和力量，最终依靠乡村文化自身的力量抵抗外来文化的侵占，做到与外来文化兼容并蓄。

俗话说：一方水土养一方人，一方地域育一方文化。文化的地域性特征以及民族特色，是文化的生命力所在。在林林总总的世界文化中，民族国家的文化之所以各树一帜，就是因为它们根植于民族国家社会生活的土壤，反映的是民族国家社会生活的特质，有着与其他文化所不同的内容、形式和特色。在此意义上，文化特色可以看作是文化存在的根据，而文化发展过程中的同质化与单一化则是文化的悲哀。也即是说，一种文化如果丧失了自己的民族特性或文化个性，也就丧失了生命力。乡村文化个性是在一定社会条件和教育水平下形成的比较固定的特征，是乡村区别于城市的气概与风度、气质与涵养，能够呈现乡村社会所特有的文化思想、文化活动与文化习俗。在国务院公布的第一批国家级非物质文化遗产名录中，有一大批来自乡间并极富当地的地域特色，如贵州的苗族古歌、河北的鼓吹乐和秧歌、东北的"二人转"、蓝出普化水会音乐、江浙的评弹等。此外，各地逢年过节还有各具特色的耍狮舞龙、田头社戏、庙会等活动，这些文化形式和文化活动深深地扎

根于一方水土，暗合当地人们的文化心理，表现农民的喜怒哀乐，也符合农民的审美情趣。这些富有地域特色和个性的乡村文化，蕴含着当地特有的精神价值、思维方式、想象力和文化意识，体现着当地的文化生命力和创造力。对于常年生活在本地的广大农民来说，富有地域特色和个性的乡村文化可以形成强烈的认同感和凝聚力，增强其文化自信心，即使面对外来文化一样能够表现出"有理、有利、有节"的文化态度。对其他地方的人来说，富有地域特色和个性特征的乡村文化则具有了较强的艺术魅力和独特的文化吸引力。因此，建立乡村文化新认同，必须确保乡村文化的个性化发展，还原乡村文化的独特风貌。

首先，尊重乡村文化的独特性，树立乡村文化的地域品牌，构建乡村文化认同。中国的乡村文化是一片广袤的富矿，原生态的乡村文化是任何文化都不能替代的民族文化的根基，也是创新乡村文化的重要精神支撑和思想基础，蕴含着无限的文化生长空间。我们必须在尊重各地特色文化的基础上，因地制宜，大力挖掘、整理、保护和利用优秀的民间文化资源，开展具有地域特色的社区文化活动，发展具有独特内核的乡村文化精神，形成独树一帜的地方区域文化，并使之逐步成为展示地方区域形象的优秀文化代表。具体做法是：努力营造健康向上、和谐有序、乡土气息浓郁的当代农民文化新氛围。通过形式多样、丰富多彩、群众喜闻乐见并积极参与其中的活动方式，如戏曲、故事、民谣等群众参与性强的各类文化活动，这些活动的内容往往来自乡村生活，充分反映了村民的精神需求和思维方式。而诸如端午赛龙舟、正月舞龙灯等民俗活动则是延续数百年的文化传统，在村民中有较高的认同度与参与度。因此，通过开展这些传统民俗活动，不断提高乡村文化活动质量，从而使得乡村文化资源得到充分挖掘与利用，形成普遍性、经常性的群众文化活动，文化的地域特点和地方特色不断得以强化。

其次，创新乡村文化的建设理念，充分尊重村民的主体地位作用。传统观念认为：政府在进行乡村文化建设的过程中处于主体地位，既是文化建设主体、文化决策主体、文化管理组织主体，也是文化活动的参与主体。而村民在进行乡村文化建设的过程中只不过是被动参与的配角角色，他们只能进行一些小打小闹的、自娱自乐性的文化活动。可以说，传统观念支撑下的乡村文化建设是忽视农民主体地位的，这种做法忽视了村民精神世界和文化领域的多样化的需求，忽视了村民自主选择社区文化的权利，忽视了农民参与文化建设的主动性和进取性。积极参与到城市化和工业化进程的现代乡村社会，已经摆脱了传统乡村社会封闭、保守的特点，人员流动频繁，文化需求多样，价值理念多元。在此大背景下，如果仍然坚持政府唱独角戏的做法进行乡村文化建设，必然会挫伤村民参与乡村文化建设的积极性与热情，面对行政力量推进的乡村文化自然也很难产生认同感与归属感。因此，我们必须创新乡村文化的建设理念，充分尊重村民的主体地位作用，发动乡村文化精英的力量，充分调动村民参与文化、发展文化、创新文化的主动性和热情。只有充分调动了农民的主动性和积极性，就可以在广大村民之间培育出形成共同认知方式与价值观的可能性，从而形成共同的价值体验，增强对乡村文化的认同感与归属感。

再次，继承和发扬乡村历史文化遗产和传统文化，积极挖掘民间艺术和民族文化传统精华，维持乡村的文脉。历史文化遗产是人类过去创造的种种制度、信仰、价值观念和行为方式等构成的表意象征，是乡村社会过去和现在的浓缩，是乡村形象的精髓和灵魂，它使代际与代与代之间、历史阶段与历史阶段之间保持了某种连续性和同一性。一是有意识地把区域内影响深远、历史悠久、传统价值丰厚的文化遗产以及富有地域文化特色的民俗风情进行现代化的创新改造。具体来说，就是对民族语言、传统表演艺术、手工艺技能、民俗活动、礼仪节庆等进行挖掘整理，加以保护；同时还要借助现代高新技术手段对乡村优秀民间文化资源进行改造，使之更加符合现代农民的精神需要，如河北隆化的"中国乡土诗歌之乡"、吴桥"杂技之乡"等。二是表彰传承民族传统、技艺精湛的民间艺人，逐步建立起科学有效的民族民间文化遗产传承机制。民间艺人身怀绝活、技艺精湛，充分吸收群众创作的艺术养分，集中了集体的艺术才能，对民间文化的发展做出了特殊贡献，也是农村文化建设中的最活跃的因子。但是随着岁月的流逝，他们中有的已相继离去，健在的也年事已高，一些珍贵的特色绝技，后继乏人。这就要求培养一批年轻的继承人，让那些绝活绝技后继有人，传承和繁荣乡村文化，使之继续发挥他们丰富人们精神生活的积极作用。三是结合乡村文化产业的发展，保护好具有特殊文化价值并保存的比较完整的村落和特定地区。文化产业是提升社会幸福指数的重要产业，是满足人的精神生活需求的产业。发展文化产业是文化惠民的重要举措，这就要求政府部门努力做好挖掘、整理工作和规划建设，在具有特殊文化价值并保存完整的村落和特定地区建立"民俗村"，定期举办各种民间特色文化活动，开展特色文化产品的开发与服务活动，创立属于乡村自己的文化品牌。

第四章 乡村文化的传播现状

第一节 新媒体时代乡村文化传播的困境与对策

本节对新媒体时代乡村文化传播面临的困境做出解读,通过剖析乡村文化在传播主体、传播内容、传播语境及传播过程中存在的问题,提出确立传播主体文化自觉意识、拓展乡村文化新媒体传播维度及建设文化传播协同体系等对策,为乡村文化的创新发展与传承探寻新的方式和路径。

从历史上来看,英国文化人类学家爱德华·泰勒最早在其《原始文化》一书中定义"文化是一个综合体,其中包括知识、信仰、艺术、法律、道德、习俗以及作为社会成员的人所掌握的其他能力和形成的习惯的复杂整体"。乡村文化传播不仅是文化以信息和符码的方式进行构建、表征和传递,更重要的是作为一种文化共享、价值创造和共同体验完成集体意识构建和文化认同的总体过程。乡村文化的传播就是体现文化的精神凝聚功能、行为规范功能、审美陶冶功能、文化认同功能和价值导向功能,形成既秉承民族文化传统又具有时代气息的风尚。随着新媒体技术的发展和媒介生态格局的变化,乡村文化的传播面临一定的困境,如何以新媒体介质为农民主体提供智力支持,赋予乡村文化以内涵和价值,对乡村文化资源进行开发与产业化运作,是当前乡村文化传播和乡村振兴面临的重要命题。

一、新媒体时代乡村文化传播的困境

(一)传播主体:话语权的缺失

在大众传播学的研究视野中,信息传播是一个从传播者到受传者的双向信息流通过程。传播主体对信息进行编码,通过一定的媒介传递给接受者,接受者以自身文化背景为解释框架对信息进行解码和赋予意义,再通过一定的渠道反馈给信息传播主体,传播和反馈的双向循环,从而形成有效的传播。

"文化自觉"是指生活在一定文化历史圈子的人对其文化有自知自觉,并对其发展历程和未来有充分的认识,换言之,是文化的自我觉醒、自我反省、自我创建。随着市场经济的快速发展,社会流动的加速,现代传媒的商业和市场取向,农民的生活方式和状态发生了变化,传统的构成农民的价值与意义的活动及文化被边缘化。文化的本质在于文化持

有者的具体实践与日常生活、社会环境、历史过程的互动关系,在一些村庄,村民不仅有家谱和族谱,村里还有宗祠、村史廊,有自己的故事,这就是从主体性出发实践文化自觉的表征。

由于话语权的缺失,在媒介化的语境中,展现的乡村景象和农民形象呈现出"他者化"的想象,作为被凝视和被展现的对象而存在,由于历史发展、城乡经济差距、媒介环境差异等因素的存在,乡村居民的文化传播话语权有所缺失,也意味着传播主体在大众媒介传播系统中能动性的缺失。在传媒呈现的乡村景象或农民形象大多以城市视角进行构建,要么是客体化的想象代替了真实的乡村和乡民形象,要么是在美化中以仪式化符号满足都市人群的视听享受,要么是浮光掠影难以展现乡村厚重历史人文要素,其本质还是媒介在运营中以市场和商业为导向。正是由于传媒的都市化和市场化导向,乡村居民在信息传播系统中未能掌握有效的话语权,很大程度上影响了乡村文化传播的原生态和完整性,也影响了乡村文化传播的有效性,对乡村文化在整个文化系统中的融合创新和发展起到了阻滞作用。

(二)传播内容:现实与需求的脱节

当下,中国的乡村社会正在被现代化和城镇化改变,传统乡村村落向现代城镇社区转型,人为性的村庄改制具有行政村的特点,在经济社会文化结构和组织上也具有行政性质。在乡村公共文化服务中大多以城市为范本,践行的文化服务模式以城市文化或城市模式为主导,未能对农村居民的主体地位给予足够重视,未对乡村文化的内涵与特质进行深入挖掘和研究,只希望政府部门自上而下的设计改变乡村的文化结构和文化消费模式。

各级政府在农村进行文化建设的过程中,主要是通过投入资金在乡村建设图书室、文化站和文化活动设施,通过"送图书、送电影、送文艺"等"送文化下乡"的活动开展,这样的文化建设并没有触及乡村居民的生活方式、价值情感和意义体系,一方面,农村文化生活缺乏内涵价值和精神追求;另一方面,乡村公共文化设施的使用率比较低,农村居民对文化活动的参与度较低。

乡村文化的基底离不开乡村居落基于历史和地域沉淀的场域和空间要素,是乡民的生活意义与精神价值,是乡村居民共享的文化观念、话语呈现和表达方式。乡村文化的传播是村落社群中乡民将文化因子内化和形塑再进行表征和传递的过程,这种文化因子的稳定性和结构性又能保障其在世代传承中延续和传承。

(三)传播语境:文化认同和集体记忆的缺失

"文化认同是人类对于文化的倾向性共识与认可,目的是在文化上取得归属感,它往往发生在不同的文化接触、碰撞和相互比较的社会现状之中,是个体面对其他异己的存在所产生的一种反应,这种反应的结果要么是为了保持自我的同一,要么就是认同他者。"随着城镇化进程的加快以及城市文化作为优势文化的挤压,乡村居民原有的生活方式、价值观念、思维模式和人际交往都发生了变化,在城乡文化互动带来的冲突中,乡村社会在文化培育上的自主性缺失，传统文化的内聚性流失，导致乡村居民盲目接受城市文化，失去了乡村文化认同的基础。

随着现代传媒和现代生活方式对乡村的影响，部分传统乡村民俗文化的传承出现流失现象，如平阳麻笺、傩戏等非物质文化遗产继承人出现断层，传统文化基因和文化记忆处于消解之中。曾经在乡村社会影响深远的社会和文化样态诸如民俗典仪、节庆活动、民间技艺的传承等，已日渐式微。其中一个重要原因是文化认同感没有建立，以口耳相传为主的乡村文化的传播和传承环境被改变，加上年轻人被城市文化和城市经济吸引，缺乏接触这些传统文化和传统艺术的渠道，在城市文化和传媒消费主义的影响下，对带有乡土气息和意蕴的公共文化活动参与度不高，无法形成精神追随和价值认同。乡村社会文化环境改变的同时，乡村民众的生活理念、价值意识也随之变化，乡村居民生活方式的"乡土性"精神特质也随之发生改变，乡村文化传播的语境随之发生崩塌，带来交流和传播的断裂。在乡村文化的传播语境中，历时态的乡村共同记忆和共时态的文化融合与分享都是需要考虑的因素。

（四）传播过程：数字鸿沟带来分化

由于数字化传播技术的持续革新和不同人群对传播资源不同的占有程度，从而导致了不同传播主体之间的异质化，并由此产生了不断扩大的"传播分化"现象。城乡经济发展和信息化建设的差距，形成了城乡媒介资源分配的不均衡和城乡居民信息素养的分化。在信息素养上，如在信息意识、信息技能和文化教育素养等方面城乡居民也存在一定差距。

如今，随着经济的发展和信息化建设，农村的互联网普及率也在提高，乡村居民的信息环境得以改善，农村网民逐年增加。但是如何高效利用互联网平台和新媒体传播方式构建和传播乡村文化，在更大的范围内让乡村的物质文化和非物质文化体现价值，通过新媒体技术不断提升乡村文化的艺术素养，在新的条件下如何以新媒体为外在资源，适应乡村文化的内在机理产生新的表现形式，弥合城乡文化发展在技术上的差距，这些都是有待深思的问题。

二、新媒体时代乡村文化传播的对策

（一）确立传播主体文化自觉意识

在雷蒙·威廉斯所界定的文化的三个层面中，作为"一种特殊的生活方式"的层面具有根本性，在此基础上才能创造出相应的文化理念与文化产品。文化理念与文化产品可以制成文化标本予以保护，也可以纳入现代文化产业链中进行加工、销售，但是，作为"一种特殊的生活方式"的文化却只能由文化主体在日常生活中逐渐习得，累积性地缓缓创造，外力的强势植入往往会造成文化的碎裂，既破坏固有的文化认同，又难以建构起新文化认同。因此，乡村文化重建及传播的关键问题与基本路径就是重塑乡村文化主体及培养其文化认同。

乡村居民自发自愿组织和参与的文化活动独具乡土精神和内涵，形式活泼、富有创新，贴近民众生活。同时，相当一部分农民自办文化源自乡村民俗文化，具有不同程度的民族民俗特征，是对乡村民俗文化的继承，如庙会、宗祠祭祀、乡间戏曲表演。在乡村，越是由乡民自主发起组织的文化活动，参与其中的农民群众必然越多，可以形成共同的价值观念、精神风尚和信仰追求，形成文化认同。政府应该鼓励和扶持农民自己组织和参与文化活动，建立激励机制鼓励农民群众自办农村文化大院、文化户、农民书屋，引导农民文化自觉意识，参与文化活动，共同构建乡村文化内涵。可以培养一批文化程度较高、思维活跃、富有创新精神的中青年农民成为乡村文化事业的主体。鼓励他们以乡村文化市场为导向，组建各类民间演出团体、民间剧目表演团队等文化组织，发掘当地文化资源内涵，以喜闻乐见的文化形式，适应本地及邻近地区农民的文化需求，提供丰富的乡村文化产品。

（二）提升乡村文化新媒体传播维度

1. 打造乡村文化新媒体传播平台

新媒体不仅是媒介和传播渠道，也是社会系统里的重要组织和构件。这个社会组织与现实社会形态的交互，也进一步影响到人们的生活方式、人际传播的模式和生存状态。

社交媒体具有传播范围广、交互性强和参与度高的特点。社交媒体和平台可以更为便捷的展现乡村民俗文化的各种表现形式，各种文化微博账号的设立可以呈现乡村文化知识、文化内涵和溯源及各类表演视频链接。微博运营者也可以与用户进行实时互动，一些文化爱好者可以基于微博平台进行聚集，对该文化进行资料的评价与补充。

在社交平台中，可以突破时空界限，激发传者和受者间互动关系，实现用户的聚集，打造一个便捷互动的信息交流和分享空间。此外，平台还可以推出互动主题活动，让用户能够实时参与互动。通过活动，再把大家的创作成果集结，发布到平台上。传者和受众之间的跨屏互动充分发挥了新媒体优势，以受众为中心，实现乡村文化创新为群众服务的归旨。

2. 丰富乡村文化新媒体传播形式

采用图像技术，营建虚拟场景，传统村落具有丰富的物质和非物质文化遗产的显著特征，是乡村文化的富集地。村落集群是乡村文化中非常重要的物态景观，具有历史和文化的双重价值，有部分传统村落在现代化的过程中保护不力遭到损坏，修复也存在一定难度，可以以数字化手段记录传统村落文化景观。村落中的传统习俗、曲艺等非物质要素具有典型的"活态性"。传统的保护方式存在一定限制，可以通过数字化技术实现非物质要素的活态化传播。如传统音乐、舞蹈、戏曲和体育杂技等具有表演性，在数字新媒体产品设计、游戏和音乐创造等方面，以活态形式呈现，既能保证传统文化要素的活态记忆，也有助于实现它们的活态传承。

构建沉浸式的现实虚拟场景，超越传统数字化的文字、图片和视频推送的单调性，通过互动交流、多维体验、文化引导等功能，人们通过视、听、触、嗅等多维感官的参与，与三维场景中的要素进行交互，使用户能够真切体验文化内涵。如在乡村节庆习俗的虚拟体验设计中，通过虚拟现实设备，实现虚拟场景及活动的可视化，人们可以通过交互对虚拟角色进行控制，从而获得身临其境的亲身体验的感觉。

（三）建设文化传播协同体系

1. 提升乡村公共文化服务水平

互联网的普及和媒介融合带来了传播环境和传播方式的变化，新兴的融合媒体成为人们获取公共文化服务的平台，新兴媒体的公共文化服务功能也得以彰显，在人们的日常文化生活中开始发挥重要作用。

在新媒体为主导的公共文化服务中，可以搭建新媒体服务平台，增强乡村居民的自主选择权利，以微信平台或移动应用的方式让乡村居民在文化服务的选择上具备主动性。同时也可以通过社交平台来收集乡村居民的文化活动反馈信息，为乡村文化的传播提供更好的思路。

增强乡村基层文化组织和文化工作者的信息素养，为乡村文化的传播培养人才。2017年6月，由文化部全国公共文化发展中心和中国文化馆协会联合主办的全国文化信息资源共享工程"乡村拍手"计划正式启动。这一计划通过数字制作技能和文化宣传推广的培训课程的开展，能让乡村的基层文化工作者制作流媒体作品，提升了新媒体专业技能，同时也带动乡村其他文化从业者的新媒体制作水平，丰富了乡村文化传播的形式，扩展了乡村文化传播渠道，扩大了乡村文化共享的范围。

2. 推进乡村文化产业发展

"文化产业"一词最早由德国法兰克福学派思想家阿多诺和霍克海默在《启蒙的辩证法》一书中提出，文化产业因其兼具文化和经济的双重属性而引起学术界的广泛关注。具体来说，乡村文化产业是一种以市场为导向，以提高经济效益为中心，以乡村居民为创作、传播与生产主体，以乡间文化、乡村文化、乡民文化为产业资源，将地域性的传统历史文化资源转换为文化商品和文化服务的现代产业形式。乡村文化产业从构成上来看，有以下三个方面，一是基于乡村文化资源创作的物态产品，二是基于文化要素和文化因子创作并提供的精神文化活动，三是整合文化元素和其他产业协同发展的新型业态。

乡村的文化资源包括乡村饮食文化、民俗文化、建筑文化、手工技艺文化、节庆典仪文化等。文化资源需要围绕文化的地域特征和文化的历史积淀，基于精准的市场定位进行开发。将文化内涵和文化符号进行提取，突出原生态和本真性的特点，借助丰富多维的方式予以表现。文化的演变和传承本就是一个动态的过程，在扬弃和发展中应对社会的变迁，以自身的力量吸纳和包容新的元素，形成新的形式。文化产品的开发要突出地域性，放大民俗性，做好功能性，并赋予其新的审美，充分利用电商、在线拍卖等新媒体推广手段，推动特色产业发展。乡村文化资源在开发和运营上也应加强品牌和产权意识，以优质内容优质品牌带动IP的全链条运作以适应市场需求。

利用乡村文化要素创建新型业态。在现代农村产业发展理念的影响下，可以在乡村文化资源和要素的基础上进行开发，融入乡村产业中，发挥协同效应打造新型业态，既传播了乡村文化，又可以发展乡村经济，提升乡民收入水平。

在乡村文化产业的发展中，可以依托信息化技术打造乡村的互联网公共平台。以地域性的文化资源为根本，挖掘传统村落的经济价值，推动创意乡村文化产业，提高村民收入和村落社区经济社会发展水平。

通过新媒体技术，实现文化产业链条上生产、管理、营销、传播等的智能化，可有效整合乡村各项资源，降低乡村地区文化产业的创业成本和运营费用，实现乡村文化服务水平的提高，促进乡村文化产业的可持续发展，提高文化产业的经济效益。

在乡村文化创新发展过程中需要乡村农民的积极参与，必须确立农民的主体地位，引导广大农民进行文化传播实践与创新，使文化的转型与重构成为乡村民众自主参与的事业，通过农民的文化和经济实践，助推文化传承与乡村振兴的协同发展。要做好文化传承，需要注重文化载体与渠道的创新与建设，要注重文化符号的积淀和文化元素的提炼。乡村文化的传播还要深度挖掘具有地域特色差异化的文化遗产、乡土风情，提升地方的文化品位和发展格调，使其成为当地特色文化产业的重要资源。

第二节　民族志视野下乡村文化传播

在将新闻传播学研究与人类学研究结合的过程中，以基层视角进行田野调查并呈现民族志文本的研究逐渐步入人们视野，成为部分学者利用的研究路径及理论工具。本研究在基层乡村视域下对民族志传播现状进行归纳，认识到目前我国乡村文化传播中传统文化的发展瓶颈与失焦问题，并从主体角度对不同路径下基层传播方法进行探析。

一、民族志传播与其他学科的交织

在我国，民族志传播的研究方法以田野调查（包括民族志）作为主要方法，以传播实践为研究对象，对传播问题进行问题导向的理论建构，学者们往往注重参与式观察及深度访谈的技术化方法，从而过度依赖参与对象，忽视了民族志微观层面的文化内涵及历史意义，因而批判性思维的构建与学科拓展亟待提高，民族志传播的研究转型与人类学、政治经济学、历史学相融合将成为一种发展态势。同时，在多年的田野经验中，建议田野调查应多注重正式的笔记和日志日记的撰写，从而"以书写的方式来进行思考"，避免记忆的模糊，发掘不同现象之间的联系与区别，为田野工作提供一定的方法经验及技术借鉴。

方法的多元化呈现利于民族志传播学科与其他学科或格式交叉发展，民族志新闻的研究过程中，往往与人类学、社会学等学科交叉进行，民族志研究方法与新闻实务的结合不仅有利于促进田野工作和新闻业务的多元化格局，拓宽研究路径及方法视野，还使学者们获取实践过程中的新闻价值，拉近传播者与受众之间的距离，提高新闻业务领域的公信力和公共服务能力。创新思维空间概念下，民族志可以拓展到网络及新媒体领域展现现实对象，其中"编织"与"讲述"为民族志在线上研究里实施的两大步骤，从而赋予"田野工作"更为实际的意义。在实践过程中，及时转换线上及线下的关系，拉近参与者之间的关系，注重宏观的把握与参与度的提高，才更有利于网络空间内民族志研究的展开。

二、乡村文化传播的失焦

（一）乡村文化传播发展瓶颈

1. 新媒体冲击旧有乡村传播内容

在乡村文化传播领域，仍存在诸多威胁。宏观层面观察，在新媒体的浪潮影响下，利弊与发展共存。原来的电视、广播、报纸已然成为旧有的传播媒介，互联网大肆发展的过程中，手机、电脑、平板等逐渐进入农村生活，简单的文字、图片已无法满足农村受众需求，多元化传播媒介下人们对声音、视频等多形式融合传播提出期待。但是，就乡村本身的文化传播内容来看，已有的传统文化较为陈旧，不仅在继承的过程中逐步消亡，还极易与新媒体时代脱离，城镇化发展步伐加快，传统的乡土文化被人为地割裂开来，利益往往超越一切成为首位，传统文化却逐渐暗淡失去往日的光彩。于是，怎样让乡村文化与传播方式紧密结合并使受众产生文化认同感成为现今多数乡村文化传播的难题。

2. 传统文化传播路径受挫

观察传播内容现状，由于城市化水平逐步提高，农村空心化程度加剧，乡村文化受众农村文化人才队伍建设匮乏，乡村文化传播过程中所需的受众对旧有的传统文化丧失兴趣，转而走向城镇，追寻城市文化。同时由于乡村文化传播机制体制的不完善，传播体系及路径未完全建立，大众传播媒介在传播过程中极易窄化乡村文化内涵，部分传播的民俗习惯及传统文化无法被很好地保护起来，致使乡村文化传播的亮点——传统文化流失速度加快，乡村文化传播发展过程遭遇瓶颈与挑战。

（二）城乡传播研究多聚焦城市传播

乡村文化传播可以在两个层面进行诠释：第一个是理论层次，其可以作为乡村传播的一个分支展开论述，即文化领域的传播；另一个角度是实践层面，主要是乡村文化传播活动，如与乡村传统文化相关的传播活动，当地的民谣民歌及传统戏曲等，这些传播内容需要与人民群众联系起来，是人民群众喜闻乐见的文化内容，同时利用现代媒介技术进行传播。

城乡传播对比研究下，我国现代传播在引进西方传播学后逐渐丰富并本土化，民族志研究逐渐融入中国的传播路径，并成为乡村文化传播的重要学科之一。但是，传播路径所依赖的技术和基础设施在城乡布局中有明显差异，城市传播的广度和深度乡村传播暂时无法比拟。受西方传播文化影响，当前传播研究领域，学者在城市文化传播进程中的研究明显多于乡村文化传播研究，研究焦点集中在城市传播范围，这导致当代我国的城乡文化传播研究出现失衡状态，乡村文化研究的失焦现象成为突出问题，有关乡村文化传播领域学术成果及质量仍存不足，暂无清晰的学术话语体系，相关实践方法亟待完善。

三、田野调查与乡村文化传播的交融

聚焦乡村传播学范式领域，在传播的多元范式背景下，参与式传播作为媒介传播偏向领域的研究，具有乡村发展传播评估、信息传播模式的特点，与民族志方法相结合，通过建设内生性媒介及给予公众在传媒中一定权利的方式，可为我国乡村媒介建设、文化建设及信息生产方式建设提供借鉴。民族志研究无法脱离社会学、人类学等交叉学科，在学科融合的过程中，社会人类学的路径越发突出，将民族志中田野调查的方法作为乡村文化传播方式，与发展传播学紧密结合。乡村文化传播的研究内容中探寻政府与当地居民的关系，不仅与基层政府的公信力相关，还离不开政治参与度层面，从政治体验角度研究不同传播媒介在乡村的文化建构，利用问卷形式提高对象参与度，探究多元主体参与的政治传播和乡村传播，为完善传播领域和农村传播体系具有借鉴意义。媒介形态的变化与公共文本的研究离不开学者的社会实践经验和城市化进程的社会变迁，与之联系的乡村个案传播现状的考察需要各方主体的关注。

四、民族志与传播学融合推动乡村文化传播

（一）研究者将理论与实践相融合

当前我国学者在民族志背景下对乡村文化传播的研究过程缺乏理论的完善与实践的积累。一方面探求乡村传播及乡村文化传播的理论，丰富研究方法及路径，为政府及媒体提供有效的乡村文化传播手段。在乡村传播过程中，现今学者亟须丰富田野调查的内容及实践，规范民族志研究的理论概述及策略途径。另一方面，在理论的逐步完善和重视的同时，我国学者也不能纸上谈兵，应提高理论的实践力度和可操作化程度，使得中国当代的文化传播的理论研究逐步本土化，发展具有我国乡村文化特色的民族志研究，令乡村传播研究与民族志研究结合并走向正轨，成为系统性学科，在理论与实践结合中促进乡村文化传播研究的本土化进程。

（二）新旧媒体融合、创新、推动

创新传播模式是当前媒体在传播过程中的有效手段。在新媒体冲击浪潮下，新旧媒体融合宣传有利于推动乡村文化传播。多元化传播格局容易延伸到乡村的各个领域，以往的报纸、广播等传播方式仅限于本地的传播，这使得当地特色文化的影响力传播路径受限；现今网络流量的可操作性加强，个人通过短视频、微博微信等媒介宣传的方式不断扩大，

因此有序且高效利用新旧媒体融合的方式有利于建立乡村文化多元传播格局，提高农村公众对传播过程的参与度。因而，通过新旧媒体的融合，推动乡村文化传播形式与内容的创新，从而打造乡村文化品牌，进而走出去。

（三）政府挖掘本土文化内涵与价值

政府在统筹乡村文化传播的过程中，应当深入群众，对乡村本土文化实地调查与考察，发掘本土传统文化内容，开发并利用已有的戏曲、皮影、民谣民俗、传统节日等具特色的符号或载体，保留独具本土化文化的内涵及内容，并推陈出新；同时，在传承传统文化的同时，建设系统的传承方式及体系，不论是制度层面还是乡村基础设施建设，构建适宜当地乡土文化传播的乡村景象及文化平台，从而完善传播过程；最后，由本土传统的文化领域内寻找适宜推出的特色品牌，打造乡村文化传播品牌策略，并定期组织相关的文化活动，从而扩大影响力，促进当地文化产业改造升级，发掘第三产业旅游业、文化产业、文化服务业等，推动本土乡村文化传播进程。

在当前城乡传播领域，乡村文化传播作为乡村传播的重要一环，缺少有效的研究路径及实践经验，乡村文化传播失焦问题与其存在的诸多威胁不容小觑。不论理论层面抑或实践内容，亟待借民族志方法推动我国乡村文化传播，结合乡村振兴为打造本土乡村特色文化传播方式提供策略及理论依据。因此，借用民族志研究发展过程，从不同主体角度剖析问题及探寻解决路径可以更清晰地解决乡村文化传播面临的问题，同时促进乡村传播的有效发展，为农村经济文化政治发展及社会的稳定提供新思路，更有效地推动我国新农村建设。

第三节　乡村自媒体短视频文化传播现状及策略

推动乡村文化建设与传播是为乡村生活"铸魂"，也是实现乡村振兴战略的重要一环。在短视频的赋能下，乡村传播由被动式的"他塑"变成了主动式输出，为乡村人民的文化生活注入了新的活力。本文旨在通过对乡村自媒体短视频的文化传播现状进行研究，分析此类短视频目前所面临的困境与挑战，并进一步探讨乡村振兴背景下的短视频自媒体，如何更好地传播乡村文化。

在党的十九大报告中，习近平总书记提出要实施乡村振兴战略，始终把解决好"三农"问题作为全党工作的重中之重。而文化振兴作为乡村振兴战略中的重要环节，在乡村建设中有着非比寻常的意义。乡村文化即乡村之魂，只有发展好乡村文化，才能为乡村振兴注入内生的精神动力，从而带动乡村经济发展。乡村文化的发扬也有利于传承中华优秀传统文化，实现民族文化的伟大复兴。

我国的乡村文化自1840年至1949年遭受了许多劫难，经历了一百多年的衰落。新中国成立初期，我国确立了以城市为中心的发展战略，使得乡村发展与城市的差距越来越大。直至20世纪90年代，我国开始解决"三农"问题之后，乡村文化才逐渐走出低谷。如今，短视频市场的快速繁荣，给乡村文化的发展提供了新的契机。

根据中国互联网络信息中心（CNNIC）发布的第47次《中国互联网络发展状况统计报告》，我国的短视频用户已达到8.73亿，占全体网民总数的88.3%，短视频已经成为互联网行业的最大风口。在此之上，我国农村互联网普及率从2014年12月的28.8%增长到2020年12月的55.9%。农村人口的大量入网，使得乡村题材短视频成为快手、抖音等短视频平台的主力军，掀起了一阵乡村热潮。在过去，乡村文化的传播因为地理位置的限制以及平台和媒介的缺乏而被局限，乡村百姓无法突破场景和空间的束缚进行文化宣传。短视频的出现恰好为乡村文化的输出提供了一个足够便捷的路径，把农民从失语的状态中解放出来。农村用户可以通过发布短视频的方式，打破传统媒体对乡村文化传播的垄断地位，以个人化的方式主动地塑造乡村形象，进行乡村文化传播。

一、乡村文化短视频传播现状

（一）创作主体生产力的激发

传统媒体时代，乡村文化传播一直依靠的是广播电视媒体的单向式输出，受众对于乡村文化的了解局限于媒体的统一塑造，作为乡村文化生产者的农村居民缺少渠道和条件进行自塑，处于失语状态。随着新媒体社交平台的不断发展，农民主体意识逐渐觉醒，开始尝试通过新媒体来表达自我，获取身份认同。而短视频的拍摄与发布操作简单易学，技巧性弱，不局限于文化水平和年龄，可以轻易上手，使创作者的主动性更大程度地发挥出来。这让原本在传播话语权上处于劣势的农民群体极大地激发了创作生产力，成为乡村文化的建设者和传播者。

乡村文化的传播者从媒体向个人拓展，传播的内容和角度也发生了变化。之前，传统媒体所塑造的乡村形象往往是从整体出发，从宏观、中观角度进行叙述；而在短视频领域，创作者可以根据自身特点，创作出极具个人特色又贴近生活的乡村文化作品。李子柒就通过展示悠然的田园生活以及自己和婆婆相处的温馨日常，斩获了大量的粉丝。并且以精美的视频制作展现了中国传统文化和乡村自然风光的魅力，让中国的乡村文化走出国门，吸引了不少海外粉丝，提升了中国乡村文化在全球的影响力。技术赋权下的农民群体，充分地发挥了农民创作者的主体性，在通过短视频平台分享个人生活的同时，也传播了既本土自然又各具特色的民俗文化，让乡村文化焕发新的生机，增强了国人的文化自信。

（二）内容丰富多样，展现乡村特色

目前乡村题材的短视频内容主要集中在饮食文化和田园景观两方面，其中美食类博主数量尤多。如滇西小妹、蜀中桃子姐、陕北霞姐等农村女性角色的突出呈现，通过发布美食取材和制作过程，或是地域特色小吃的教程来吸引粉丝。这类视频创作过程相对简单、通俗易懂，极易吸引消费者，但形式单一，后续发展难以为继。除此之外，乡村题材的短视频也涵盖了其他非物质文化类和生产生活类等不同主题。不论是讲述婆媳温馨日常的周甜丽还是展现理塘自然风光的丁真，这些短视频都极具地域特色，包含着积极向上的价值观，展现着农村人民勤劳坚韧、真实淳朴的面貌，满足了受众对于质朴乡村生活的向往。

（三）打破受众刻板印象，重塑乡村形象

对于乡村文化，受众的印象一直停留在传统媒体所塑造的固有形象之中，尤其是年轻的城市居民对其缺乏了解，更容易产生刻板印象。而通过短视频平台的传播，让受众可以从农民的日常生活、劳作以及人际交往等各个角度对乡村文化产生更深层次的了解。且短视频平台的用户不再受到地缘限制，不仅是城市中的用户，农村网民也可以通过网络看到不同地域乡村居民的生活状态。此类短视频在农村用户中更容易产生情感共鸣，基于人际间的强关系传播，乡村自媒体即可建立起更加稳定的粉丝群体。

（四）短视频优势提升传播效力

目前，乡村短视频传播以快手、抖音、B站为主。在此类短视频平台上，用户生成内容（UGC）的传播模式可以极大释放乡村人民的创作活力，提高农民对乡村文化传播的参与性，促进乡村形象的多样化展示。同时，短视频平台的社交属性也让创作者可以在第一时间获得用户反馈，并能够通过平台及时和用户进行沟通交流。这不仅让传播者可以根据受众喜好及时进行内容调整，也能加强乡村和城市的对话，促进城乡文化的交融，加强对乡村文化的认同。

另一方面，短视频的强链接属性使其具有超强的扩散传播能力。平台间的相互关联让短视频可以在极短的时间内实现在各大互联网平台的裂变式传播，大大提升传播的速度和范围，扩大传播内容的影响力。短视频的"短、平、快"属性更加强了其传播优势。大数据加算法的智能推荐也可以根据用户喜好实现精准定位，提高传播的效力。

二、乡村短视频文化传播困境

（一）单一个体传播力量不足

在短视频传播领域，传播主体多为个人或者小型团队。单一人员虽然可以完成短视频的创作，但是在作品的完成度、画面的精美度以及内容方面都会所局限。人员的不足以及技术的制约，限制了短视频创作的发挥，造成作品内容的单一化，创新不足。缺少成熟的发展模式和运营团队，创作者会受视野局限的影响难以有所突破。长此以往便难以满足受众日益变化的需求。

同时，个体的传播虽然极具生活气息和个人特色，但作为单一自媒体，所能带来的文化传播效力十分有限。除了极个别处于"头部位置"的网络红人之外，大多数创作者的作品传播依然局限在小圈子里，无法辐射更大的范围，一些优质内容极易被淹没在互联网的

信息洪流中。互联网虽然赋予了人人以传播的权利,但个人的话语权力依然是不均衡的。乡村文化短视频想要"出圈",也需要"外力"的助推。

(二)戏谑化方式消减文化内涵

乡村题材短视频的风格定位虽不相统一,但其中不乏以搞笑、庸俗的土味内容吸引眼球的作品。这种戏谑化的风格虽然能在短时间内赢得大量关注,提高转发量和传播量,但内容平面化且无营养,对乡村文化的传播并无多大益处。"众声喧哗"下所带来的审丑式"文化狂欢",实际上是对乡村主流文化和传统文化的一种消解。传播者和受众虽然得到了短暂的快乐,但也在一定程度上加深了受众对于农村生活的刻板印象,不利于新乡村形象的塑造。

(三)文化素养制约内容质量

根据拉斯韦尔的"5W"模式,传播内容也是传播过程中极为重要的一环。而乡村短视频的创作者大多数是农民出身,文化程度不高。他们的知识储备以及现有的社会认知,限制了他们进行文化传播的能力。关于有效信息的选取、传播方式和内容的改进、传播效果提升等问题难以很好地处理。内容质量的局限也阻碍了创作主体的长远发展。在乡村文化传播者中,山药视频、潘姥姥、李子柒这样可以进行高质量输出的博主仍是少数,许多创作者的作品依然缺乏原创性,且内容偏向低俗化,可取性不高。

(四)追求经济效益忽略内容深度挖掘

短视频的出现虽然为乡村传播提供了一个有效途径,但无论是平台或是创作者,其传播目的都不是单纯地弘扬乡村文化。各大互联网平台的竞争随着媒介的不断发展愈加激烈。平台为吸引眼球聚集流量,往往会忽略自身的社会责任,一味追求经济效益。而创作者在层出不穷的各种自媒体中,为维持自身热度,也必须持续进行内容输出。在高速的利益竞争中内容成了牺牲品,创作者只顾以逗趣戏谑的视频来吸引流量,却忽视了对乡村文化深度与特色的发掘,致使乡村短视频同质化现象严重,传播内容缺乏现实意义。创作者和平台都难以在利益的追逐中坚守住传播者的职责,这也为乡村文化传播的持续性发展造成了阻碍。

三、乡村文化短视频传播策略

(一)精准定位,打造特色 IP

短视频的崛起虽然为乡村文化传播提供了机遇,但新媒体时代媒介近用权的提高也加剧了短视频领域的竞争。碎片化的阅读方式分散了受众的注意力,乡村题材的作品想要在众多短视频中异军突起,实现良好的传播效果,就需要找准自身定位,突出自身特色。通过精准定位,可以更有针对性地对受众群体进行宣传,积累粉丝形成自身独特的 IP。把乡村文化当作品牌来进行传播,既可以加深受众的记忆点,也可以通过品牌效应,提高文化传播的影响力。"滇西小哥"就是通过打造个人 IP 和借势营销的方式，打开了自己的知名度，并以此创立了个人的电商品牌，提升了其经济效益。以 IP 的形式进行传播，更容易唤起受众的文化记忆，从而聚集起有共同体验者的向心力，通过品牌影响力实现乡村文化的更好输出。

（二）利用技术实现内容升级

4G 时代，新媒体使用技术的不断下移，大大提升了农村人民的媒介生产力，让农民可以在劳作之余通过各种社交软件丰富自己的生活，文化传播类的作品也以视频类为主。随着 5G 技术逐渐商用，为传播方式带来了更多的可能性。乡村建设者除了可以通过高清直播的方式与受众进行实时沟通，宣传家乡的文化和特色外，还可以以卖货的形式带动乡村的经济发展。5G 的出现也为沉浸式传播提供了必需的技术基础。乡村叙事更多的是依靠特点鲜明的乡村景观的建构，VR 技术在乡村传播领域的进一步应用，可以打破时间、空间上的限制，以高仿真式的场景搭建让受众真切感受到各地独具特色的民俗风情和地域文化的魅力，通过精美的视觉修辞和在场感展示出乡村文化的精髓，给受众绝佳的体验。在 5G 时代，文化传播的方式也需要与时俱进。通过不断地创新传播形式和内容，才能增强乡村文化的表现力，以更加直观、真实、自然的体验多角度展现乡村文化的魅力。

（三）培养私域流量留存用户

在眼球经济时代，流量即是传播者的最大优势。与此同时，用户的注意力也极易被分散转移。互联网市场的流量红利枯竭，用户增速渐缓，使得获取流量的成本越来越高。如何留住用户，就成了互联网行业的一大难题。在此种境遇下，各大品牌便想通过建立属于自己的流量封闭池，来减少用户流失，提高品牌转换率。乡村短视频类的自媒体也可以尝试建立自己的私域流量池，通过坚持自身定位，持续性地输出符合定位的内容进行营销，从而加深自身在用户心目中的印象，获取用户的信任，增强互动及用户黏性。在维系自身私域流量的同时，借助其强连接性的人际传播，吸引更多消费者。但私域流量的长久维系还是离不开优质的产品和内容，要保证用户的活跃度和忠诚度，依旧需要精良作品及优质宣传。

（四）多方联动，助力乡村振兴

脱贫攻坚的不断推进在一定程度上也助推了乡村类题材短视频的创作与传播。为了更好地助力脱贫攻坚，以中央广播电视总台、《人民日报》为代表的各大媒体都开始与网络红人合作，以直播或短视频的形式对农产品、民俗文化及田园景观进行宣传。不少乡村网红还会与当地的政府部门合作，联手助力家乡的"三农"发展。抖音平台上的"我是田姥姥"同鞍山平山区的区政府联合，以直播的方式帮助山区卖货。网络红人同政府或媒体的联手，一方面可以提高话题度和影响力，获取更多人的关注；另一方面也可以在实现经济效益的同时传播乡村特色文化，一举多得。

在新媒体时代下，短视频在传播乡村文化，助力乡村振兴方面承担了十分重要的角色。

技术的发展确实为乡村文化传播提供了可行的路径，农村地区打破了话语权限制，实现了从被动塑造到主动传播的跨越，也给城乡文化交流融合提供了良好的契机。但短视频在大大解放农民话语权的同时，也给了他们沉重的"枷锁"。农民媒介素养的缺失让他们无法在资本的洪流面前保全自身。享受着技术红利的他们，如今也逐渐沦为数字劳工，变成了资本推动背后的免费劳动力。在探索媒介在乡村文化传播中作用的同时，也需要对媒介抱有警惕之心，避免在资本的冲击下丧失文化传播自我言说的主动性。

第四节 乡村电影中村落文化的传承价值与传播路径

随着我国城镇化的快速发展，历史悠久、底蕴深厚的村落文化面临逐渐走向衰落的新问题。但是，当今影像化传播方式的出现以及跨文化交流的盛行，不仅使村落文化的独特韵味获得了广泛传播与接受，而且乡村镜像的多元化构建激起了人们对村落文化的强烈反应和深刻思考。当然，针对乡村电影中村落文化的二次传播特征，需要对我国乡村电影中的村落文化的形象塑造与传播加以正确引导，既要努力消除表象解读中形成的对中国文化的"刻板印象"，又要尽力避免在村落文化传播中对中国"国家形象"产生的曲解。

一、城镇化发展形成村落文化传承与传播的新格局

（一）村落文化的发展现状堪忧

改革开放以来，我国城市化进程不断加快，村落文化的传承正面临严峻的形势。特别是近些年来，因为村落文化的逐渐衰落，其发展现状堪忧，这些问题引起了一些学者的重视。这些学者主要是从社会学、经济学、政治学等角度对村落文化的发展与现状进行研究，极力呼吁对村落文化及其文化景观的保护。但是，至今还没有学者从电影学的角度去研究乡村电影中的村落文化的传承与传播。

中国是一个农业大国，截止到2018年农村人口仍有5.6亿多，占据中国总人口的41.48%。而逐渐增多的城镇人口也有很大部分是在城市化的进程中从农村移居到城镇的，因此，可以说孕育在农村的村落文化是中国传统文化的母体。我国自改革开放以来，城市化进程逐步加快，在逐步实现城市化的过程中，许多城市的扩建都在向郊区或者农村发展。这一方面给农村带来了经济的飞速发展，有利于新农村的建设；另一方面城市化的加速也导致了一些村落，尤其是一些古村落的逐渐消失，这也意味着孕育在乡村中的村落文化也在逐步地消失。

（二）村落文化的传播方式发生改变

任何一种文化，其最普遍和最主要的特征就是传播，如果没有传播，文化就不能生存、延伸和发展。在当今众多的大众传媒中，电影则是传播村落文化的至关重要的工具和有效

途径，由于电影的绝大多数受众都集中在城市，因此电影是城市居民了解村落文化的重要窗口。

村落文化与都市文化共同构成了百姓文化，都是民族文化中重要而不可忽视的方面，村落文化在电影中的审美表现，可以引导和帮助大众尤其是城市居民了解村落文化，对提振百姓文化伟力也有一定的促进作用。因此，研究电影在村落文化中的传播作用，也有助于一些电影创作者在其作品中对待村落文化时能更加谨慎和重视，增强其对村落文化的保护意识。同时对于电影研究者，也能引导他们在解读电影时更加注重一些影片中所蕴含的村落文化，为村落文化的广泛传播起到一定的推动作用，特别是对探索塑造中国乡土文化形象与扩大中国文化影响的有效途径具有不可替代的作用。

二、大众化影像传播带给乡村文化传承的新机遇

（一）电影媒介促进了乡村文化的传播

从电影的创作角度来看，村落文化是我国电影创作的一个重要根基。村落文化研究者胡彬彬指出："中国传统村落文化，不仅存留了作为中华民族文化的基本内核精神，而且是我国传统文化中'修身、齐家、治国、平天下'人文理想最具基础性和根本性的文化依托。"因此，从电影创作的角度来说，一部电影要成为一部优秀的电影，甚至能为世界所称赞，那么这部电影就必须表现自己本民族所拥有的优秀本质，而这种中华民族所拥有的优秀本质恰恰来源于村落文化。

电影作为一门综合性艺术，具有视听再现与影像复原等特征，比起文学等其他传播方式更加具有内容的生动性，更容易搭建起与接受者之间的文化交流桥梁。比如《白鹿原》，无论在文字里对白鹿原村是如何的描写，也不如电影中影像所呈现的白鹿原形象生动，房屋、戏台、祠堂等景物——以影像的形式呈现在观众的眼前，让观众感受到了一个真切的白鹿原村。而在电影《武侠》中，当地的村民在送行的那场戏里用方言所唱的山歌，这也是文字在传播村落文化时无法做到的。这种生动性还体现在影像具有明确的指向性，电影依靠影像来表达它的所指之物，其指向性则更加明确。正如观众在电影里看到的"白鹿村"指的就是画面中给我们展现的白鹿村，而不会是第二个白鹿村了。因此，电影通过影像能够向观众更加直观地传达这个村落的某些文化现象，这一特征也可以看作是其画面生动性的衍生。而这种直观生动的影像与声音表达，能使得观众更易于去理解和接受这种与自己文化存在差异的村落文化形态。

（二）乡村电影引发村落文化的二次传播

一部电影，从前期编剧到生产制作再到后期营销，都是很容易产生明星效应的，而这也正是电影宣传的手段之一。著名编剧能够产生明星效应，著名导演能产生明星效应，著名演员也能产生明星效应，甚至是监制、制片人等等其他电影生产线上的角色也都能在营销中产生一定的明星效应。而这种明星效应对观众而言影响甚大。这是因为编剧、导演、

演员等角色在一部电影的生产到传播过程中,都参与了某种议程设置。因此乡村电影剧情的走向如何、人物的情感关系如何安排、场景的选择以及演员对环境的态度等等,这些都成为编导与演员事先设置的一种议题,最终观众对影片的态度与情感必定会受到这种议程设置的影响。

对于乡村电影而言,电影的明星效应还不仅仅是作用于电影的宣传上面,乡村电影所具有的明星效应会对电影中所表现的村落文化产生连带反应,因为在乡村电影中编导与演员都对这些村落文化进行了议程设置。如导演将电影的场地选择在某村拍摄,那么这个村落的样貌与环境就成了议程设置的一部分。电影《菊豆》的导演张艺谋将拍摄场景选择了贵州黔县县城西南5公里处的南屏村。南屏村的自然风景和建筑艺术,都具有独特的人文情调和艺术魅力。这些成为张艺谋选址的吸引力,但是当它们经过艺术加工透过影像表现出来的时候,这些建筑艺术等文化形态就成了导演在这部电影中所设置的一个议程问题。这种议程设置会使得受众更易于接受,曾有一段时间"杨家染坊"因为电影《菊豆》而成为一个旅游热点。

不仅如此,一些好的乡村电影所产生的明星效应,更会使得电影中所表现出来的村落文化得到第二次传播。所谓第一次传播指的就是观众在观看乡村电影时,透过影像对某些村落文化形态进行解码从而获得信息,这就是完成了第一次传播。如观众从电影《菊豆》中解码得到一个信息:"杨家染坊"是一幢古老的染坊。所谓的第二次传播,其实是一次受众主动参与获取信息的一次传播过程。当受众从乡村电影中获得某些村落文化形态的存在信息时,这些信息激发了他们的好奇心。然而电影终究不是研究村落文化的专门工具,受众如果想要更进一步了解一些电影中所表现的村落文化形态,就不得不通过互联网等其他传播媒介去获取相关资讯,从而造成了村落文化在受众间的再次传播,也是一次更为深入的文化传播。观众在看完电影《花腰新娘》后,会有观众对电影中所表现的花腰彝族的服饰感兴趣,也会有观众对电影中表现的"归家"风俗感兴趣,还有人会对电影中表现的女子舞龙文化感兴趣。这些他们在电影中无法获得答案的问题,自然会通过别的传播媒介去主动搜取信息。

三、合理化引导乡村文化形象塑造与传播的新路径

(一)乡村镜像激起文化的碰撞与思考

在中国电影发展的历史长河中,特别是改革开放以来,以表现乡村习俗与生活等为主要内容的乡村电影佳作不断。当观众透过乡村电影中逼真的影像去抵达和感受人物内心更深层的思想,体味人物背后的文化内涵时,影像所塑造的人物变成了"有意味的形式","美之所以不是一般的形式,而是所谓'有意味的形式',正在于它是积淀了社会内容的自然形式。所以,美在形式而不即是形式"。这样使得影像化塑造的人物成为电影文化与村落文化的连接点。或者说,人物已经成为村落文化的符号代表融入到了电影中,成了电影文

化的表达部分之一，也构成了电影美学的深层文化美。

因此，乡村电影的传播，从文化、审美等多个方位打破了村落文化传播的局限性，从而促使村落文化发生了跨地域、跨国际的跨文化交流。在这种跨文化交流之下，更重要的是引发了受众对传统与现代之间的文化碰撞与思考。最终受众在思考中对村落文化形成更为客观的看法，而不仅仅将其看成是落后、封建、愚昧的代名词，而应该作为传统美德的阵地。

村落文化是一种相对封闭的文化，主要是一种村落内部共享信息的文化。它与城市文化有着明显的界限，其传播的速度与广度也远不及城市文化。随着电影等大众传媒的迅猛发展，村落文化也被像书籍、电影这种大众传媒推进了信息时代的潮流之中。电影是依靠现代科学技术发展起来的现代传播媒介，相对文字传播来说，电影在传播村落文化上又更具有广泛的空间，主要体现在电影的跨地域、跨国际的传播特性。

改革开放以来，中国有不少导演都将焦点集中在中国的农村，乡村电影也逐渐演变成中国电影的一种类型，与城市电影相对，这些乡村电影总是以某一村落环境为叙事背景，或讲述村落内部人物之间的冲突，或讲述村落内部与外侵元素之间的冲突。这些导演之所以中意乡村题材，这与社会发展的大时代背景息息相关。改革开放后，经济发展成为首要任务，城镇化进程不断加速扩张，城市与乡村的界限开始被打破，于是在原本相对传统原始的村落里，文化的冲突自然也就更加激烈。而这正是导演们求之若渴想要表达的东西。在张艺谋导演的《菊豆》《秋菊打官司》《我的父亲母亲》等乡村电影中，村落里的这种文化冲突得到充分的展现：菊豆与杨天青的爱情在传统礼教与自由恋爱之间的冲突，秋菊在传统村落礼俗与现代法治之间的冲突，"我"与"母亲"之间关于人的生死观念的冲突等等，都体现了传统村落中村落文化与现代观念之间的冲突。

当然，这些村落文化不仅在电影中与现代文化发生着冲突，当它们被影像符号化传达给受众后，当受众对被符号化的村落文化进行解码时，村落文化事实上又一次与受众之间发生了某种观念上的碰撞，再次实现了一次跨文化交流。例如，当城市里的观众看到《那山那人那狗》《老井》时，发生了城市文化与乡村文化的一种跨文化交流；当汉族观众看到《花腰新娘》《青春祭》时，发生了汉族文化与少数民族文化的跨文化交流；当年轻的观众看到《光棍儿》时，发生了青年文化与老年文化之间的跨文化交流；当外国的观众看到《白鹿原》时，发生了西方文化与东方文化之间的跨文化交流，等等。

（二）消除表象解读中形成的"刻板印象"

乡村电影，作为一种传播媒介，虽然对村落文化的传播与传承，甚至是保护方面，都有着重要的积极意义，但是作为大众媒介之一，它也会产生相应的负面效应。对于村落文化的传播来说，乡村电影作为载体是一个二次创作的过程，创作者能做的就是无限地趋向于文化的本质，但由于创作过程本身就具有一种主观价值包含在里面，因此最终媒介所表现的不可能与村落文化本身完全重合。

乡村电影中所表现的村落文化作为编导对村落文化的二次创作的结果，编导通过自己对村落文化的解读，重新编码，通过影像这一符号再次传播给电影的受众。受众再对影像符号进行解码，以从中获取有关村落文化的信息。可无论是编导还是受众，都有着不同的区别和分类心理需求，再加之个人接触的有限，个人认识的局限、懒惰和误解，在村落文化通过两次编码与解码后，都非常容易致使观众对村落文化形成一种刻板印象。这主要源于一些编导在表现村落时会习惯性地强化贫穷、落后，以此来突出乡村与城市的现代所形成强烈对比的认识与表达动机；同时也源于受众对村落文化的不够了解，而电影毕竟又不是专门对村落文化的研究工具，因此受众容易基于之前对村落的观念而简单将村落文化理解为封建、落后的思想文化。

但是，如果我们能以传承优秀文化的姿态，批判落后观念的眼光，摆脱个人认识的局限，进一步去探究乡村电影中的村落文化形态，便不难分辨村落文化的糟粕与优秀两部分。就好像我们从电影《白鹿原》中不仅能看到白嘉轩身上封建固执的一面，也能从他身上解读出传统家庭家族观念、亲孝礼仪和社稷家国观念等美学文化内涵。只有这样，而不是仅仅局限于对村落文化的表面认识，我们才能公正地去看待乡村电影中所表现的村落文化。

（三）避免电影传播中对"国家文化"的曲解

自第二次世界大战以来，世界开始进入和平发展时期，各国尤其是几个大国主要不在武力方面进行较量，而是开始了一场文化上的软实力竞争，也即文化战争开始打响。近70年来，美国算是这场文化战争中的最大赢家，占据全球多数荧幕的好莱坞电影宣扬着代表美国文化的美国梦。进入21世纪以来，文化战争的战局似乎发生了新的变化，中国、俄罗斯、欧盟、日本以及其他新经济体等都在努力改变着美国绝对领先的地位。电影作为一个国家现代文明发达程度的重要标志，其发展与兴衰以及能否在文化发展大方向上实现与世界展开平等对话，都由背后的政治、经济等综合国力以及文化尊严所决定。因此，反过来电影作为一种文化产业在走出国门的同时，也正是代表着一个国家的形象以及国家文化。

虽然，万达并购 AMC 后为中国电影的海外输送开辟了一条直径，但是从 2012 年来看，这条直径似乎并不理想。2012 年，万达向美国输送了《泰囧》《画皮 2》两部电影，结果分别以 5.7 万和 5.04 万美元的票房收场。而从文化角度来看，这两部电影无论哪一部都无法代表中国文化。当年的《英雄》《十面埋伏》《神话》等影片在海外不仅取得不错的票房成绩，似乎也能体现出中国的传统文化，但是无论是电影中的自然景观还是儒家文化，几乎都被电影所传达的武侠文化所掩盖。同样，也造成了外国观众对中国国家文化认同的曲解，而简单地以武侠文化来指代中国文化。

再说乡村电影的创作，很多电影工作者将电影创作聚焦于中国的村落，关注中国传统村落里小人物的生活与命运，也有不少这类的乡村电影走出了国门，走向了世界。早期如张艺谋的《秋菊打官司》《一个都不能少》，近期的则有王全安的《图雅的婚事》，以及新生代导演郝杰的《光棍儿》等影片。然而面对此种乡村电影国外香的现象，也有学者指出，这些影片借着观众一种猎奇的心理，以过激的形式宣扬着中国农村的落后，来博取世界的眼球，从而造成外界对中国整体落后形象的负面效果。虽然这种指责和结论未免有些过激，毕竟中国超过日本一跃成为世界第二大经济体的事实也是世界有目共睹的，但是却也提醒了我们，乡村电影的创作，如果脱离村落文化的底蕴，或者忽视村落文化的优秀成分，仅仅只是以一种过激的形式宣扬村落里的封建、落后、愚昧来博取外界的眼球，势必会造成外界对中国国家文化的误解，毕竟我国的国家文化传承的是优秀的传统文化，而并不包括那些糟粕。因此，乡村电影的创作，不应该过分地去宣扬落后，而是应该以批判的态度对待封建落后文化，塑造健康积极的村落文化形象，也就是传递积极健康的国家形象。

总之，回顾我国村落文化的百年镜像，不难发现，与当今电影蓬勃发展不一样的是村落文化正在逐渐走向衰落的危险境地。因此，在加大对村落文化的保护措施中，除了政策指导和文字传播之外，突出电影这一文化媒介对村落文化的传承与传播作用，这不仅可以促进我国乡村电影的健康发展，而且可以作为探索扩大中国文化影响力的一条有效途径。

第五节 文化传播视阈下的乡村旅游特色塑造路径

随着我国文化事业建设和传承的不断深入，乡村特色旅游事业的建设和完善与文化传播事业的关系也越来越紧密。本节基于文化传播的视阈，首先对乡村文化中的本土文化、自然山水文化和建筑语言文化进行了介绍和分析。然后从文化传播的大环境出发，探讨了乡村旅游特色塑造的路径。

一、乡村旅游中的文化资源探索

在文化传播视阈下，为了更好地发展和建设乡村特色旅游事业，我们首先需要从文化的层面来理解和探索乡村旅游中存在的文化资源，这样才能为找到塑造乡村特色旅游建设的路径提供指导和依据。

（一）本土文化

传统的、民族的、本土的文化积淀则是乡村的精神风貌的最基本和淳朴的体现，是属于乡村的内在的本质特色。所以我们在探索乡村特色旅游事业的过程中需要深刻了解乡村当地的风俗人情和传统乡村文化内涵，这样我们才能在建设和塑造乡村特色旅游事业的道路找到最有效的方法和路径。

（二）自然山水文化

乡村旅游景观中的自然山水风景是乡村旅游景观中必不可少的一个部分，因为这些自然山水风景构成了乡村旅游景观的最基本要素和单元。与此同时，自然山水文化就是孕育在这些自然景观之中的，依照目前我国强调的生态旅游文明建设和文化传承建设事业，我们需要将自然山水文化融入当前的生态乡村特色旅游事业建设过程中来，让山水风貌尽现城中，力求达到"城在山中，水在城中，楼在绿中，人在画中"的理想效果，这样对于塑造乡村特色旅游事业是大有裨益的。

（三）建筑语言文化

建筑风格是乡村旅游特色最直观形象的体现，其主要通过具有当地文化特色的建筑语言和符号进行表达和传递的，所以我们在塑造文化传播视阈下的乡村特色旅游事业的过程中需要尊重和维护好当地的乡村旅游建筑风格和特色，并将这些建筑运用到旅游项目的建设事业中，从而突出乡村文化的魅力和内涵。

二、文化传播视阈下的乡村旅游特色塑造路径

在文化传播的视阈下，乡村旅游是重要的传承场所，因此，我们在塑造乡村特色旅游的过程中需要将乡村传统优秀文化进行整合，从而找到适合当前我国旅游业发展需求的乡村旅游项目，下面就乡村文化特色布局、特色旅游项目和乡村旅游景观三个方面进行塑造路径的探究。

（一）建立特色的总体空间布局

一般来说，乡村的旅游景观都是有属于自己特色的景观和布局的。如果我们能够从乡村旅游的总体空间布局进行特色塑造，这在很大程度上就可以提升乡村旅游的景观结构层次和空间布局形态，从而对于全面塑造文化传播视阈下的乡村特色旅游大有裨益。当前我国不少乡村旅游在进行特色化建设的过程中，自身的空间布局混乱，没有对应的层次感，从而给旅客朋友们留下了不太好的旅游印象。那么从文化传播视阈的大环境出发，第一，我们需要抓牢总体空间布局的基础设施建设，将乡村旅游配套的基础设施不断完善，并根据一定的空间布局逻辑进行布置和整理，这样才能在总体空间布局的基础上进行优化和完善。第二，从结构功能的角度出发，化整为零并将传统村落片区和低碳居住片为成"两片"。由水路河流、乡村小道和别致景观等分割而成的多个基本单元，包括文化商业、康体养生、休闲度假、民俗村落等功能性单位。第三，乡村内部的院落布局。在建设乡村特色旅游事业的空间布局过程中，将文化人情与景观特征有机整合，并融入这些院落建筑中，这在很大程度上可以增添整个乡村旅游空间布局的文化底蕴和历史沉积感。

（二）策划特色感知的旅游项目

俗话说，一部好的电影除了需要好的演员和导演以外，一个优秀精彩的剧本也是至关重要的。它的道理，在当前我国大力传播和发扬文化的时代背景下，我们需要策划特色感知的旅游项目从而为塑造特色的乡村旅游事业增添足够的筹码。这就需要我们的当地乡村旅游项目负责人进行整合规划和项目筹备，具体来说可以从以下四个旅游项目展开策划和

举办。第一，民俗商街。这个主要围绕游者乐趣、文化市集的主题开展，通过引入民俗表演、主题酒吧和乡村特色美食来进行内容的扩充和完善。第二，田园屋落。这个主要围绕居者乐趣、归园田居的主题内涵开展，因为当前不少来乡村旅游的旅客朋友是来自城市的，这些常年在现代化都市中进行工作和生活的人，对于那种最淳朴和自然的乡村景观是非常憧憬和向往追求的，所以开展"田园屋落"项目可以满足游客朋友的需求。这些田园项目的具体形式为：特色民间工艺传承区、乡村游戏场、家庭式旅馆、乡村湿地观光等。第三，休闲农庄。这个主要围绕闲者乐趣、乡野风情的主题内涵展开，大多数旅客朋友来乡村进行旅游除了亲近自然以外，还需要的是进行娱乐和陶冶情操。那么积极筹划休闲农村的乡村特色旅游项目是很有必要的。

（三）营造特色的实体景观环境

前面提到了策划和筹备具有乡村文化特色的旅游项目这些配套附属的旅游设施，但是归根结底乡村旅游事业中自身的实体景观及其环境才是核心和基础的旅游资源和物资，所以我们需要重点营造和建设具有乡村文化特色的乡村实体景观环境，这样才能更有效地吸引游客朋友的目光和注意力。简单来说，营造乡村特色的实体景观环境就要做到主要突出地域特色，将文化内涵融入这些景观中。比如乡村文化中典型代表景物和景观，让这些具有浓厚地域特色的文化景观来营造更加真实的实体景观环境。

第六节 乡村特色农产品文化创新与品牌打造

在精准扶贫和乡村振兴背景下，为进一步推动村镇经济持续发展和文化下乡，四川省成都市龙泉驿区茶店镇政府组织专家团队挖掘地方民俗乡土文化精髓，开展文化实践项目，带领村民创业增收，葫芦工艺品的研发是其中一项。村民种植的葫芦经过创意打造，不仅提升了葫芦本身的艺术价值和社会价值，还增加了自身的收入来源。同时，葫芦创意工坊的建立为茶店镇特色村镇文化品牌形象的树立起到宣传作用。基于此，经过前期专题调研，重点分析茶店镇当地葫芦工艺品的文化培育项目开展和葫芦特色经济发展的成效、面临的问题及需要采取的措施。

茶店镇位于四川省成都市龙泉驿区东南部，龙泉山脉中段东坡，属于山地式村镇，面积63.5 km2，农业人口1.6万人，非农业人口近2 000人。在推进新农村建设中，茶店镇政府着力于各个村的环境治理和经济建设，努力拓展村民的创收项目并大力投入了相应的文化与智慧支持，不仅利于乡村振兴，也惠及百姓，为村镇永续长足发展奠定了坚实的基础。经过战略部署和落地实施，茶店镇在农业、生态环境、文化教育和旅游产业等领域都有了质的飞跃，2017—2018年度全镇收入合计13 838.83万元，经济比同期增长6.7%，村民人均可支配收入21 658元，增长9.6%。旅游业是当地的特色产业，其中生态观光旅游和民俗文化旅游是政府重点打造的。根据上述背景，综合茶店镇旅游资源的内容结构，从农业生态资源、民间工艺美术资源和历史文化资源对茶店镇旅游文化资源进行梳理，见表4-1。

表 4-1

资源类别	旅游资源类型	主要景点与特色内容	覆盖区域
农业生态资源	山水文化、"古驿"文化	果林带、经济林带、无公害蔬菜基地、天府花果山度假区	长丰村、民主村、石经村、前锋村、胜利村、龙泉湖村
	生态湖区	龙泉湖、前锋水库	龙泉湖村、前锋村
民间工艺美术资源	民俗文化	糖画、古玩字画、佛教工艺品、竹编制品	石经村、照壁村、龙泉湖村
	非遗文化	葫芦种植与工艺品制作	白果村、石经村、长丰村
历史文化资源	宗教文化	石经寺	石经村
	民居文化	谢家大院	胜利村

一、龙泉驿区茶店镇文化资源优势

收集茶店镇文化资源，查阅相关文献，结合表4-1内容将茶店镇文化资源优势条件总结如下。

（一）自然资源丰富

茶店镇土地肥沃，雨水充沛，光照充足，植被资源丰富，其中以果林、经济林为主，如枇杷、水蜜桃、李子，占耕地面积80%以上。该镇气候宜人，地理环境得天独厚，在桃花梨花盛开的季节，游客络绎不绝。

（二）地理环境优越

位于茶店镇东南部的龙泉湖拥有自然水系和多样的生物群落，森林覆盖面积广，环境优美，村民依靠水产养殖和农业生态观光项目创收致富，年纯收入可达7 609元。目前在政府组织、专家领衔、公众参与下，茶店镇已将优势自然资源进行了科学合理开发，以城市森林生态公园的形式将该镇打造为成渝经济带上的一个重要旅游项目。

（三）历史文化悠久

始建于东汉末年的石经寺位于石经村中心，是一处著名的旅游景点，每年吸引着数以万计的香客礼佛祈福，现为四川省重点文物保护单位。寺庙是整个村镇重要的文化活动中心，承载着村镇的文化景观。另外，在收集整理茶店镇的相关历史文化资源时发现，当地许多村落的民居依然保留着四川传统民居的建筑特色，即青瓦坡顶，悬山宽檐，构架式山墙，合院天井的布局。散落在山间田野中的民居建筑不仅是乡村景观的构成要素，也是人文元素展现的重要物质载体。如胜利村的谢家大院，是有着百年历史的川西传统民居建筑聚落，现已被列为成都市第六批历史建筑保护名录，将成为村中一处重要的历史文化景点。

（四）特色农产品多样

传统乡村孕育了浓厚的乡土文化，具有地域特色的民间工艺品是村民生产生活的写照，凝聚着他们质朴的精神面貌和生活态度。蓬勃发展的旅游业衍生出了多种文化创新产品，如佛教工艺品、竹编制品、桃木梳等，相关手工制品以家庭作坊式定制并批量销售，是村民重要的创收来源。白果村、长丰村和石经村盛产葫芦，村民在村镇文化干事的组织下开发生产了一系列的工艺制品，并将打造成非遗文化，树立了茶店镇旅游文化品牌。

二、茶店镇乡村工艺品现状调查

旅游是综合性产业，是拉动经济发展的动力。茶店镇有着得天独厚的旅游资源和悠久的历史文化资源，非常适合旅游业发展。随着政府对文化创意产业的投入，特色文化产品陆续诞生，如竹编制品——竹编生活用品、竹编家具等，佛教工艺品——泥塑佛像、手工雕刻香炉、念珠手串等，葫芦工艺品——葫芦摆件、挂件。通过对茶店镇文化资源与工艺品的开发现状进行调研发现，当地文化资源与工艺品开发存在很多问题。1）产品的生产方式较为传统，观念落后。采用家庭式小作坊生产，制作工艺水平参差不齐导致成品质量不均。2）对产品设计开发投入不足，款式较为老旧，缺乏主题文化的注入，缺少创意理念和现代审美内涵，忽略了实用功能性，无法满足消费者的购物需求。制作者都是村民，自学工艺美术基础知识，艺术表现技法都较浅薄，创作思维较为局限，因此在产品的创新和研发上力不从心。3）创新理念不足。工艺品的开发应与创意产业文化发展的时代背景相呼应，着力于产品的区域文化品牌树立和宣传，突破传统模式的限制，开发出新颖、精致且具有设计美感的包装，激发消费者的购买欲，从而建立起稳定的大众消费市场，促进工艺品和旅游产业健康协调发展[1]。

葫芦是茶店镇的特色农产品，也是工艺品制作原材料，对其开发与设计多结合葫芦的外形特点，如鸡蛋形、压腰形、蒜头形等，制作成摆件或用来把玩的产品。但由于缺少专业技术指导和市场调查，葫芦工艺品与其他形式的工艺品如出一辙，重形式、轻文化，与区域内的文化分离，毫无地域特色性可言。同时，葫芦工艺品不仅可以作为旅游特色文化产品，而且也是满足游客购物行为需求的商品。茶店镇有着便捷的交通条件和得天独厚的区位优势，能吸引很多观光游客，葫芦工艺品的设计研究应根据这些资源特点，关注工艺品的文化内涵，创意主题呼应当地宁静古朴的安详氛围，结合"古驿茶店"的文化特征，迎合市场多元化需求，让游客从葫芦工艺品中体验到传统浓郁的乡土文化。

三、葫芦文化的挖掘与培育项目开展

葫芦谐音"福禄"，寓意延绵不绝的福气，是健康长寿的吉祥之物。茶店镇白果村、石经村和长丰村的土质与气候环境非常适宜葫芦的种植，且当地的葫芦品种较丰富，质地坚硬光滑细腻，适用于表现绘画雕刻艺术。葫芦本身的艺术性实用性不强，但经过美术加工和功能研发，可以作为艺术收藏品或者生活用品，具有装饰功能和使用功能。在调查中发现，葫芦工艺品的销售集中在石经寺周边集市，消费群体主要为游客和村民，由于制作工艺水平较低，产量不高，销路受到局限。真正的旅游工艺品应具有地域文化性，有着与其他地方不可替代的表现技法，并具有独特的纪念意义和收藏价值，同时又符合游客的购买需求，能为社会经济服务。

（一）地方文化元素与现代艺术理念的融入

工艺品是旅游区中具有纪念意义和艺术特色的商品，其在市场中得到广泛认可和传承，才能真正体现其价值和生命力。古驿茶店人杰地灵，有着和谐质朴的民风和丰富多样的物产，蕴藏着浓厚的乡土文化，保留着地道的乡土景观，构建成龙泉山上传统的乡村风貌。挖掘茶店镇的传统文化应结合乡村元素引入葫芦工艺品的创意设计，打造具有地方特色的旅游工艺品。旅游工艺品独特的乡土味、传统味、手工味是对工业文明背景下大众渴望传统，向往自然生活状态的一种调节和补偿。但原生态的工艺美术品已不能适应当代消费者的生活和消费需求，因此需要在原有的制作模式、艺术表现形式上进行质感、形式、功能等方面的开发与设计，让产品更符合当代大众的审美需求。制作者应重新剖析产品的定位、构思、方案设计、整体测评、定制、生产等一系列步骤，探寻葫芦工艺品的现代设计原则[2]。

1. 多层次、多元化发掘葫芦工艺品的艺术表现和创意设计

随着大众的消费水平和文化生活品位提高，产品必须打破传统，力求在艺术创意上有多层次精细化的开发，满足不同消费群体。现街市上售卖的葫芦工艺品品质较差，仅仅是用单一色彩粗糙涂鸦或用挂件穿制用于普通装饰，形式千篇一律，展示内容枯燥无趣，很少有创意主题的研发设计，每家售卖的产品都很雷同，缺乏新意。葫芦的创意设计也受其形态造型的约束，如蒜头葫芦、压腰小葫芦，虽形态很有特点但个体很小，不易设计复杂的图样结构，艺术表现受限，所以常制成挂件售卖。针对小葫芦各异的形态，可结合具有设计感的纹样图形，将其加工为摆件或者器具，开发出具有美感和实用性的产品。

2. 对葫芦产品地域文化属性的开发

旅游工艺品需要突出文化，体现出鲜明地域文化的工艺品才能在众多旅游商品中脱颖而出，这也是提高工艺品附加值的有效方法。山水文化、宗教文化、民居文化、饮食文化都是具有当地特色的乡土文化，将其作为葫芦工艺品的设计理念，借用对葫芦的艺术创作，可实现对特色文化的展示。产品在特定的文化环境中销售，能刺激消费者的购买欲望，对产品的品牌推广与宣传具有积极意义。

3. 跨界设计理念的引入

工艺品不仅要有传统技艺的传承，也要有创新思维，将跨界设计理念融入产品中，从不同的视角，以多元化的创作形式表达设计构思。如结合产品造型设计、室内装饰设计、商品包装设计的思路和特点，设计葫芦工艺品，可使产品更加贴近生活，具有实用价值，

符合生活所需和市场需求,这也是葫芦工艺品创意设计的新趋势。

4.加强葫芦工艺品整体形象打造和外包装设计

旅游产品的设计研发不仅是产品本身,形象包装也是提升其文化创意内涵的重要手段,可通过突出的视觉设计,提升产品的展示效果和文化档次,刺激消费者的购买欲。茶店镇的葫芦工艺品包装既要符合葫芦外形特点设计相应的尺度,选择恰当的包装材料,搭配协调的色系,设置合理的内置空间结构,同时还要体现地方文化特色。以压腰小葫芦的包装为例,压腰小葫芦的纵向长 5～9 cm(包括葫芦龙头部分),可用多个色泽质感外形较匀称的压腰小葫芦组合作为一套,并雕刻或绘制创意图案进行系列主题设计。包装盒的内部结构可根据产品数量划分空间尺度,其中注意要考虑葫芦龙头固定凹槽的设计和放置葫芦底座或者挂件的尺度,整体设计包装盒的尺寸和使用结构。另外,包装盒的外观设计需突出本土特色,要将茶店的乡村山水元素融入图案造型和字体设计中,构图要简洁且识别性强,风格要质朴雅致。

(二)葫芦工艺品人才培养项目的开展

"创意葫芦"项目是茶店镇 2016 年启动的一项文化下乡项目,重点投入葫芦这一特色农产品的研发和品牌文化建设。在文化服务站中不仅成立了葫芦工艺品制作基地,还创办了"葫芦创意工坊"。为传承和发扬茶店葫芦文化,保护非物质文化遗产,镇政府提出了"葫芦工艺品创意设计人才"培训项目方案,为村民提供专业技能培训的机会和创业条件[3]。项目经培育研究与实践,成效显著,获得了"全国农村成人(社区)教育乡土课程开发先进集体和优秀课程"的荣誉,赢得了广大群众的关注与肯定。在政府部门支持和群众积极参与下,"葫芦创意"力争成为当地乡村文化的一项特色品牌。

葫芦工艺品要达到一定的艺术效果和较高的售卖品质,就要求制作人有高超的技艺、审美和娴熟的技法,根据葫芦外形特点灵活进行构图,绘制或雕刻出巧妙新颖的图案。因此,政府应聘请高等艺术院校设计系和绘画系的讲师或教授,组织成专家团队,对葫芦工艺品加工人员进行专业系统培训,提高其工艺美术知识和手工技艺。

1)由镇综合文化站的文化干事制定课程名称与内容、课时、每期学员人数比例和培训周期。

2)由专家团队撰写教学目标、教学计划和教案文本,有针对性地制订培养方案。村民的艺术专业知识较薄弱,文化水平普遍都不高,在教学中需循序渐进,由浅入深地进行实践训练。如绘画技巧方面,重视在画纸上进行现稿的临摹、色彩的搭配、图形的布置等练习;任课教师进行一对一指导,让学员具备一定的造型能力和美术功底后再在葫芦上进行艺术创作;同时,借用多媒体教学平台,直观形象地介绍工艺美术和设计艺术的相关理论知识点,拓展学员的思路和眼界,以利于后期教学工作顺利开展。

培训项目启动以来,教学设备、制作材料和工具逐一完善,并且编撰了培训宣传手册,组织文化干事下村讲解,鼓励村民参加葫芦工艺品制作的培训。通过项目有条不紊地展开,葫芦产品工艺质量明显提升，定制量也在逐年递增，并稳步朝产业化方向发展[4]。但是，精品定制工作室的建设目前还是一块空白，应力争在一定时期内经专业团队的带领培养出更多的优秀技术人才，打造出更优质的产品，搭建更先进的生产模式，以弥补现状的不足。

四、茶店镇葫芦工艺品的创新研发

（一）葫芦工艺品艺术表现的创新

艺术表现的创新是按一定的思路和风格进行美化的一系列创作。如葫芦的装饰表现创新，一般会探讨装饰材料的运用，装饰手法和主题风格的选择等。但由于葫芦本身的特殊性，装饰的创新主要体现在葫芦雕刻、葫芦烫烙、葫芦绘画、葫芦镶嵌等方面。

1. 葫芦雕刻装饰

装饰是为器物美的形式服务的，是艺术表现语言特征的重要组成部分。葫芦本身就具有装饰性和吉祥寓意，在居家装饰中作为摆件或挂件都很适用。雕刻技法的运用，更能增添葫芦的艺术价值和市场价值。常见的葫芦雕刻技法有深浅浮雕、镂雕、阳刻、阴刻等，制作者运用多种雕刻技法可创造出让人耳目一新的作品，全面展现葫芦雕刻装饰的艺术魅力。如深浅浮雕的技法，画面随着刀法的变化时而清雅含蓄，时而粗犷张扬，图案造型灵动细腻，张弛有力，作品繁简适度，疏密有致，空间感和层次感强。葫芦雕刻装饰常见的创作题材有花鸟山水、奇松怪石、人物故事等，大多浑厚苍劲、大气洒脱、寓意深刻。

2. 葫芦烫烙装饰

在葫芦的装饰表现中，常见的烫烙装饰有拓烙、焰烙、笔烙等，其方式是将葫芦表面烙上细腻精致的图案或者是将有图案纹样的金属模型加热后烫印在葫芦表面，被烙的部分通常呈红褐色或浅褐色。加热温度的高低及烙烫的力度会影响最终的成色，因此在烫烙前，要对葫芦表面进行一定打磨或抛光，使其肌理质感均匀，烫烙后图底的色彩、纹理和层次更加鲜明。

压腰大肚葫芦和苹果形葫芦常被选用作烙烫装饰，其品相和造型适合图案创作和构图安排，画面展示效果较佳。另外，图案装饰非常讲究技巧，构图元素需根据葫芦的形态延展面布置，图案的结构随着勾勒的线条和烫烙的力度表现出明暗虚实、主次变化的美感和精妙的造型，使葫芦更显灵巧通透，极具艺术魅力。在创作题材的选择上，山水、花草、鸟兽虫鱼皆可，越精细别致的图案搭配越能展现葫芦浑然天成的古韵气质和特点。

3. 葫芦绘画装饰

在葫芦上进行绘画创作，图案布局构图不仅要合理恰当，还需结合葫芦的胚体形态设计出具有艺术性和独特性的画面。绘画题材可以借以人文民俗、自然风景等元素，利用绘画语言方式在葫芦上描绘出丰富的视觉美感效果。绘画与葫芦是艺术品与工艺品的完美结合，提升了葫芦作品的艺术价值，为葫芦文化注入了新理念。如作品《民居烟雨图》，以茶店镇民居建筑作为创作切入点，以黑白装饰画的艺术形式表现，利用线描的构图造型特点与黑白色系的图的关系，淋漓尽致地展示了当地的民居特色和乡村环境，巧妙地赋予了葫芦艺术作品无穷的灵性和魅力。

4.葫芦镶嵌装饰

镶嵌手法是借用一些特殊材料在葫芦上作一定装饰效果的概念图形，让物体表面呈现出丰富的空间层次和光影的虚实变化。如作品《色达印象》，主要在葫芦表面镶嵌金属丝，勾勒出图案轮廓，再用彩砂和超轻黏土粘贴在其面层作填充，不同材料的组合质感各异，肌理变化，色系丰富，让人耳目一新。

（二）葫芦工艺品创作题材的创新

山水花草、虫鱼鸟兽是葫芦工艺品创作中最常用的题材，其图案造型表现丰富，制作工艺技法多样。在题材的创新上，应根植于当地民俗文化，研发有乡土特色的创意图案，促使葫芦工艺品在众多的旅游工艺品中突显出来。因此，应选择农民画题材作装饰，并设计出有特色的纹样图案。

农民画是一种独特的民间绘画艺术，取材常常来源于生活，以乡村人物、田园景色和乡土文化为主体，有着强烈的个性风格，充满着浓厚的人文民俗生活气息。农民画结合葫芦个体形态布置画面，可利用夸张的造型、鲜明的色彩，塑造独特的形式美和装饰性，赋予葫芦工艺品自然活泼、浪漫风趣、纯真质朴的风格。在题材的内容挖掘中，多结合乡村生活和乡村环境来创作，如婚庆嫁娶、拜年祝寿、劳作丰收等，构图造型朴实，色彩搭配夸张大胆，以俗为雅，立意单纯，取材广泛，内容朴素而自然。葫芦借以农民画题材布置画面内容，可突显出工艺品的个性和地方特色。农民画绘制较其他绘画艺术形式更单纯和质朴，学员很容易掌握表现技巧，能生动地展示题材内容。

五、茶店镇葫芦工艺品文化品牌建设与发展

乡村文化旅游中工艺美术品是乡土文化的重要组成部分。在挖掘和保护乡村文化，合理利用传统民间工艺资源的同时，应以"活态"保护的形式将文化资源转化为经济资源，开发具有本土特色的乡村工艺文化创意产业，树立品牌意识，搭建品牌推广平台，以促进工艺品产业与乡村旅游产业协同发展。葫芦工艺品是具有地方特色的文化产品，是茶店镇古驿文化的一张名片。当前由于产品品质参差不齐，没有形成品牌效应，发展空间受阻。要开拓更广阔的市场，就必须切实加强统筹规划，实施品牌战略，走文化品牌化的发展之路。

（一）葫芦工艺品文化品牌建设优势分析

1.文化资源优势

茶店有着深厚的乡村文化底蕴，无论是传统农产品还是旅游工艺品，都依托博大精深的悠久文化产生。这种文化资源具有茶店历史、人文的特征，将其表现在民俗文化产品的制作创新上，为葫芦工艺品的文化挖掘提供了各种各样的创作题材和展示载体，这将成为

葫芦工艺品的卖点，提升葫芦工艺品的品牌价值。茶店镇的风土人情、佛教文化赋予葫芦工艺品独特的文化内涵、审美价值和使用功能，采用多样的综合材料，结合葫芦形态特点，运用多变的制作技巧制作葫芦工艺品，可使产品在市场竞争中形成文化优势，增强市场竞争力。

2.劳动力资源优势

当地劳动力充足，劳动力成本较低。随着葫芦创意工坊的建立，葫芦工艺品制作的相关课程逐步开展，越来越多的村民积极参与学习，为葫芦工艺品的传承和发展储备了丰富的人力资源。当地政府非常重视葫芦工艺品产业，引进了许多优秀师资，加强了对葫芦工艺人才的培养，提高了学员的艺术领悟力和制作技艺，工艺品的质量也逐渐得到社会的关注和肯定，并带来可观的经济价值，为葫芦工艺品品牌发展奠定了基础。

（二）葫芦工艺品文化品牌建设存在的问题

1.缺乏品牌意识和品牌战略

葫芦工艺品多为家庭作坊式生产，规模小，缺少规范的管理模式。品牌建设与渠道的拓展意识滞后，产品品牌影响力、产品附加值与当地文化地位不相称。从长远看，茶店镇葫芦工艺品要追求品牌效应，对当地生产能力、研发实力、品牌宣传推广和资源整合能力都提出了更高要求。其实无论品牌规格高低，只要得到社会的认可，有了知名度和销量，上述问题便迎刃而解。

2.宣传力度和产品包装不足

近年来，当地政府积极响应新农村建设和文化帮扶政策，一定程度上改变了茶店村镇文化发展的状况，但仍未能有根本性转变。现在虽然当地着力打造特色农产品项目，扶持葫芦工艺品市场建设，但多采用自产自销的手段，不重视宣传和营销策略的使用，因而名声不响，少有人至，存在"香酒藏深巷，明珠藏密室"的现实问题。当下，必须在信息化时代背景下，利用各种推广平台所带来的宣传效果和影响力，加大成本投入，长期不懈地坚持宣传，让更多的人了解熟悉葫芦工艺品。另外，当地对于葫芦工艺品的外包装不太重视，只对在某种场合下需要展示的部分产品投入了少量资金制作外包装，市面上销售的都缺少包装设计，忽略了其除保护和容纳作用外的产品宣传和推广功能。虽然每件工艺品都注入了制作者的心血和智慧，但缺少相应的包装设计和形象塑造，不能体现产品包装所带来的美感与精致度，必定不会引起人们的关注和喜爱，从而会影响其在市场上的销售。

3.市场门路窄，产品销售渠道单一

葫芦工艺品的销售多为个体摆地摊，偶尔以庙会或庆典活动形式流传于市场，产品仅限于当地小区域内流传销售，没有做大、做精、做优。在互联网媒体发达的当前，应借用多样的销售渠道，搭建多形式的营销平台，促使茶店葫芦工艺品发展壮大。

（三）葫芦工艺品文化品牌建设的策略分析

1. 建立葫芦工艺品文化品牌保障机制和管理机制

葫芦工艺品的品牌建设需要得到当地政府的肯定与支持，要充分认识到品牌的重要性，应从服务、保障机制上营造品牌建设的良好氛围和行业发展软环境。从管理与发展机制上，应凝聚品牌的优势力量，依托茶店文化地位，突破空间环境的局限，为品牌的创立和发展创建文化产业原动力。另外，应不断完善品牌管理，促进品牌市场化。可成立统一的生产基地，配置相关专业技术人员进行质量监督，制定规范的评价标准和合理的价格标准，加快品牌建设步伐，让葫芦工艺品能在旅游文化产业中有一席之地，积极与市场接轨，为茶店葫芦的文化品牌搭建健康可持续的发展环境。

2. 注重提升葫芦工艺品艺术品位和工艺水平

茶店镇丰富的物质资源和文化资源是提升葫芦工艺品艺术品位的坚强后盾。在设计研发时，不仅要开发产品的实用价值，更要追求艺术美感的体验，展示出工艺品无形的文化精神内涵与地域民俗特色，树立品牌优势。因此，对于产品的研发既要体现制作技艺的传承，也要打造茶店葫芦工艺品品牌形象。当前，葫芦工艺品的制作工艺和研发思路还有待改良更新，必须提高品质，做到以质取胜，摒弃粗放的工艺，利用新技术、新材料、新工艺，展示出对艺术美感的诠释，进而打造富有感染力的作品，从而顺应艺术表现需要和市场需要。

3. 依托市场渠道，促进品牌宣传推广

文化本身有很强的吸引力和影响力，可以此为突破点，挖掘整合优势资源，制定相应的推广方式，促使产品进入公众视野。如结合茶店镇文化标志，制定葫芦工艺品的形象设计方向，创立网店和公众号，进行推广与销售。

另外，可结合当地人文景观和自然景观，打造旅游观光项目，依靠旅游业促进葫芦工艺品与其协同发展。如龙泉湖森林公园是当地生态观光旅游区域，可在其中建立葫芦工艺品创意基地，开发系列特色旅游纪念品，使之成为景区中的旅游文化形象品牌。

葫芦是茶店镇的"宝"，葫芦创意产业是茶店镇乡村文化旅游发展的推动力。旅游业与传统工艺美术相结合产生的工艺品需要有创意精神的人来实现。人才的培养，文化的挖掘，传统地域元素的融入，创意点子的凝聚，可让葫芦工艺品的研发与设计代表地方旅游形象，迎合市场需要，展现品牌特色，实现品牌效益，推动乡村文化创意产业发展。

第五章 新媒体语境下乡村文化传播路径的重构

第一节 乡村文化传播的视觉重构

一、乡村文化视觉重构模式

数字乡村建设、乡村文化建设和乡村旅游基础设施建设的实施,打破以往城乡信息互通的地域局限性,为乡村文化资源数字化提供技术平台和文化资源。乡村文化资源数字化转型离不开我国数字文化产业的发展。数字文化产业是建立在数字通信和网络等技术的基础上,融合多种媒体形态,从事制造、生产、传播和利用文化内容的综合产业。乡村数字文化产业的发展使以往城市"文化下乡"的输入方式,转变为以乡村数字文化内容产品为主的对外输出方式,由输入转型为输出,使乡村文化资源突破局限性,实现城乡文化资源的互通。随着乡村数字文化产业的发展,设计者挖掘优秀乡村文化资源和掌控数字技术能力不断提升,逐步形成以"乡村文化+数字媒体技术+设计"为主的乡村文化视觉重构模式,该模式是对乡村文化进行活化展示,借助网络平台传播数字产品,以此宣传乡村文化。

二、乡村文化视觉重构原则

(一)设计学为导向的乡村文化视觉重构原则

设计学为导向的乡村文化视觉重构,借助数字媒体技术手段,运用艺术设计原理和方法重构乡村文化,将创意和科技融入乡村文化建设,营造独特的乡村数字化视觉形象,真实展现乡村区域文化特征,更好地帮助民众认识和理解中华优秀传统文化。数字文化产品制作者采用设计原理和方法能更准确把握乡村文化精髓,借助系统化和标准化的设计模式对当地文化进行梳理、整理、挖掘中华优秀传统文化,运用艺术设计方法重构视觉文化符号,通过重构设计,最终形成具有交互性、娱乐性、艺术美感的中华优秀数字文化内容产品。例如,中央电视台央视推出的乡村影像《美丽乡村》采取"一集一村"的拍摄方式,运用镜头艺术语言重构乡村文化，在影像镜头中完整呈现具有乡村集体记忆的文化符号，彰显出传统文明在当代社会释放的强大精神力量。

（二）系统性视觉重构原则

乡村物质文化资源包括自然风光、古村落、乡村建筑、田园景观等，设计者面对多样、零散的乡村文化资源，需要运用系统性视觉重构原则进行整体设计。系统性视觉重构的核心是设计者运用整体设计的观念，按照其有序性构成方式组织各个要素，形成统一的整体，通过各个文化要素之间的共同作用重构出新的乡村文化特质。系统性视觉重构需要多角度对乡村文化进行系统性的数据梳理，有目的性地制定视觉重构方案，提升视觉重构的可行性，消除乡村文化重构的片面化，以多维度空间构建乡村形象。

（三）多样化重构原则

在数字乡村政策推行下，各地乡村数字文化产业逐步发展，国内推出的数字文化内容产品类型趋于多样化，各大平台推出的数字产品以APP、输入法、表情包、动漫、视频短片、游戏等形式呈现。但目前，同一地区同时运用多种类型数字产品推广乡村文化比较少，未采用多样化重构原则挖掘当地乡村文化，未能形成多样化数字生态体系。运用多样化重构原则制作形式多样的数字文化内容产品，以多种媒介形式传播乡村文化，能拓展传播媒介，丰富传播空间，多方面多角度阐释乡村文化，通过多种互动方式吸引大众关注乡村文化。例如，浙江省安吉县采用了"爱安吉APP"和"玩转安吉视频"两种数字文化内容产品形式传播安吉文化，运用多样化重构原则制作APP和视频，以此推广安吉乡村文化，使文化推广更高效，提高了当地旅游产业的知名度。通过多样化重构方式挖掘乡村文化内涵，形成多种形式数字文化内容产品，并将其同当地特色产业建立联系，以此发展数字文化产业，能拉动当地就业，从而真正带动和孵化出属于当地的品牌与产业，实现乡村文化的数字化转型发展。

三、乡村文化视觉重构途径

（一）政府和传媒机构合作助推乡村文化视觉重构

政府和数字媒体技术专业团队共同参与数字乡村建设，是乡村文化视觉重构的有效途径之一。在当地政府和专业团队的协作下，设计者对乡村文化内涵把控更加准确，文化深度和层次性较高，文化宣传更具备完整性。设计者发挥数字技术优势，制作乡村文化内容产品，能引导乡村文化向正能量方向传播，推动乡村经济发展。例如，"趣头条"开发的"趣味种菜"游戏，把"武定核桃"加入"种核桃"游戏中，使大众通过游戏了解"武定核桃"。游戏成功开发源于"趣头条"运营公司的技术支持和上海市嘉定区对云南省的对口政策和资金帮扶，借助"趣头条"网络平台将电子商务管理运营模式与游戏结合，把"佳核万事兴"商标的"武定核桃"品牌推广到网络平台，由本地销售转向更广阔的市场。

（二）组织乡村文化类设计比赛

国家出台数字乡村建设政策后，各地政府联合网络平台组织乡村文化类设计比赛。乡村文化类设计比赛的举办，打破了以往文化建设倾向城市的模式，使更多的设计者和技术人员关注乡村文化发展，并积极投身于乡村文化数字化建设工作。例如，通化市举办的"通化'红'·青年'说'"主题青年短视频大赛与电商平台合作，比赛共征集短视频686个，这些视频通过网上传播，让人们了解通化乡村文化，间接带动各类农产品销售200余万元。设计比赛的主题与乡村文化结合，提高了乡村文化的知名度，促进了乡村经济文化软实力的发展。

（三）当地高校参与乡村文化视觉重构

国家非常重视乡村文化数字化建设，2019年中共中央办公厅、国务院办公厅印发的《关于加强和改进乡村治理的指导意见》中提出，要"加快乡村文化资源数字化，让农民共享城乡优质文化资源"。多地高校响应国家政策积极参与乡村文化数字化建设。高校从事当地乡村文化研究，在地理上存在优势；在资源上，高校集专业人才资源和专业设备为一体，教师可以申请数字乡村文化建设项目相关课题，获批后能得到政策资金的支持。当地高校参与数字乡村文化建设，可以更好地统筹各种技术和设备，充分发挥地理优势，引导学生关注乡村建设和发展，毕业后投身于国家乡村振兴建设。例如，2019年广东工业大学建筑与城市规划学院师生组成专业技术团队，运用摄影技术、三维数字模型技术、三维激光扫描仪数字采集技术、激光水平仪检测等各种数字技术，对已有数百年历史的侨乡传统村落建筑进行了视觉化重构，以数字方式保护乡村传统村落文化，真正实现技术为乡村文化建设服务。政府和社会资源统筹推动乡村数字文化产业发展，院校参与乡村文化视觉重构，以此带动乡村文化和经济发展。

四、乡村数字文化内容产品的类型

随着网络技术的兴起，城市与乡村之间的地理与层级阻隔逐步消除，大众可通过各种网络平台实现个体间的对话、交流、分享，了解乡村文化信息。具有文化源差异的个体间进行沟通，能实现文化的交流。数字时代的文化交流更多是大众通过网络平台体验各种数字文化内容产品，进而了解乡村文化内容。目前网络平台上普及的乡村数字文化内容产品有APP、视频短片、游戏。

（一）乡村文化内容产品APP

就乡村文化内容产品APP的视觉重构而言，在重构内容上主要采取乡村文化结合乡村政策信息服务、乡村旅游服务、特色农产品推广服务、乡村社交服务形式。例如，"我的家乡"APP，以政策解读、城乡共建、乡村文化建设、相邻社交为主要模块，通过APP记录本地历史、地理、人情、风景，以此继承和传承文化，宣传家乡文化文艺。设计者采用数字媒体技术将文字、图片、短视频、音频融合于一个APP，重构出具有交互功能、操作便捷、视觉效果良好的乡村文化类APP。大众利用乡村文化内容产品APP提供的旅游服务界面进行文化交流和农产品销售。例如"草籽游"APP是以乡村旅游服务为主的平台，采用多种载体挖掘乡村旅游、自然生态、历史文化、特色小镇、民宿美食、景点乐园等资源，传播乡村文化，带动乡村经济发展。

（二）乡村文化内容产品视频

目前，大众观看短视频了解各种文化类信息已成为常态，据统计，截至2020年12月，我国网络视频（含短视频）用户规模达9.27亿，其中短视频用户规模为8.73亿，占网民整体的94.2%。乡村文化类视频形式分为三种：一是大众参与式自媒体短视频；二是乡村题材视频设计大赛推出的创客大赛视频；三是传媒公司或传媒单位制作的官方视频。就数字文化内容产品视频的视觉重构而言，主要指创客大赛视频和官方视频。当下点击率较高的自媒体短视频，以自发形式传播乡村文化，虽然调动了大众参与乡村文化数字化建设的积极性，培育和重建了农民的主体文化自信心，但自媒体短视频多数采取现拍现传播方式，视频拍摄技术手法单一，制作水平不高，缺乏对视觉元素的重构处理，导致作品趋向同质化，对文化价值挖掘深度不够。

创客大赛视频和官方视频是依据视觉重构原则制作的数字文化内容产品。创客大赛通常由政府和数字平台运营商及数字媒体专业领域的专家共同组织，鼓励数字媒体技术领域人才参与比赛。专家对视频作品进行专业界定，经过层层筛选推出优秀视频。这些视频多数制作水平较高、形式多样、题材新颖、创新性强，更具引导性。在当地政府协作和传媒平台外宣合作下，将优质的视频推广到网络平台上，以此宣传乡村文化，引导数字媒体技术专业者关注乡村文化，关注乡村发展。

当地政府推出的官方视频一般是由传媒公司与政府共同打造的，通过合作深度挖掘乡村文化，制作的视频具有系统化、专业化、更具指向性的特点。官方视频宣传乡村文化的方向更明确，能以客观、真实与生动的形象展示乡村文化，在宣传乡村文化方面具有重要的价值，对乡村集体记忆留存起到了不可替代的作用。

（三）乡村文化内容产品游戏

乡村文化转换成游戏产品，需要当地政府和网络平台、技术人员相互协作共同开发。游戏具有大量的消费群体，据统计，截至2020年12月，我国网络游戏用户规模达5.18亿，其中手机网络游戏用户规模达5.16亿。游戏和乡村文化相结合，利用游戏的社交传播性和休闲互动性，借助游戏"轻互动"传播方式，能使乡村文化与游戏玩家进行深度交互，更好地传递乡村文化资源。随着数字媒体技术的发展，乡村文化类游戏产品多数为轻量化的小游戏，小游戏的"轻互动"生活方式受到游戏玩家的喜爱，带给玩家快乐的同时传播乡村文化。例如，2019年由财政部定点扶贫办联合腾讯微信团队研发推出的《欢乐农场主》小游戏，借助电商小程序销售滞销农产品，让游戏玩家通过偷菜游戏，线上体验种植农产品的乐趣。游戏设计者实地调研湖南省平江县、云南省永胜县、山西省汾西县等地乡村，将这些地方的乡村文化资源进行重构整合，形成以农场经营为主题的线上地图，将当地特色农产品种植融合到游戏中，以此推广特色农产品品牌。大众可通过游戏互动方式体验农耕全过程，感受收获农作物的喜悦，了解各地乡村特色农产品。除小游戏外，一些大型游戏也将乡村文化融合到游戏中。例如，2019年《逆水寒》游戏场景和角色的设计采用了"西江千户苗寨"元素。设计者对苗寨风格元素进行视觉重构，让武侠与苗文化深度融合。场景设计中，以游戏媒介为载体，融合苗寨古村落特色，通过古寨元素的视觉重构制作游戏中的新地图"青天寨"。游戏角色服饰和配饰设计结合苗族服饰工艺中的粗布质感与蜡染工艺，以及苗寨银饰制作工艺，通过数字技术还原苗族服装和配饰。游戏玩家在游戏中能全方位体验充满异域神秘风情的传统苗族生产与生活细节。此外，《逆水寒》游戏运营商联合网易邀请世界级珠宝设计师，依据苗寨文化元素设计银饰手镯和项链，银饰制作由雷山当地苗族匠人手工完成，游戏玩家可以通过游戏获得实物苗寨银饰。游戏周边产业带动了乡村发展和乡村再就业，推动了乡村民族手工艺发展。

第二节　新媒体背景下乡村文化传播的主体重构

网络大数据时代新媒体的蓬勃发展，给我们带来了全新的信息环境。社会资源尤其是精神文化层面的资源比以往任何时期都要更大量、更密集地配置给了广大农村地区。信息时代的新媒体，不仅仅改变了人们沟通的方式，也很大程度上打破了传统媒体的"中心化"，从而使得乡村文化的传播主体在接受上有了跨越式的前进，在主动传播上有了颠覆性的改变。

一、乡村文化的"破圈"

在传统意义中，由于传播手段的局限性，乡村文化只能在特定的群体范围内进行传播，是带有强烈的"中心化"和"积聚性"的。而新媒体则冲破了时间与空间的文化"牢笼"，带给了乡村文化传播以前所未有的广阔空间。有的新一代的村民，尤其是年青一代的村民，摇身一变成为"自媒体人"，通过快手、抖音等APP平台和各类直播软件，发布乡村劳动生活场景，做饭、耕种、收获、捕捞、地域风情、民俗民仪，甚至是山歌、花鼓戏、剪纸等农村文化传统中的生产生活方式，跨越时空的限制，多种类形态的乡土文化相互交流、碰撞和学习。传统的农民成为互联网内容的生产者、创造者和建设者。

近年来，诸多媒体报道都宣称乡村文化已经衰落，快速发展的城市化和工业化，对乡村传统文化的秩序与价值认识进行了"瓦解"，过去朴实而美好的旧文化逐渐没落，甚至是坍塌。但其实，"形散"而"神聚"才是乡村文化的实质。而冲破了传播途径的牢笼，乡村文化的神韵依然健在。

二、乡村文化的追寻

在漫漫历史长河中，不同地域的农民发展出灿烂多样的文化类型。那么，乡村文化到底是什么？

按照学者赵旭东的观点，乡村文化是指在乡村社会中，以农民为主体，以乡村社会的知识结构、价值观念、乡风民俗、社会心理、行为方式为主要内容，以农民的群众性文化娱乐活动为主要形式的文化类型。学者高瑞琴、朱启臻把村落文化分为3种：农耕生产中的本体文化、农业技艺中的衍生文化以及乡村生活中的节庆与仪式文化。

乡村文化对于我们这样一个自古以来的农业大国来说，尤其源远流长，然而在传统的文化传播中，农民往往是缺少话语权的弱势群体，外界很难了解他们鲜活的思想和特殊的才华。新媒体的出现，让农民通过更快捷方便的传播途径，碎片多元的表现形式进行表达和传播，在快手、抖音等短视频APP平台上，很多原来在村子里默默无闻的农民，凭借或质朴或夸张的表达，成为被粉丝追捧的流量网红。

三、寻求新的认同

有没有一种文化不想被认同吗？我想答案是否定的。每个人、每个群体，在社会之中最需要的，也是不可或缺的，就是不断寻找对自我思想观念、价值理念和所持有倾向性看法的接受乃至欣赏。著名学者费孝通认为，文化认同是乡村社会得以有序运行的重要基础，文化认同的缺乏主要源于人与人之间以及个人与群体之间的文化隔阂。70多年前，费孝通写道："从基层上看去，中国社会是乡土性的。"从费孝通《乡土中国》的"熟人社会"，到贺雪峰《新乡土中国》的"半熟人社会"，再到吴重庆总结的"无主体熟人社会"，现代化进程中乡村的空间交往也发生了巨大变化。

如今，通过新媒体技术的突破，来自广大农村的自媒体人所展示的乡村景象，鲜活、真实而有力，既满足了自我碎片化的娱乐需求、自我表达的愿望，也满足了乡村文化圈子之外的人对臆想中桃花源的直接认知需求，充分展示了乡村文化风貌和广大农民的智慧和才能，甚至可以说，一定程度上消除了城乡二元对立的文化隔阂。传统空间的地理、地域意义进一步消失，每一个传播的个体，无论身处城市还是乡村，都在新媒体的平台上跨越了时空的障碍，再次聚集起来，打破了原有的"中心化"生态，构建了新的多点网状乡村文化传播的新型结构。

但是我们也应当清醒看到，有的虚幻和美化乡土现实的视频内容，脱离了我国真实乡村问题的实际，有的农村自媒体人主动迎合审丑、以单纯的吸引流量、盈利为目的，导致真正想要展示乡村文化的声音和力量被淹没。当然，这只是个别现象。更值得欣慰的是，在新媒体的带动下，不光是村民个人，越来越多的村一级组织乃至乡镇、县一级组织也纷纷加入进来，形成以个体传播为基础、统筹集群发力的新型乡村文化传播方式，一定程度上反过来为解决农村的物质基础问题起到了积极的推波助澜作用。

很多农村自媒体人，用自我真实的叙事、让人动容的情感抒发方式，呈现出更多美与善、智慧、积极的形象。快手号"乡野丽江娇子"是云南宝妈用各种乡野食材给孩子做美食，服饰基调是素色棉质，画质是清雅田园风，标题多是浅粉、米黄色，勾勒了乡村妇女积极生活的面貌，展示了社会主义新农村农民生活的满足感和自信心，我想，这也许才是新媒体冲击下乡村文化的理想前行方向。

第三节 大学生创新创业与乡村文化传播耦合策略

乡村振兴战略的实施，为我国农村提供了全面发展的道路。作为乡村战略规划中的重要部分，乡村文化的推广振兴也能够更好地为发展乡村振兴战略服务。针对目前乡村文化发展的困境，结合大学生群体的实际情况，将鼓励引导大学生回乡创新创业与乡村文化传播进行和谐的统一，不仅能够平衡产业结构，同时又能够更好地为乡村振兴战略提供经济与精神的双重支持。本节就乡村振兴背景下，寻求大学生创新创业与乡村文化传播结合的路径，对乡村文化振兴与发展起到强有力的推动作用。

中央印发的《乡村振兴战略规划（2018—2022年）》对我国乡村发展规划做了全面系统的阐述。作为乡村振兴中的重要组成部分，乡村文化被看作是乡村振兴的"软实力"，乡村文化不仅有助于提高乡村的文明程度，同时对于乡村经济的振兴与发展有着很好的保障和促进作用。但是乡村文化的振兴与传播面临诸多的现实问题，成功与否的关键在于人才，尤其需要各方面素质较高的高校人才助力乡村文化的传播。

一、大学生乡村创新创业的必要性与重要性

乡村振兴需要大量的人才参与已经成为亟待解决的问题，大学生作为时代发展的生力军，是推动乡村建设过程中强而有效的力量。

（一）大学生就业形势严峻

根据国家统计局的数据，2020年高校应届毕业生人数较2019年增加了40万人，总共达874万人。目前大学生的就业意愿大多集中在大型沿海城市，就业区域分布不均匀。鼓励大学生到乡村创业，不仅能够有效地缓解大学生的就业压力，同时也有助于政府调节供给结构以及产能过剩等现象。

（二）乡村建设振兴的需要

在"双循环"新发展格局和乡村振兴战略背景下，现代化农业进入了高速发展的时代，其带来的结果是为大学生提供了更多就业与创业的新机会。乡村的发展建设需要大量的年

轻人才，而大学生接受过良好的高等教育，他们既有丰富的文化知识也有强大的创新创业能力，能够为农村经济、文化的发展提供强有力的支持与保障。

（三）"生与斯，长与斯"——大学生群体主观能动性的发挥

针对2018年高等教育改革与发展工作情况，教育部部长陈宝生指出，我国农村户籍大学生比例超过60%。鼓励农村户籍大学生回乡创新创业，不仅能够唤醒根植于他们心中乡村文化的再创造以及乡村文化的传播，充分发挥大学生的主观能动性，并且能够更好地促使大学生对乡村文化的创新与传播。这些大学生群体的带动，在乡村振兴的过程中能不断使更多的大学生深入了解和接触乡村文化，加强他们家国情怀的培养，同时增强他们的社会责任感和使命感。

二、乡村文化传播的困境

费孝通在《乡土中国》中指出，中国社会是乡土性的。乡村的农耕文化孕育了中华民族丰富多彩的传统文化，建筑、民俗、饮食等一系列的乡村文化遗产承载着一代又一代华夏儿女的文化记忆。随着现代化经济的发展，人口的大规模迁徙，城镇化的发展冲击，乡村文化也面临着断层与消失。

（一）网络时代乡村文化受到一定冲击

我国自改革开放以来，城市化的进程不断加快，乡村的生产方式、乡村居民的生活方式、价值观念等都遭到了不同程度的冲击。伴随着网络时代的到来，文化交流、传播方式、人口流动等因素，使得乡村文化愈加与现代社会割裂开来。与此同时形成的乡村居民物质生活、经济建设都受到了影响，"时尚化、现代化"成为许多乡村居民盲目追求的生活方式，从而使得乡村居民对本土的文化缺乏自信，缺少认同感。

（二）乡村人口的流失导致乡村文化传播的断层

随着现代化经济的不断发展，大量的农村青壮年选择外出务工或者创业，希望以此改变自己的身份或者生存状况。青壮年是一个地区最能够创造生产力价值的人群，但是这部分人群却成为乡村的主要流动人口。留在乡村的以老人、妇女和儿童为主，这部分人群不管是在精力、能力以及学识上，都很难承担乡村文化的传播。

（三）农村公共文化服务建设任务不足

《2019中国农村统计年鉴》显示，截至2018年，全国共有文化站33 858个，且使用率偏低。党的十八大以来，乡村公共文化服务基础设施的建设较之前已经有了较大的改善，但是作为乡村文化传播的重要载体，我国乡村公共文化服务建设区域差距比较明显，乡村与乡村之间、乡村与城市之间，多少存在着因为经济之间的发展差距而导致的乡村公共文化服务建设水平、能力等方面的不足。

传统乡村中的戏台、祠堂等乡村文化原始生长的舞台都逐一被驱逐、替代，乡村居民

的文化生活方式也被瓦解、破坏，取而代之的是看电视、上网、打牌等文化娱乐活动。现代社会的文明与文化也需要在乡村文化发展过程中被正确认识和对待，正视乡村文化传播困境，找到切实可行的乡村文化发展必由之路。

三、大学生创新创业与乡村文化传播对策探索

加快和完善乡村文化的传播，人才是关键且重要的环节，尤其是新时代的大学生，激发大学生对乡村文化的热情，培养大学生对乡村文化的创新再发展，鼓励大学生积极回乡创新创业，根植乡村文化，发挥地方文化优势，引领乡村文化建设新发展。

（一）深耕地方文化，创新创业模式

"地方特色文化是一个区域内经过一定历史积淀形成的具有地方特点和风格的文化现象，是村民们的精神家园。"对于新时期的大学生来说，他们有想法有行动力，能够将不同的文化模式进行再开发再利用。

乡村振兴战略实施过程中，在"文化+"的核心理念基础上，大学生可以充分发挥自身的创新与能动力，推进与发展新型乡村文化传播模式。"美丽乡村建设""特色小镇"各类发展乡村文化的特色主题不断推陈出新，借由这类主题大学生可以根据当地地方特色，开发乡村文化。

1. 文化+旅游

依托当地地域特色、人文景观和生态资源，因地制宜地发挥地方特色文化优势，既盘活了乡村经济，又能很好地将当地的乡土文化融入其中。通过文化+旅游模式的培养与发展，开拓独特的经营模式、生产特色产品、增强互动体验的方式传递乡土文化的精神内核，从而发展创新乡村文化，提升乡村魅力。

2. 文化+农业

拓展农业功能，延伸农业产业链，围绕地方特色打造农业品牌，提升农产品的附加值，将地方文化与农业产业链有机地融合，促使当地农业产业结构不断升级，同时利用现代传播技术对其进行宣传打造，把控农业产业环节、品质，实现农业资源的整合，深挖农业文化资源。

3. 文化+产业

以地方文化为基础打造产业集群，通过市场运作、生产经营，以地方丰富的乡村文化资源为基础，开发丰富多样的乡村文化产品。打造IP文化产品，创新文化产业发展模式，开发乡村文化产业市场，进一步为乡村文化产业创造推广平台。

（二）挖掘乡村文化价值，推动乡村文化创新

我国乡村社会历史悠久、文化资源丰富，这些丰富的文化资源成为乡村居民的主要精神动力，对乡村经济的建设和发展有着不可小觑的作用。网络时代的到来，为乡村文化的再开发带来了无限的机遇与挑战。新时期的大学生面对善于运用先进的传播技术，有良好

的媒介素养,能够将文化创新与文化价值不断进行融合达到和谐统一。

1. 挖掘乡村优秀传统文化

在历史发展的长河中,乡村文化总是会带有地域特征和时代的烙印,尤其是我国的乡村文化种类繁杂,数量众多,新时期大学生应学会运用科学辩证的方式来看待乡村文化,取其精华去其糟粕,传承优秀乡村文化中有价值的内容,助力乡村全面振兴。

2. 利用先进传播手段,使乡村文化与时俱进

面对信息化、数字化的传播环境,原有"酒香不怕巷子深"的时代已经过去了,新时期的大学生应该充分利用互联网技术,不断丰富乡村文化内容,增加乡村文化的内涵,使乡村文化不再故步自封,在传统的基础上融入社会主义发展新目标,凸显社会主义核心价值观。

3. 乡村文化发展需要兼收并蓄,博采众长

新时期的大学生是最容易接触到多元文化的群体,也容易被不同种类的文化所影响,坚持发展优秀乡村文化,寻找特色乡村文化的发展道路,在多元文化交融碰撞的大时代背景下,对乡村文化进行创造性的发展与转化,积极吸收城市文化、外来文化等不同种类文化的发展经验,为乡村文化提供丰富的发展内容与前景。

(三)利用新媒体优势,打造全方位传播平台

根据第 46 次《中国互联网络发展状况统计报告》统计,截至 2020 年 6 月,我国网民规模为 9.40 亿,农村网民规模达 2.85 亿,占网民整体 30.4%,网民中使用手机上网的比例为 99.2%,而其中手机 APP 中使用时长占比较大的依次为网络视频、网络音频、短视频、网络音乐和网络直播类应用。群体的媒介使用偏好,已经逐渐向手机互联网转移,手机互联网的传播方式能够为乡村文化传播注入新的生机与活力。

运用新媒体传播的互动性、多维度、全方位等特点,打造利于传播乡村文化内容的平台。结合乡村融媒体建设,宣传特色乡村文化,讲好乡村故事,带动乡村居民传播优秀传统文化。利用客户端宣传平台,将优秀乡村文化通过线上平台推广宣传,同时及时正确地传递党和国家相关的方针政策,引导乡村居民更好地投身到乡村振兴的建设上来。

乡村振兴不只有经济的振兴与发展,乡村文化的发展能够更好地丰富乡村居民的精神文化生活,提升乡村居民的文化自信、认同感以及幸福感,为国家的建设提供坚实的基础。乡村文化的建设与发展不可能是独立的,它与城市文化、国家发展之间有着千丝万缕的联系,虽然现代城市化的进程对原生态的乡村文化带来了影响,但是却不可能完全割裂或取代乡村文化在中华文明中的重要性。乡村文化的建设需要牢牢把握时代发展,以人为本,抓住乡村文化建设的核心要素,加大开发力度,拓展开发思路,引领大学生群体的参与,在乡村文化与城市文化、不同乡村文化之间不断地碰撞出新的火花,为中国乡村振兴战略输送新的血液和力量。

第四节　乡村文化的传承与保护

　　优秀的乡村文化是乡村发展的思想内核，新型城镇化建设进程中，乡村文化的传承与保护是让乡村居民"望得见山、看得见水、记得住乡愁"的内在保障。乡村振兴战略要实现文化保护与经济发展同步推进，将乡村传统文化融入产业发展，在引导产业发展的同时打造美丽乡村。伴随着城镇化进程的推进，乡村文化在城镇文化的影响下发生了巨大变化。乡村振兴战略是我国全面建成小康社会的必由之路，如何给乡村带来经济振兴的同时，让乡村文化更具生命力、得到良好传承，是我们实施乡村振兴战略必须思考和解决的问题。

一、乡村文化为基层自治与乡村振兴营造良好文化环境

　　乡村文化是指在乡村生活中，人们约定俗成的规则与道德，以及依据这些规则所进行的具体生活形式。城镇化是指乡村产业结构由第一产业为主转向第二、三产业为主的过程，新型城镇化区别于传统城镇化，不片面追求城市规模大、空间扩展的模式，而是在城镇化进程中体现尊重自然、顺应自然、天人合一的理念，依托现有山水脉络等独特风光，让城市融入大自然，让居民"望得见山、看得见水、记得住乡愁"。

　　改革开放以来，城镇化进程大幅推进，城市文化迅速涌入乡村，乡村文化在吸纳城市文化的同时也受到不小的冲击，伴随着市场经济的发展，乡村原有的熟人社会关系趋于淡化，逐渐转向利益化和市场化。在新型城镇化建设理念下，乡村文化应当对原有文化和城市文化进行充分扬弃，去粗取精，进而形成更加符合现代乡村发展的乡风文明和积极向上的乡村文化。

　　乡村文化能够给当下基层自治与乡村振兴营造良好的文化环境。优秀的乡村文化是乡村发展的思想内核，体现在思想活动和物质生活的方方面面，无论是乡村原有的自然风貌和传统建筑、服饰、饮食、民间民俗工艺品，还是约定俗成的乡约民规、民间故事和传说、农耕活动和民俗节庆，都是乡村文化的具体体现。城镇化和信息化扩展了农村居民的视野，同时也让农村居民原有的价值观念得以改变。在经济发展过程中，保持良好的乡村文化内核，能够让乡村资源开发找到正确的方向，避免财政资源和土地资源的浪费。

　　新型城镇化过程中，乡村文化传承与保护是让乡村居民"望得见山、看得见水、记得住乡愁"的内在保障。一方面，农民群体文化水平较低，辨别能力相对较差，在面对市场经济的冲击时，很容易形成"重利轻义"的价值导向。乡村文化能够在纷繁复杂的市场经济环境中帮助农民稳住心神，不至于盲目追求利益。另一方面，乡村文化传承与保护能够为乡村留住人才，不至于让农村人才大量流失，造成乡村人口的"空心化"局面。近年来，乡村人才与劳动力大量流失使得乡村发展缺乏动力，良好的乡村文化能够增强乡村凝聚力，

号召更多青年留在家乡搞建设，使得乡村经济迅速腾飞，进而吸引更多人才流向乡村，形成良性循环。

二、乡村文化的传承与保护面临的问题

农村产业"空心化"是乡村文化传承难以为继的直接原因。改革开放以来，城市发展速度大大快于农村，使得更多农村青壮年劳动力借助打工、读书等形式流入城市，而流回概率很小，原有农村居民年纪渐长，传统文化手艺无人继承，导致乡村产业传承难以为继。历经千百年形成的地方特色手艺与文化，正是乡村文化的重要内核，如果得不到有效传承，乡村产业发展就如同无源之水、无本之木。此外，乡村经济建设需要大量青壮年劳动力，一旦农村成为只剩老人和小孩的"留守村"，那么政策就没有了着落之处。

农村居民思想观念的转变是乡村文化传承式微的内在原因。在农村传统文化与经济发展不平衡的大环境之下，村民的传统文化价值、思想观念受到冲击，传统文化传承意识比较淡薄。再加上个别基层政府只顾埋头搞经济建设，缺乏文化引导和资金投入，致使农民群体容易受到不良思想影响。传统文化无法继续依靠原本宗族社会大家庭式的文化得到传承，如此一来，乡村传统文化的保护与传承就难以持续进行，加之近年来乡村社会劳动力供给不足，乡村文化传承日渐式微。

乡村开发方式过于粗放是乡村文化受到冲击的一大原因。少数基层政府在推进乡村产业发展以及城镇化过程中，过于盲目照搬其他地方的经验，导致发展理念与当地实际不相适宜，外来文化不能落地，当地文化受到冲击，最终形成了产业布局"四不像"的局面。以旅游业为例，部分地区多沉迷于采摘、农家乐等单一发展形势，使得乡村旅游业发展模式比较单一。

三、从顶层设计、文化自觉、文化保护机制等方面入手，传承与保护乡村文化

在新型城镇化背景下，实施乡村振兴战略是我国持续推进"两个一百年"奋斗目标的必由之路，在此语境之下，乡村文化传承与保护应当更加谨慎。要以传统农耕文化的继承和农民精神风貌的提升为重点，重振乡村文化。在进行乡村传统文化保护与传承过程中，应当充分结合先进性、特色化、客观性和统筹兼顾等基本原则，实现文化保护与经济发展同步推进，将乡村传统文化融入产业发展，在充分引导产业发展的同时注重自然规律，打造美丽乡村。

从全局来说，顶层设计是推动乡村文化传承与保护的前进方向。国家的大政方针是地方政府发展乡村文化的重要导向。前些年，农家旅游盛行，各地纷纷跟风推进，"樱花节""桃花节""蓝莓节"蔚然成风，这固然是各地发展农业旅游的良好开端，但是也出现了过于

同质化的不良影响，也使得某些地区不顾当地原有自然环境与文化特色，盲目开发新的旅游项目，造成了文化资源和自然资源的浪费。因此，在顶层设计上，应当给予地方政府充分的执行空间，鼓励地方依据当地文化特色有针对性地开发，让文化在运用中得到保护和传承。

提升农村居民文化自觉与主体意识，增强乡村文化传承与保护的内生动力。乡村振兴的主体应当是农民，乡风文明是当下我国乡村振兴战略的重要组成部分。市场经济飞速发展、城镇化不断推进、农民不断增收，一些传统的优秀农耕文化也在不断流失，新一代青年难以真正扎根农村，在精神文化方面缺乏归属感和认同感，农村不文明现象逐渐增多。

提升农村居民文化自觉，一方面，可以从推进乡贤文化入手，由于农村长期以来的"熟人社会"氛围，乡贤的号召力巨大，他们能带领农村居民进一步提升文化自觉，让人们在日常生活中有意识地关注当地的文化保护和传承；另一方面，居民文化自觉与主体意识的提升还有赖于农村的教育水平，只有通过更加全面的教育，才能够让传统文化保护意识深入人心，在内化于心之后做到外化于形。此外，农村居民文化自觉性的提高有利于吸引更多人才和劳动力流向乡村，参与文化产业建设。

建立乡村文化保护机制，建立健全乡村文化保护法律法规。我国地大物博，各地之间文化差异较大，乡村文化保护无法在短时间内形成统一的标准。因此，可以因地制宜，充分发挥地方政府积极性，通过各地的地方性法规规范文化传承与保护工作，形成经济发展与文化保护并行的长效机制。乡村文化的传承与保护不是流于形式的面子工程，而是通过对传统优秀农耕文明的传承与保护为农村居民的发展增添动力。实现乡村振兴，不应当只是产业宜居、人民增收，也要实现乡风文明与永续发展。

第六章 乡村文化产业化发展

第一节 乡村文化产业发展概述

乡村文化产业是以农村的市场为导向，为农民提高经济收入，丰富农村地区的精神文明生活为中心，以农民为创作、生产主体，多采用农户、作坊式生产模式，将地域性的传统历史文化资源转换成文化商品、文化服务的现代生产。乡村文化产业是与乡村文化事业相对应的概念，一个具有公益性质，保障农民基本文化需求；一个具有营利性质，保证农民多种文化需要。二者相互联系，相互作用，都是社会主义新乡村文化建设的重要组成部分。乡村文化产业是乡村社会生产力发展的必然结果，是随着社会主义的市场经济的逐步完善和现代生产方式的不断进步，而发展起来的新兴文化产业。新乡村文化产业具有乡土性、自然性、纯真性、投资少、周期短、见效快等特点，而且知识含量高、吸附就业能力强，符合保护生态环境、可持续协调发展的科学发展理念。乡村文化产业面临多样化的发展机遇和路径选择，依据产业形态大致可以分为乡村文化旅游业、乡村生态观光业、乡村风情演艺业、乡村特色文化产品加工业、乡村生存方式服务业等。

一、新乡村文化产业发展与增强农业竞争力

农业竞争力是一个涵盖农业本身以及有关要素、关系和行为多个方面的综合系统，包括规模竞争力、基础竞争力、效益竞争力、结构竞争力、品牌竞争力、现代化竞争力等多项指标。对农业竞争力的评价分析应该从多维度、多视角着眼，从系统的角度对其进行综合考察。这里选择了结构竞争力、成长竞争力和品牌竞争力三项指标，来考察发展乡村文化产业对农业竞争力的影响。

（一）发展新乡村文化产业有利于增强农业的结构竞争力

农业经济结构是衡量农业竞争力水平的重要标志，反映了社会分工的格局以及各种生产要素在各产业之间以及产业内部的分布状况，而经济结构的合理化实际上是经济结构从低级向高级、由低效益向高效益的发展过程。

专家们选择了第一产业增加值占GDP比重、林牧渔业占第一产业总产值比重、多样化指数和乡村第一产业从业人员比重4个指标来衡量农业结构竞争力。农业经济结构合理

与否是农业区域比较优势和乡村经济素质的重要体现,经济结构合理与否也在相当程度上决定着其综合竞争力的高低。大力发展乡村文化产业,比如,农家乐、林家乐、渔家乐、牧家乐等乡村文化旅游业,可以解决这些问题和困难,切实调整和丰富乡村一、二、三产业格局,开辟新的文化生产、文化服务项目和业态,着实解决乡村剩余劳动力就业问题,降低第一产业占GDP比例和乡村第一产业从业人员比重,增强农业的结构竞争力。四川省雅安市雨城区大力发展乡村度假旅游产业,打造了两条旅游经济走廊和近郊观光农业发展区,打造了四川一流的乡村度假旅游精品古镇—上里,把乡村度假旅游做成新乡村建设的支柱产业。据我们2007年的调查,该区已有15个乡镇近14万人融入乡村旅游产业链中,直接受益面达到全区农业人口的2/3,年人均从旅游产业中增收近1000元,占农民人均纯收入的30%还多。

(二)发展新乡村文化产业有利于培育农业的成长竞争力

竞争力是一个动态变化的过程,尤其注重成长性一般以人均纯收入、人均生产性固定资产原值、总产值和增加值平均增长率4个指标,从不同角度衡量竞争力的动态变化过程。根据经济发展水平和产业发展状况,采取分类指导的原则,因地制宜,有的放矢,通过发展具有地区特色和比较优势的乡村文化部门的新门类,培育切实可行的产业增长点,促进区域农业竞争力水平的可持续提高,以弥补传统农业发展后劲之不足。成都市锦江区三圣乡以文化润相关的特色产业,以景观改造乡村,以经营保障农民,以市场托举发展,从财政资金上给予支持,大力发展新型都市观光、休闲农业,成功打造了国家AAAA级风景旅游区——"五朵金花",走出了一条乡村土地不征用、不拆迁,农民不失地、不失业、不失利,农民变市民、乡村变新貌的道路。2007年,共接待游客1100.2万人,全年旅游总收入2.6亿元;辖区花卉产值由2000年的4124万元上升到2006年的7000万元,增幅达41.1%;农民人均纯收入8402元。而在此之前,每一亩土地上的种粮食收入只有2000—3000元,种花或蔬菜年收入为4000—5000元,而开展乡村旅游之后,每亩土地的年收入提高到上万元。近年,又引进了蓝顶艺术中心、许燎原创意设计博物馆等文化产业化项目,加大了乡村土地二次流转力度,着重发展以现代商贸、文化创意、旅游观光和运动休闲为主的现代服务业,有力地盘活了乡村生产要素,优化了产业结构,旅游收入达3.2亿元。

(三)发展新乡村文化产业钚利于提升农业的品牌竞争力

目前,我国的农产品品牌建设尚处于数量少、竞争力弱的起步阶段,远落后于一些竞争性强的工业行业。发展新乡村文化产业是凸显农业品牌竞争优势的有力武器,可以起到"点亮一盏灯,照明一大片"的作用。乡村文化产业的发展基础是各地的特色文化资源,而这些资源赋予了当地农业品牌文化内涵和鲜明个性,赋予了最持久的生命力和影响力。随着乡村文化产业的壮大,农业品牌也将不胫而走和声名鹊起,到一定程度后,相互依赖,相得益彰。成都市郫县农科村大力发展农家乐旅游,成为"全国农业旅游示范点""中国农家乐旅游发源地"、国家"AAA"级景区,当地的花卉、苗木、盆景产业蓬勃发展,特色农业经济效益凸显,大大地提升了农科村的知名度。成都市龙泉驿积极发展以花果观赏为主的农家乐旅游,大大强化了"中国水蜜桃之乡"的品牌效应。

二、新乡村文化产业发展与改善乡村生活环境

生活环境是指与人类生活密切相关的各种自然条件和社会条件的总和,它由自然环境和社会环境中的物质环境组成,生活环境按其是否经过人工改造来划分,可分为自然环境和人工环境。这里把乡村生活环境分为乡村自然环境、乡村居住环境和乡村文化环境。乡村生活环境的好坏关系到农民生活水平和生活质量的高低,是新乡村建设最易见到的成效,所以提升农村文化产业的外延性是有效的手段之一,如果实施得好,会起到一本万利的作用。2008年汶川地震后,四川彭州在灾后重建过程中,突出产业支撑的发展性、空间布局和建筑形态的多样性、与当地自然环境和生产生活方式的相结合,基础设施和公共服务设施的共享性,一种具有浓郁彭州特色、历史文化和现代文明交相辉映的新型乡村形态——"彭州民居"横空出世,磁峰镇鹿鸣荷畔、五龙世家,白鹿镇法式浪漫风情小镇、书院新居,小鱼洞镇江桥人家、太子新村,新兴镇阳平村寿阳泉,通济镇乐和家园,丹景山镇"湔江老街",红岩镇"蜀水荷乡"等景点正成为彭州旅游经济提档升级的新热点,旅游产业发展的新内容。

(一)发展生态观光旅游改善乡村自然环境

生态观光旅游是20世纪80年代首先在发达国家兴起的一种以生态农业景观为资源发展起来的、集农业观光与生态旅游于一体的旅游形式。生态观光旅游业强化了农业的观光、休闲、教育和自然等多功能特征,是具有第三产业特征的农业生产经营模式。它的发展基础是农业生物资源与环境构成的自然生态系统。因此,如果没有良好的乡村自然环境,发展生态观光旅游业就成了无根之木,无源之水。过去乡村产业结构以第一产业为主,为了提高农产品产量,一方面不断开荒,一些不宜或根本不能围垦的土地被盲目开垦,毁林开荒、围湖造田也酿成了一系列严重的生态问题;另一方面,大量使用农药化肥,给农业生态环境系统从外部注入了许多不利因素,造成土壤和水质污染,直接影响了农业的可持续发展。北京市大兴区长子营镇留民营村,通过调整农业产业结构,大搞植树造林,发展生态观光旅游,以优美的生态环境、独特的生态模式和民俗风情文化底蕴吸引了大量的中外游客的眼球,塑造了"中国生态农业第一村"的品牌。

(二)发展农家休闲旅游改善乡村居住环境

当前,乡村居住环境普遍较差。绝大多数村庄没有排水沟渠和污水处理系统;农民习惯将垃圾堆放在房前屋后、坑边路旁甚至水源地、泄洪道、村内外池塘无人负责垃圾收集与处理;农民住房与畜禽圈舍混杂;几乎所有村庄使用传统旱厕。但是一些地方在新乡村建设中,又完全由政府包办,搞形式主义的村容整治,劳民伤财。而发展农家休闲旅游不

仅能给农民的经济状况带来大幅度的改善，同时丰富了农村地区的基础文化设施。而且伴随着农村农家乐模式的标准化、规范化。

（三）发展乡村文化旅游改善乡村文化环境

文化环境包括一个国家或地区的社会性质、人们共享的价值观、受教育程度、风俗习惯，宗教信仰等方面。发展乡村文化旅游，一是促进农民生活方式的转变，由于乡村文化旅游业的发展，城乡文化得到了交流与融合，农民生活方式与过去在二元结构体制下城乡分离的状态相比，有了根本性的转变。二是促进农民观念的更新和素质的提高。为了搞好乡村文化旅游，村民们积极参加各种培训、外出学习参观、参加技能比赛，使乡村旅游从业人员的整体素质得以提高。三是促进乡村社会主义新风尚的树立，一个地方的乡村文化旅游拥有相对统一的形象，加强乡村精神文明建设，提倡建设新乡村新风尚，是发展旅游、提升旅游印象的灵魂。

三、新乡村文化产业发展与提高农民生活质量

乡村文化产业大吸引了市民到周边乡村旅游、消费，为周边乡村提供了不少的就业机会，增加了农民收入，促进了乡村经济的多元化增长，有效促进了当地经济发展。据统计，全国乡村旅游景区（点）每年接待游客超过18亿人次，农民直接接待的不少于6亿人。预计未来5到10年，乡村旅游接待人次可达20亿人次，农民直接接待可达10亿人次，乡村旅游已成为推进社会主义新乡村建设的有效途径，将更多地惠及广大乡村和农民群众。成都市龙泉驿区因桃花而闻名，因桃花而发展，使桃花、经济相得益彰。

第一，发展乡村文化产业传播先进文化。在发展乡村文化产业中，由于文化产业的生产与消费过程一体化的特征，一方面，城里人成为乡村文化的消费者，也是都市先进文化的传播者；另一方面，乡村居民既是城市先进的观念和现代的生活方式的消费者，也成为乡村文化的生产者。诚然，城市文化中有先进的理念，但乡村文化中也不乏普适的价值，在两者的交相呼应中，农民改善着乡村物质生活条件，改变着乡村生活方式。

第二，发展乡村文化产业满足精神需求。从表层看，农民精神生活质量的改善表现在，随着恩格尔系数下降，他们用于衣着、居住、医疗保健、文化教育娱乐用品及服务的文化生活消费支出大大增加。从深层来看，发展乡村文化产业实现了农民生活方式、生存方式、精神生活、职业素养向现代文明社会的需求转变，实现了传统意义上的"农民"社会身份的彻底改变。农村精神文明建设产业吸纳了众多知识农民从事加工业、服务业、旅游业、休闲业、演艺业等，培养和造就新型农民文化企业家、农民文化管理者、农民文化经营者等乡村文化产业从业人员，这给农民带来了精神和心理的大解放，农民不仅可以种植耕田、狩猎捕鱼，而且可以成为文化型的农民技术工人、演职人员、文化服务者，千百年来农民身份的劣势感和自卑感在乡村文化产业的发展进程中一夜冰释，其社会和精神意义是难以估量的。

第三，发展乡村文化产业丰富文化生活。乡村文化产业是农民身边的产业，是与乡村联系紧密的产业。与其他文化产业一样，乡村文化产业也是你娱乐，我赚钱，不同之处在于乐人也在乐己。要把农民作为乡村文化产业的主体地位，深入挖掘农民的文化自创性，注重"送文化"的同时"种文化"。《印象·刘三姐》《井冈山》等大型实景演出雇用当地数百农（渔）民参与演出，不仅改变了他们的生活方式，陶冶了情操，而且每晚演出还有一定收入，演艺产业与新乡村建设有机结合，是以城带乡、以城促乡发展文化的善举。

第二节 乡村文化产业发展的现状分析

当前，我国各地乡村文化产业发展水平还比较低，发展层次还比较单一，发展范围不那么宽广，与乡村经济发展还不相适应，与农民群众的文化精神需求还不相适应。制约乡村文化产业发展的原因有哪些，通过原因分析，探索发展规律、发展途径，找到新的发展战略、发展重点，从而增强乡村文化产业的整体实力和市场竞争力，争取最高的社会效益和经济效益。

一、乡村文化产业发展的现状

（一）乡村文化产业发展取得的成效

1. 积极探索乡村文化产业发展模式

从川渝两地、北京、广西壮族自治区等省市区乡村文化产业发展看，在组织形式上，川渝两地农家乐主要有以下几种方式：

（1）乡村自行组织，乡村自带的自然资源和交通便利使得经济发展更快捷方便，乡村政府部门有组织有规划地引导农户自行经营，顺应时代的变化，发展旅游服务产业，提升农户的经济收益，这种方式能有效地改善乡村自然环境和服务设施，增加就业机会，缓解现如今的就业压力。

（2）公司与农户合作，某些乡镇具有浓厚的旅游气息，乡村政府部门可以引进一些企业或者旅游公司在乡村内进行经济建设和环境改善，增加一些公共设施，利用乡村本身的自然优势想办法让村民自行开发与旅游相关的产业，比如住宿业、食品业、乡村特产业、餐饮接待业等，用产业来带动经济发展。

（3）全面发展，在一些旅游资源丰富的地区大力发展旅游业，必要时，相关政府可以介入，对村民进行正确的引导和做思想工作，努力带动村民的积极性，在高回报的条件下，相信村民会跟着政府的政策走，然后加大对旅游的相关产业的资金投入，大力开发具有象征性的景区和具有浓厚的文化气息的景点，以此来促进乡村的经济发展。如三圣"五朵金花"就是以市场配置资源，以城乡一体化的方式打造的案例，通过政府合作经营，先投入再溢价退出,将开发的项目整体转让给公司。

在经营方式上,成都及其周边农家乐主要有下面四种模式:

①乡村庄园型,比如在温江的田园花果农家乐,凭借天然的美景,利用苗圃来吸引游客,这是农家乐的基础形态。

②游客观光型,比如崇州花果山生态观光农家乐,利用园区内的各色各式的花来吸引游客,改变经济的收益方式,由以前的单卖产品的收入转变为旅游收入。

③景区旅舍型,以远郊区都江堰的青城后山等自然风景区为代表。

④花园客栈型,以新都区农场改建的泥巴沱风景区为代表,由传统的农业收入转变为旅游经济的收入,将农业产地经过美化后变成具有文化气息的建筑。

在投资方式上,川渝两地"农家乐"形成了以民企和个人投资主体为主导、村集体资产折股参与投资、村民以土地流转形式参股的多元化投入机制。

北京在民俗文化旅游上形成了以遥桥峪为代表的"自发型"、以雕窝为代表的"领头雁"、以曹家路为代表的"好书记"的发展模式,以及以十渡为代表的"合作社"形式、以遥桥峪为代表的"个体户"形式的经营模式。

广西探索一条以政府为主导、以农民为建设主体、以特色文化项目为建设载体、以"政府＋企业＋农户"为建设模式,国有与民间结合、经济与文化相互动的适合广西实际的乡村文化发展新路子。同时积极把五种"文化致富"的模式在全区乡村推广。一是阳朔模式——文化项目带动型,即"印象·刘三姐"典型,运用民间资本运作文化产业;二是靖西模式——民族生态文化,现代社会的人民对传统民族文化比较感兴趣,可以把一些传统手艺包装成旅游产品;三是横县模式——文化知识致富型,充分利用图书馆等信息资源培训农民,提高农民的农技知识和整体素质;四是恭城模式——休闲文化旅游型,即利用优美村居和乡土文化开展乡村旅游,带动农民致富;五是北流模式——农业生态文化型,以生态农业和循环经济为特色,转变村容村风,丰富农村的精神生活。

新乡村文化建设既需要政府主导,又需要社会和企业参与,更需要农民作为主体形成上下结合,左右逢源的运作格局。不论是"政府＋企业＋中介＋农民"的组织管理模式,还是"政府控股公司＋专业运营公司＋资本运作机构＋农民合作组织"的经营运作模式,还是"项目运作＋农民生产要素入股＋专业公司＋市场营销"的生产营销模式,农民作为主体的地位都不能缺失,农民以何种资产,包括劳动力(作为员工)等进入生产领域,都应保证农民持续稳定增收,而且效益逐年增长。只有适合这一基本要求的模式,才是新乡村建设迫切需要的模式。

2. 先进村镇努力发挥示范促进作用

乡村文化产业作为一个新生事物,它的发展也离不开先进典型的榜样力量。因此,一些搞得好的地方对其他地区自然有一定的示范和带动作用。从北京民俗文化旅游的"领头雁"发展模式看,"领头雁"对信息的敏感和投资的眼光,被村里到城市打过工的村民所学习和模仿,真正发挥了示范与带头作用。

各级政府、国有和民营企业乃至跨国公司完全可以在乡村文化产业发展中大显身手、大展宏图。乡村的基层组织要具有长远的眼光，不能将所有鸡蛋放在同一个篮子里，否则，长此以往就会坐吃山空。浙江横店的农民就比较有发展眼光，他们利用本地的地理优势和自然资源优势将横店打造成了具有多产业的旅游基地，比如，将本地经过精心包装后打造成中国影视拍摄基地，不仅如此，还修筑了万里长城和故宫等拍摄场景，不仅可以为拍摄影视提供服务，还可以服务于广大的旅游游客，这就是大名鼎鼎的"横店模式"。据规划，到2020年，横店影视文化产业将实现文化体验者达到5000万人次，影视文化产业收入达到500亿元，成为名副其实的"中国好莱坞"。再来说山西，山西晋中榆次后沟村由于有保存较完好的古村落，在短时间内就成为著名的旅游景区，多年来，吸引了无数海外游客，不仅如此，该村还成为中国民间文化遗产保护基地。成都市郫县友爱乡农科村是农家乐的发源地之一，农科村的"农家乐"红火之后，成都市周边各地的乡村都来学习经验：锦江区幸福梅札的花卉、龙泉驿书房村的花果观赏、青城后山的避暑休闲、平乐古镇的古文化、江家菜地的农事体验……成都市及其周边建成了形态相似、特色各异的农家乐。

3. 乡村文化资源合理转化为文化生产资本

乡村的文化资源为乡村文化产业提供了有力的支撑，而中华文化绵延上下五千年，所以，中国的文化资源是十分丰富的，可以说中国的文化资源就像是大海里的水，取之不尽、用之不竭。全国各地有许多具有特色的文化之乡，比如风筝之乡、唢呐之乡、竹编之乡、剪纸之乡等，这些都是无形的财富，如果将这些特色转变为产业，那么这些具有文化特色的产业将会给相关乡村带来无尽的财富，对我国整体的经济发展也起到了促进作用。一些出色的商人能在这些地区看到很多商机，根据乡村的历史发展可以创造出一些相关产业，增加村民的就业机会，从整体上来说，这些产业能带动乡村的经济发展。在发展乡村文化产业时要注意许多问题，要将文化的来龙去脉搞清楚，不能随便创造文化，文化是经过长时间的积累和演变才形成的，如果是捏造的假文化，就必须加以制止。在开发资源的同时要注意适当，不能过度开发，也不能破坏性开发，还要对文化资源进行全方面保护。只有这样才能维持乡村文化的平衡，从而达到可持续发展的目的。各地深入分析文化资源的资源禀赋和市场潜力，化资源为资本，进行产业化经营。广西"文化致富"的五种模式，就是文化资源转化为文化资本的典范。比如，阳朔以当地的民间文化为基础，运用民间资本运作文化产业，达到文化项目带动乡村经济发展；靖西依靠当地的文化遗产带动了当地的经济发展，该地深刻贯彻落实可持续发展的目标，利用先进的科学技术对文化进行了有力的保护，进一步实现了社会与文化的协调发展，通过集观光、娱乐、体验、知识教育于一体的新兴休闲旅游促进新乡村建设，带动农民致富。

4. 文化遗存和非物质文化遗产得到有效保护

保护好文化遗产的真实性和完整性是乡村文化发展的前提条件。抢救和保护乡村文化遗产和非物质文化遗产应改变传统文化自生自灭的做法，当然，那种为保护而保护的做法，也只能是把文化遗产变成博物馆的标本。随着乡村经济的快速发展，各种农村地区特有的民俗习惯和传统可能正在逐步失传，发展乡村文化产业就是要保存这些有特色的文化遗产并展示给游客，从而使其复兴，并赋予其时代的精神与新的含义。保护文化遗产与发展乡村文化产业的关系并不矛盾，双方是相辅相成、互相支撑的关系，重点在于我们的合理规划与引导。贵州省从江县对该地的经济文化建设十分重视，在发展旅游经济时保证了其文化的原汁原味，不随意增添，原文化是怎样就是怎样。在此基础上，加大对生态文明的建设和开发，但同时开发力度又科学合理，所以，其传统的无形文化遗产保护取得了巨大的成功。许多传统文化由于旅游业的大力发展而得以重现江湖，比如巨洞村，该村位于都柳江，在旅游业不发达的时候，该村的许多传统文化面临失传，许多青年外出打工，留下的都是一些年长的村民，所以，许多具有传统文化特色的歌谣因此失传，传统节日的庆祝也失传，建筑风格大变，方言和服饰也几乎消失不见。但由于旅游业的兴起，该村的所有传统文化都有重现江湖的迹象，甚至许多面临倒塌的建筑也即将被整修。

（二）乡村文化产业发展的不足之处

考察各地乡村文化产业发展态势，发现都面临着一些共同的问题：大规模发展、低水平重复，缺乏个性，商业化严重，环境污染，等等。具体表现在：

1. 乡村文化产业发展不平衡

由于观念意识差错、文化资源缺乏、产业结构失衡等历史、现实原因，乡村文化产业发展出现不平衡的状况。一是地区发展不平衡，城市近郊发展好，城市远郊发展差，远离城市的偏僻地方根本就没有发展；二是产业形态发展不平衡，农家乐等乡村旅游发展快，而其他业态，比如乡村文化服务业、乡村文艺演出业、乡村工艺品加工业、乡村旅游纪念品加工业等，没有太大的发展；三是产品单一，农家乐主要活动是就餐、钓鱼和棋牌，季节性强、趣味性差、形式不活、参与性不强。

2. 乡村文化产业规模化不足

经济学上，将使收益达到最大值的规模经济现象称为经济规模。发展乡村文化产业必须实现生产方式工业化、生产工艺流程化、产品复制批量化，这就需要生产要素的集聚和配套。根据特色文化之乡，按照产业园区和产业带的发展思路，实施大企业带大项目、大品牌的战略，合理布局产业结构。但是，一些地方在发展乡村文化旅游时，缺乏统一规划，尽管有一定规模发展，但低水平重复，业态单一、同质现象明显，彼此不是相互支持，而是相互抵消，为了获取利益，各自恶性杀价，导致成本上升，效益减少。

3. 乡村文化产业市场运作不充分诚然，在建设新农村文化起步时，在建设农村基础文化设施、环境整治美化、服务设施改善等方面，采取扶持政策，无可非议

北京 2003 年各区县在改善基础设施、制定行业标准、培训与促销服务方面，投入资金约 1.26 亿元；成都市锦江区政府对"五朵金花"前期投入 0.83 亿元。但是，乡村文化产业最终必须靠市场之手来指挥。在吸引消费者、开拓消费市场方面，农家乐旅游靠服务质量、文化特色、有序地竞争。在管理上，依靠乡村旅游行业协会，行业自律。

4. 乡村文化产业缺少创新发展

一些地方在发展乡村旅游时，政府采取默许态度，而没有从可持续发展角度进行长期发展的规划，因此，在自发发展初期也许业绩火爆，但是一旦进入自觉发展阶段后，同业同质竞争，缺少创新，产业发展进入高原滞涨期甚至走向衰落。四川简阳市是在川西较早发展以生态观光农业、水乡风光为特点的"农家乐""渔家乐"的。在我们与简阳三岔湖农家乐发起人之一汪大伯访谈中，发现他家的农家旅游设施还是当年的，升级换代缺乏资金，仍处于自生自灭的自然经济状态。此外，乡村文化产业创新缺少科技支撑。传统手工艺产品和传统社会的文化服务，没有现代科技成分和元素的注入和改造，面临生存和发展的困难。因此，实施新乡村建设科技促进行动计划意义十分深远。依靠现代科学技术推动农业现代化，加快产业结构调整和生产方式转变，实现乡村生产力的大幅度提高。要以"一县一业、一乡一品、一民一技"为方向，以延长产业链和价值链为重点，培育一批乡村资源型特色产业和乡村新兴产业，促进乡村生产经营的专业化。依靠现代科学技术改进乡村生活方式，改善乡村人居环境，提高广大农民生活质量和健康水平。

二、限制乡村文化的发展因素

（一）对文化的产业化认识不足

对于乡村文化的发展，有些人认为，只有在那些农业经济发展基础好，同时还有相对发达的第三产业、文化历史底蕴厚重的村镇，一般的村镇根本用不上。外地来川考察农家乐发展的人普遍认为，领导重视是推动四川农家乐全面发展的关键。四川各级党委和政府都高度重视乡村旅游的发展，省级各有关部门也积极配合，将相关政府的职责发挥到有用之处，帮助农民实现文化的产业化，不断改善乡村旅游的发展环境。政府主抓面上推进即基础设施投入和在一些文化建设设施和设备上给予支持，当地的政府应该在这个过程中起到主导作用。

（二）乡村文化的产业渠道未打通

想要更好地发展乡村文化，就必须加大对乡村道路硬化和房屋立面改造尤其是要加大对资金的投入，随后产业升级，从低档次向星级标准发展更需要资本投入。由于还没有形成有效的多元投资机制，当前乡村文化产业发展，面临投资相当不足的问题，主要表现为：一是乡村经济基础薄弱，农民自身财力捉襟见肘，对乡村文化的投入不足；二是政府对乡村文化发展的基本设施建设的资金投入不足，严重制约乡村文化产业的发展；三是乡村文化产业发展氛围不浓，社会资本参与仍然缺位；四是乡村文化产业还没有吸引一些发展基金或投资机构的注意和青睐，还没有金融资本的参与。令人欣慰的是，随着我国大力推动文化产业发展成为支柱产业，包括中宣部、央行、财政部等九部委出台了《金融支持文化产业振兴和发展繁荣的指导意见》，中国农业银行加入"文化部文化产业投融资公共服务平台"，农行将依托覆盖面最广的网点优势，开发乡村文化市场，推动文化产业的发展，将传统手艺与产业相结合,对此加大金融支持。

(三)农村文化产业机制不顺

作为一种现代生产方式,乡村文化产业是乡村社会生产力发展的必然结果,必须遵循社会主义市场经济规律。当前,一些地方在发展乡村文化产业时,政府有形之手干预与引导较多,而靠市场来配置文化资源、人力资源、资金投放等还不充分。一些发展起来的产业项目有的是乡镇领导政绩使然,或者是另类扶贫方式的结果,没有市场的调节与检验,这些项目也多不具有可持续发展性,虎头蛇尾的不少。资源配置狭隘化,也是当前乡村文化产业发展中的突出问题。局限于本地文化资源开发,只满足于当地消费者的消费品位和风格,缺乏全国性的视野和世界性的眼光。发展乡村文化产业如果在投入机制、生产机制、营销机制、推广机制上出现问题,这样的产业难以真正腾飞,难以真正给农民带来实惠、给乡村带来变化。

综上,相对其他产业来说,乡村文化产业是一项低投入、高回报、高收益的新兴产业,各地政府应高度重视,制定乡村文化产业振兴规划,加大基础设施投入,改善乡村环境,把乡村文化产业从业人员纳入新型农民培训体系,提高从业人员的文化素质和门槛,发掘产业内的链条、环节、要素,注意文化产品的开发和推销,让乡村文化产业真正达到经济效益和社会效益双丰收、提升生态效益、改善文化生活双赢的最佳结果。

(四)农村文化产业法治不健全

文化产业的发展离不开法治的保障。文化立法在我国是一个短板,因为改革开放以来我们首先集中解决的经济发展领域的问题,我国的法律一直是把重点放在维护市场经济这样一个体制、推进改革这个方向来做的,文化领域方面的法律就显得相对滞后。迄今为止,全国人大通过的法律只有4部:《文物保护法》《档案法》《著作权法》《非物质文化遗产法》。国务院的文化法规,大概共有40多部。因此,"加快文化领域的立法"成为党的十八大以后,特别是三中全会、四中全会精神的共识。今后随着文化产业促进法等一系列法律的实施,乡村文化产业将进入一个更加快速健康的发展时期。

(五)乡村文化产业人才不多

虽然乡村文化产业吸纳了很多乡村剩余劳动力就业,但主要是从事乡村旅游服务工作,而乡村文化产业急需的经营管理人才、策划营销人才、品牌推广人才却严重不足,制约了乡村文化产业大发展大繁荣。从现有的乡村文化人才看,整体上人力资源文化知识层次偏低,专业化程度不高,不懂管理、营销、策划和资本运作者居多;在能力结构上文化专业能力有余而管理能力不足,缺乏既懂文化又懂经营管理的复合型人才;在具体运作上缺乏创新能力和经营经验,难以规避和防范商业风险。

三、乡村文化的产业转型

乡村文化的发展想要繁荣就离不开文化方式的转变，也是时代变迁、社会发展的必然结果。一方面，随着文化体制改革全面推进，原有的发展方式要因时而变；另一方面，也是党和政府随着对文化发展规律逐步认识和掌握，不断调整思路，因势而导，推动文化发展方式更加满足农村地区人民群众文化需求，更加符合文化发展的阶段性特征。

（一）协同发展

这种发展方式与以往的方式大不相同，该模式以创新为主旨，与其他多种因素相结合。发展乡村文化产业必须大力转变发展方式，积极实施文化与科技、文化与旅游、文化与扶贫、文化与民族地区之间协同发展，为农村地区的精神文明建设注入一针强心剂。

一是文化同科技之间的结合，当前科技在社会各个方面已经广泛应用，科技已经渗透到文化产品和文艺作品创作、生产、传播、消费的各个层面和各个环节，成为乡村文化产业发展的重要支撑和引擎。

二是在文化与旅游协同发展方面。文化是旅游的灵魂，旅游是文化载体。为进一步促进文化旅游融合发展，第一，要大力发展文化消费市场，让人们对文化消费感到自豪，给客户提供多种文化服务，增加文化消费的人数，提高消费的百分点；第二，要增加消费的百分点，就必须提高人们的经济实力，从而提高消费水平，同时，鼓励文化企业兴建文化场所，吸引更多的人群进行文化消费；第三，必须打破行政区划限制，形成文化旅游资源区带结合、相对集中的空间组合，实现区域联动，比如成都经济区文化一体化、藏羌彝文化产业走廊抱团发展，促进区域文化消费需求的增长、文化消费水平的提高。

三是在文化与扶贫协同发展方面。文化扶贫，是指通过开发或培植贫困地区的文化资源，兴办文化实体，使文化产业形成区域特色产业，实现区域经济持续发展和贫困居民脱贫致富。从多年的实践看，文化扶贫是贫困地区稳增长、调结构、转方式、惠民生的重要抓手，是贫困地区乡村经济的新的增长点，对于转变困难地区经济发展方式，拓展扶贫功能，促进扶贫开发提质增效、带动农民就业增收，推进新农村建设，统筹城乡发展，满足城乡居民日益增长的休闲消费需求具有重要意义和积极作用。四川是全国"农家乐"的发源地，而今"农家乐"已经成为全省乡村旅游扶贫重要内容。2011年以来，四川被农业部、国家旅游局认定的全国休闲农业与乡村旅游示范县7个，其中属于扶贫片区县的就有汶川、苍溪、平昌、武胜4个。

（二）特色发展

特色发展指的是在发展我国传统文化要具有创造性和创新性，在发展乡村文化的同时要注意保护文化传承，最终目的是提高当地人民的经济效益。随着社会的变迁，许多传统文化面临着失传的危险，通过发展文化特色的服务和产品，将文化资源与当地人民的生活相结合，使当地人民自发地对文化进行保护。四川省是一个具有文化特色发展潜力的省份，其原因有三点，一是四川的文化历史悠久，文化种类较多，特别是民间的传统文化更是源远流长。二是它的发展前景广阔，民间的文化资源丰富，尤其是少数民族地区，这些文化都与人们的日常生活息息相关，所以就能最大限度地带动乡村文化的发展，同时为当地人提供更多就业机会。三是现在的文化特色的产业化已经逐渐成为当地增加经济效益的重要手段，比如成都的蜀锦、蜀绣，还有凉山的漆器都成为地方经济发展的重要支撑。

（三）社会力量参与

长期以来，我国在文化建设领域未能准确把握政府与市场、政府与社会的关系，随着全面深化文化体制改革的进程，我国政府对此十分重视，党中央、国务院做出了相关决策，并借鉴了其他国家的发展经验，将市场资源进行合理的分配，政府的作用发挥到极致，人民群众的服务更显优质化，实现政府、市场、社会良性互动。眼下，PPP正在成为社会广泛关注的一个话题，即政府与社会资本合作，吸引社会资本参与、汇聚社会力量增加产品数量和服务供给的模式。这不仅有利于加快转变政府职能，实现由"办文化"向"管文化"转变，而且有利于打破行业准入限制，激发全社会文化创造活力，有利于完善财政投入和管理方式，提高公共服务效益。

由于文化建设领域项目投资周期长、回报相对慢，而文化企业大多是轻资产的小微企业，加上合作方是政府部门，社会资本特别是民营资本普遍担心，如果项目履行过程中发生变化，会影响长期收益。与此同时，各级政府需完善诚信制度体系，及时剔除借公益文化服务之名、谋一己一企私利之实的参与主体，更要着力培育政府履行好公共文化服务职能信得过、靠得住、用得上、离不开的"伙伴群"。因此，当前的重点是信守承诺。其次必须依法合规，减少国家政策的随意性。将引导社会参与文化建设和发展必须和法律法规相呼应，力求保证制度的完善性，进一步确保各项目的正常实施。最后，坚持风险和责任对等的原则，保障公众知情权。政府向社会力量购买公共文化服务要对内容审核，结合各方面的资源对文化相关内容做统筹安排，完善公共文化服务绩效考核体系，对参与各方形成有效监督和约束，确保公共利益最大化。

（四）平台建设

平台具有鲜明的特征。首先，平台连接的群体多方的，而且这些群体是良性循环的生态圈，有一个精密规范和机制系统，并不断进行自我完善。其次，互动是平台最重要特征，一方群体一旦因为需求增加而壮大，另一方群体的需要也会开始猛增。最后，开放性是平台又一重要的特征。因此，运用科技发展的最新成果搭建各种平台，是文化产业发展中政府、企业、社会多方要求。

搭建交易平台，加强市场各方交流互动。发挥政府主管部门职能优势，汇集行业信息和资源，构建有利于文化市场服务业发展的平台，促进企业的交流和交易，推动文化市场服务业发展壮大。

搭建服务平台，促使各方多赢。以"扩大公开范围、具化公开内容、拓展公开渠道"为重点，加强官方网站、政务微博、微信建设，积极运用手机等移动终端及社交网络等新技术新手段，构建覆盖广泛、运作高效、方便快捷的文化信息传播体系。

搭建展示平台，促进乡村文化走出去。开展专题推介、论坛、培训，收集、研究、发布国际文化市场的相关信息，为乡村文化产品和项目提供展示、推销、最终成交、仓储、物流等综合服务。

第三节 乡村文化产业发展基本规律

文化产业产生和发展不是杂乱无章的，而是有规律的。限于对文化产业发展规律认识和掌握的程度，目前还没有一个令人满意的提炼和表述，有学者概述为四大规律：多因素共同决定规律、着重点变换规律、各因素平衡协调规律、相关互动规律。我们认为，文化产业以文化资源为生产材料，通过生产内容和创意提供文化产品和服务，具有集思想性（观念性）、审美性、使用性于一体的文化生产和文化消费特征，大体有五大规律：一是资源优化配置规律。文化资源一旦成为消费者的开发对象，就务必要经过严格的筛选和对资源的合理分配，并且将一些具有发展潜力的市场开发出来，根据人民对文化的认识，开发以文化资源作为支撑的产品和服务。文化资源有四种情形：第一，直接进入生产的资源，如三国文化、民间绝活、特色文化等；第二，暂时不宜开发尚需创造条件以后才能进入生产的资源，如历史人物女娲、大禹等；第三，保护性开发的资源，如金沙遗址、三星堆、川西民居等；第四，不能开发必须严格保护和无法开发的资源，如基础理论等。二是内容生产为王规律。文化产品和服务的核心价值体现在内容生产上，丰富多彩的文化内容是文化产业的产品形态和价值体现方式，也是文化消费过程得以最终实现的根本条件。没有文化内容也就无谓文化产业。三是创意生成资本规律。创意是文化产业的核心竞争力，是文化产业最具有活力和可持续发展的基本保证。富有想象力、新奇性、吸引力的创意产业是促使精神生产转变为物质财富和资本不断生成的内在动力。创意产业也因其智慧性特征而成为区别于传统产业的根本标志。四是生产消费交融规律。文化生产与文化消费不像物质生产与物质消费那样有明确的区分和界限，文化产业将生产与消费高度融合为一体，构成文化生产与文化服务的消费体验过程。因此，它以需定产，以人的心性需要来推动文化产业发展。在这里"经济学让位于心理学"。体验经济、符号经济、故事经济、情感经济等新经济展现出异常宽广的发展空间。五是文化品牌制胜规律。独特而响亮的文化品牌在市场竞争中最具召唤力、感染力、吸引力，也最具有市场价值。因此，实施文化品牌发展战略，是文化产业一个基本的市场取向。

乡村文化的发展极具规律性，但是对此的相关研究并不是很多。以下，我们试着从乡村文化产业的生长、发展过程去了解它的特性。

一、由"要我发展乡村文化"转变为"我要发展乡村文化"

根据市场的规则,文化的产业化主要由以下几个部分组成:

1. 资源开发;
2. 投资;
3. 企业;
4. 生产;
5. 服务;
6. 推广;
7. 消费。

从文化生产资料看,这是文化产业发展的前提。将能够转化为文化资本的文化资源按照科学发展观的要求,从保护人文生态平衡入手,有条件性地把文化生产资料作为文化生产资料。

从投资方式看,充足的投资是保证文化生产得以顺利进行的物质基础。传统的投资方式仅为资金投入。文化产业的投资方式可以创新,不仅可以单纯地注入资金,还可以对当地的文化资源进行投资,如整合投入(《印象刘三姐》《印象丽江》以刘三姐、桂林山水、丽江、张艺谋几大品牌整合投入)、模式投入(通过建构最优化的创意生产模式、智力投资、结构功能模式等投入)。

从文化企业看,既有国有大型文化集团,又有民营文化企业,还有中外合资、独资企业以及小型的文化生产公司、中介机构。文化企业想要更具竞争力,就必须培养管理者和经营者以及生产者的各方面素质和责任意识。文化企业的文化程度决定了其对社会的贡献。按照现代企业制度要求和文化企业自身发展规律来夯实和拓展文化企业的实力和生产力,是解放和发展文化生产力的关键所在。

从文化的服务型来看,要时刻注意文化的产业化在社会中的地位,加大推动文化服务的力度,重点是要将"以人为本"作为核心价值理念,逐渐提高人们对精神文化建设的积极性。文化服务的方式不仅仅是通过产品来实现,还要考虑提供文化服务的服务者来实现,进一步达到人与人之间和谐交流的目的。由此可见,文化服务是文化产业中最具魅力的一种服务形式。通过各种文化活动来展现出文化服务的互动性和带给人们的体验。譬如川剧可否学习上海评弹加摇滚、越剧玩动漫、昆曲变综艺,让川剧穿上时尚外衣,走进青少年,提供具有地域感和现代感的有艺术气息的服务。

从文化品牌推广看,在文化产业刚刚起步阶段,文化品牌的确定、扩张与维护显得尤为重要。要得到市场的认可,有品牌号召力,没有强力推广是不可能的。四川现在有《金沙》、锦里、杜甫草堂、《华西都市报》、《成都》、《商报》、文轩连锁、《尘埃落定》、《大唐华章》、会展中心和广电、出版、期刊等一大批知名品牌,但还远远不够。我们要在文化产业领域形成如同峨眉山、九寨沟、都江堰那样的世界级品牌，通过大集团带大产业、大品牌促大发展，用品牌的标高和力量来催生和促进全省文化产业的蓬勃发展。

从文化消费看，四川文化消费市场空间巨大，而文化产品总量尤其是本土文化产品数量还远远满足不了广大城乡居民的文化需求，尤其是农民对文化产品的饥渴。因此，应通过扩大消费来刺激文化生产，通过文化生产来培育、引导、创造消费，从而最终完成文化消费行为。

上述的几个方面具体分析了乡村文化产业发展在人们心中的地位转变。

（一）自发阶段

在发展文化产业的时候，最重要的是保证文化资源的充足。在发展的最初阶段，许多农民先是利用自家的地理优势来吸引游客，将自家的院落装饰得具有文化艺术气息，同时，自家院落又依山傍水，风景宜人，然后降低旅游价格，用低廉的方式来吸引游客前来游玩、入住等。但是这种简单的发掘旅游资源是完全没有长远眼光的，从更深层次的角度分析来看，农民对于市场的认识严重不足，仅仅满足于现状，追求短期利益，不具备长远眼光，甚至有的地方更是急功近利，在不经意间放弃了本身的生态文化和民间资源，造成的后果就是资源的浪费和流失，而有些地方只是片面强调对乡村文化的开发，却忽略了乡土文化、乡村习俗的内涵。没有按照科学发展观的要求，从保护人文生态平衡入手，有选择性地将文化资源作为文化生产资料。从文化产品的构成来看，许多游客在进行农事旅游体验时仅仅停留在对传统农业方式的观光上，简单地进入果园摘摘果子、赏赏花、看看风景、喝喝茶，如此就算是完成了文化旅游。从根本意义上来说，这样简单的旅游活动完全不能体现出文化产业的强大影响力；从经营管理者来看，由于我国现阶段的文化普及度不高，许多乡村管理者文化水平并不能与之管理职位相匹配，这就导致了管理者的管理意识的不足和管理方式的不合理，从而跟市场发展脱轨。

（二）自觉阶段

文化旅游业的发展十分迅速，越来越多的农户加入了旅游接待的行列，并且规模有不断扩大的趋势，各个农户在选择投资文化旅游方面的眼光越来越高，更注重于那种规模宏大、档次高、有个性和品位的文化产业。在以往的投资方面，仅仅是投入资金后就不管了，随着乡村文化发展到了自觉阶段，各个农户的投资方式也开始改变，不仅投入资金，还采用了其他方式，比如资源投入、品牌投入、模式投入等。从经营主体看，呈现多元化特点，经营主体多种多样，例如，单个经营户，即以农户为单位的乡村旅游接待服务，经营范围较狭窄，仅限于为游客提供住宿和让游客进果园和农田来体验农事，或者向游客出售土特产；集体经营，这种经营方式包含多个经营主体，在乡村的相关政府部门的引导下，共同经营，所得利益归集体所有；外来经营，即将本地的旅游资源承包给外来投资者，而本地农户所能获得的就是土地的征用费或是靠租赁土地来获得利益。从文化生产和服务来看，产品的互动和游客的参与已达到平衡状态，服务更倾向于娱乐性和服务的环境优化，等等。

(三)集约化经营阶段

随着时间的推移,文化发展经过上述两个阶段后,目前,成都市的农家乐和北京的民俗游变得流行起来,许多游客慕名而来,这就使得文化旅游朝着规范和品牌效应的方向发展,不要小看品牌效应,我国的教育正在普及,越来越多的年轻人都接受过九年义务教育。也就是说,未来的旅游消费主体就是这些受过教育的年轻人,而现在的年轻人在网络发达的时代接收了许多品牌信息,这就使得他们对品牌变得狂热,所以,想要将文化旅游发展变得更持久,品牌效应不可或缺。成都市因此开展了乡村文化旅游的标准化建设工作,对农家乐制定了相关的品级标准,并对其实行了等级评定,主要是对农家乐的环境、卫生、环保、经营理念进行了多方面规范。由政府出面制定的这种规范使得各个农家乐经营者都为了吸引游客而努力打造良好的旅游环境,形成了良性竞争,同时也打消了游客对农家乐多方面的顾虑,比如对农家乐的价格、卫生、安全等诸多顾虑。这些政策都是为了对农家乐的发展起到积极推动作用,但是在实行规范化建设的同时,也要注意产品与服务的协调性,坚决打击冒牌产品,提倡特色经营,建立良好的品牌效应,对游客保证产品的质量和信誉。产品的质量和信誉具有聚合效应、光环效应、磁场效应,消费者会在这种吸引力下形成品牌忠诚,反复购买、重复消费。作为政府管理者,想要保证乡村文化发展的长久和兴盛,就必须对乡村文化进行大力宣传,进而提高文化企业的知名度和影响力,比如适时举办梨花节、桃花节、梅花节、荷花节、菊花节等主题节庆活动,专门推出乡村旅游路线和乡村旅游套餐活动,打造具有区域文化特色的品牌。作为乡村文化企业,要在发展乡村文化的同时提高产品的特色,努力打造产品的知名度,提高对品牌效应的认识,随时响应时代的发展潮流而做出变革。

二、新乡村文化产业经营的差别性:从同质化到差别化

(一)差别经营的定义

随着发展进入了另一个境界,各种标准化管理和政策的改革,各类接待设施相对集中,如果对这些方面缺乏统一管理,那么就很容易出现文化产品的结构单一,产品特色较为普通。比如农家乐,产品单一,内容以就餐、钓鱼和棋牌为主,趣味性不浓,参与性不强;季节性经营波动大,高峰时接待不了,平时生意又十分冷清。因此,乡村文化产业的发展要想更进一步就必须走差别化的道路,尽量达到每一家都有不同的特色,带给游客不同的享受和体验,这才是乡村旅游发展的最终目标。郫县的农科村在接待游客时以园林为主,三圣花村主要是带游客欣赏各类花卉,龙泉驿主要带游客入果园、赏花,著名的青城山主要带游客避暑,安仁看公馆,洛带观会馆,各自有优势,各自有特色,成都乡村旅游要从同质化走向差别化。

什么是"差别化经营"?这种经营方式的定义很简单,无非是企业在经营方式、经营理念、产品结构、服务方式等方面各显不同,这个不同即差别化。其目的就是让消费者容

易记住你这个企业，容易记住你这个产品，进而让游客容易区分其他企业，在社会上能建立起自己的特色，让别人一听就知道这家企业，不仅区分了竞争对手，还能建立企业的独有特色。在经营方式上来说，只要做到和其他企业有所不同就算成功，这些都可以从企业的品牌、技术、人力资源、生产过程等方面入手，努力打造出与众不同的企业，去构筑比别人更加具备优势的地方。做到这几点也就做到了差别化经营。

（二）乡村文化产业差别化经营策略

乡村文化企业想要提升自身产品的影响力就必须注意以下几点：

第一，自身产品要独具特色，做到与其他企业产品不同，根据自己的优势建立产品的独特性，比如从外观、色彩、材质、工艺方面入手，找出产品的优点；还可以从自身产品的缺点入手，找到缺点并改正缺点，改进产品从而达到消费者的购买标准，用自身优势来战胜对手。

第二，市场细分原则。从市场中找差别是最可靠的。对市场进行调查，分析客户的特点，明确消费水平，挖掘潜在客户，从而做到产品的独一性，我有的，别人没有；我能做到的，别人做不到；甚至我能做到的，别人只能模仿。

第三，难以复制原则。经验告诉我们，一味地效仿别人只能是走进了一条死胡同，走出自己的一条有特色的可持续的道路才是长远发展之计。例如，不断提供新的服务，参与农事体验比赛、组织民俗表演、选拔形象大使等，或者善于将差别化的方法组合起来应用。

第四，要可持续发展。差别化发展要按照市场规则来进行。如果将差别化和企业长远发展相结合，那么就有利于企业营运和企业竞争，有利于企业的长远发展和品牌的长久影响力的建立。

第五，保持诚信，树立良好的品牌信誉，让客户感受到选择该产品是个正确的抉择，只要消费者对产品有信心，那么离成功就不远了，服务的差别化主要体现在客户对产品的认可度。因此，在发展乡村文化企业时，要以客户的认可度为基础，只有客户的认可才能提高产品知名度，从而更好地发展乡村文化企业。

三、新乡村文化产业的多重性：从单打独斗到众人拾柴火焰高的经济全球化

产业集群被看作一项促进产业发展与成长、经济竞争与创新的重要工具。文化产业集聚，由产业链的广延性、产能互补性、创新的促进性、市场灵活性等多种因素促成。政府应建立畅通的信息交流平台、公共技术服务平台、金融服务平台、企业信用平台、产业品牌与市场推广平台，促进生产者之间在价值链上进行分工和协作，进行良性竞争与互补。

现如今的市场竞争日益激烈，乡村文化产业的经营主体大多缺乏相关专业知识，与现代管理文化理念有所出入，所以大部分乡村文化经营处于游离的散户，资源的合理优化组

合还比较匮乏，制约了发展规模。在发展农村文化产业过程中，必然会遇到这样那样的矛盾和问题。解决这些矛盾和问题，同样应当也必须发挥农民群众的创造性。文化产业的生产方式发生了重要转变，在不改变独立性的前提下，按照各自发展理念求同存异。求同存异法则，是唯物辩证法的根本法则。任何事物与周围的关系，既有排他性的一面，又有依存性的一面。既是竞争关系，又是合作伙伴，对资源的分配表示共享，这样生产成本相对来说较低，而且彼此之间还可以相互提高，这就是乡村文化发展的组合方式。

成都的乡村文化旅游经营模式主要有三种：一是乡村自行组织，二是公司与农户合作，三是综合开发。如三圣"五朵金花"就是以市场配置资源，以城乡一体化的方式打造的案例，通过政府和村民合资经营，投入资金再溢价退出，将开发的项目整体转让给公司。河北出现了以"文"为核心的"民资文化"聚集区。一是以志趣为纽带，或以传统为纽带，自我娱乐为主，兼顾经营发展。例如，邯郸市的邱县在最近几年积极发展多种形式的股份制文化团体，农民自行组织筹款，以入股的形式共同发展。二是利用利益驱使的效应，积极带动乡民支持文化发展，比如唐山市迁安洪影评剧团就是其乡民自发组织的民间艺术团体，现阶段的规模为40余人，固定资产达到500万元，每年大概演出200场，这就是所谓的自我滚动发展。

云南省则出现了生机勃勃的乡村文化产业联合体。曲靖师宗县大力扶持当地农民建设乡村文化产业联合体，引导农村文化向着积极向上的方向发展。全县已拥有167个乡村文化产业联合体，3000多脱产农民常年外出参加演出，算下来单人每年收入一万多元。

四、新乡村文化产业发展空间的客观性：从小到大

乡村文化产业后续发展空间比较狭隘，因为有很多因素制约了其发展，它的发展空间取决于人民的消费水平和经济收入，在当前情况下，城乡居民的消费水平还不高，这也是制约乡村文化发展的重要原因之一。从经济学理论看，生产和消费二者关系十分紧密。生产是起点，是手段；而消费是终点，是目的。没有生产就没有消费，相反，消费也在促进生产，因为消费使产品变为现实产品。同时，消费又创造了新的生产需要，从产品结构和产业结构为生产指明了发展方向。因此，城乡居民的文化消费将直接影响文化产业发展空间。

（一）乡村居民家庭文化消费需求分析

从理论上讲，乡村文化消费有利于开拓乡村消费领域，培育新的增长点；有利于提高农民文化素质和技能水平，增加就业机会；有利于提高农民思想道德素养，促进精神文明建设。但是，从总体来看，农民文化消费由于现阶段农民收入整体较低而处于初级阶段水平。从文化需求理论看，决定文化消费需求的要素大致包括文化产品的价格、消费者的收入、消费者的闲暇时间、消费者文化与受教育程度等多种因素。

在文化消费结构上明显不合理，很多人重娱乐型、消遣型文化消费，轻智力型、发展

型文化消费；有些文化消费格调不高，质量低劣；还存在一些不文明、不利于身心健康的文化消费。

在文化消费内容方式上总体较为单一。此外，文化生产和文化消费脱节，表现在：一是内容不合农民的口味，文化生产的内容与消费者所需求的内容不一致；二是价格不合农民的收入，文化产品和服务价格太贵，消费门槛太高。因此，农民文化消费的满意度与参与度、期望值成反比。

令人欣慰的是，我们也看到有些地方农民文化消费发生着新变化：大众性文化活动成为农民文化生活的主渠道，集聚性文化活动成农民文化活动载体，休闲性文化活动成农民展示风采的广阔舞台，经营性文化活动成农民致富的重要途径，区域性文化活动成为地方的文化品牌。

乡村文化消费是个巨大的宝藏。近年通过缩小城乡数字鸿沟，打通乡村信息高速公路"最后一公里"，发展电子商务消费，极大改善乡村文化消费方式，实现了线上线下互动，加之小额消费信贷对消费能力的刺激，乡村文化消费市场异常活跃。随着乡村经济社会向前发展，政府对公共文化服务投入加大，基层组织积极开展文化活动，乡村文化消费价格适合农民的购买力，农民的文化消费欲望将增强，消费需求将得到巨大的满足和释放。

乡村文化消费需求与乡村文化产业发展空间为发展乡村文化产业奠定了基础，经营性文化活动在有了经济利益这一益处的影响下，又为乡村文化产业发展注入了源源不断的动力。乡村文化产业发展空间的客观性就是指乡村文化产业发展必须与当前乡村经济发展滞后和农民生活水平低下的客观实际相适应。

（二）"互联网+"促进乡村文化消费需求的升级换代

当前中央提出了增强经济发展动力的"互联网+"行动计划，用以促进国民经济提质增效。因此，推动以云计算、物联网、大数据为代表的新型科学技术与文化产业的融合创新，能够发展壮大文化产业新业态，促进文化消费的升级换代。

用"互联网+"优势实现乡村文化产品的多样化，优化乡村文化消费结构。随着信息技术的发展，以互联网为载体的数字信息产品，打破时空限制异军突起。被动型消费少了，参与型消费多了；固定时空的文化消费少了，开放性、自主性的文化消费多了。

用"互联网+"优势突破乡村文化消费的在场性局限，改进乡村文化消费方式。传统在场文化消费受着时间与地域的限制，移动网络技术使传统的消费方式转变为在线消费，一是消除了地区性差异，传统线下文化消费受到地域风俗、发展水平等因素影响；二是增强了文化消费的参与性、体验性，多样化的消费方式更是满足了文化消费的个性化、自主化、自助化要求；三是增加了消费的选择性，一般电影院线每天上映4—6部影片，而互联网在线看电影，则有海量的选择范围。当然，我们也反对一味地摒弃传统文化消费方式，而是要根据不同年龄、不同收入群体选择多元化、个性化的消费方式。老年人多些传统的方式，年轻人多些新潮的方式。高收入人群，精品消费；中等收入者，优质消费；贫困人民群众，大众或广场消费。

第四节　新乡村文化产业发展的重点领域

发展乡村文化产业要确定重点发展的文化产业门类，推动建设一批引导性和带动性的文化特色村镇，在重点领域取得跨越式发展。而在大众创业、万众创新的经济新常态背景下，"互联网+"与文化产业的融合创新，能够发展壮大乡村文化产业新业态，促进文化消费的升级换代。

一、乡村文化旅游业

相比于其他乡村文化产业形态，乡村文化旅游业由于兼具经济效益和社会效益，产业链延长，关联效应突出，目前在我国的发展优势明显。

乡村文化旅游是20世纪80年代首先在西方发达国家兴起的一种时尚产业，是农业观光、农事体验、生态休闲、乡村旅游与文化相结合的服务性消费，是传统农业的后续产业或替代产业。当前，旅游资源发展经历了三个阶段。第一阶段是2L，即老天爷（LaoTianye）留下的自然资源和老祖宗（LaoZuzong）人文资源。第二阶段是3S，即阳光（Sim）、沙滩（Sand）、大海（Sea）。第三阶段是4Q，分别是清洁的空气（KongQi）、宜人的天气（TianQi）、洁净的水气（ShniQi）和传统的地气（DiQi），而乡村文化旅游独具这4Q的优势。

旅游对西方工业化进程后衰退中的乡村地区具有一定的振兴作用，对于我国新乡村建设也具有重要的借鉴意义。首先，为农民提供了第二个收入来源，带来更多的就业机会，减少了人口的流失，带来了城市新观念。其次，它证实了乡村传统文化的价值，它给城市人提供了体验乡村生活的机会，提升了他们对乡村文化的认识，缩短了城市和乡村的文化差距。最后，为旅游产业在乡村开拓出一条全新的发展道路，乡村文化旅游和工业旅游、校园旅游一样，是对传统名山大川旅游的有益补充。

乡村文化旅游由于保留了原生态风味，体现着人与自然的和谐精神，多在经济发达的大都市郊区吸引着城市消费者。另外，乡村文化旅游投资少，见效快，在民族地区发展也比较迅速。和主题公园的建设不同，民族地区的乡村文化旅游几乎不需要什么太大的投资。它投入的只是一种智慧，一个创意，一个概念。

乡村文化旅游业，具体实施项目有：

（一）农村花园

乡村花园的设计和建造盛行英国，最初的乡村花园主要种植本土植物，且多数是可为餐桌提供食物的瓜果蔬菜类。温江的乡村花园建设应该包罗万象，摆脱最初的以实用性为主的特点，追求环境优美、景观独特、地域性强等特色。在园区内种植世界各地的奇花异草,美丽又新奇。园中设置停车场、露营烤肉区、欧式花园、精致餐饮中心、纪念品贩卖部、露天咖啡广场等,提供另一种休闲享受。

(二)休闲农场

农场原以生产蔬菜、茶或其他农作物为主,且具有生产杂异化的特性,而休闲农场则具有多种自然资源,如山溪、远山、水塘、多样化的景物景观、特有动物及昆虫等,休闲农场可发展的活动项目较其他类型的休闲农业更具多样性。

(三)教育农园

教育农园是利用农场环境和产业资源,将其改造成学校的户外教室,具备教学和体验活动之场所、教案和解说员。在教育农园里各类树木、瓜果蔬菜均有标牌,有昆虫如蝴蝶是怎样变化来的等活生生的教材。游客在此参与农业、了解农产品生产过程、体验乡村生活,尤其为城市的青少年了解自然、认识社会、了解农业和乡村文化,创造了条件。

(四)市民农园

市民农园是指经营者将土地划分成若干小块供市民承租耕种,以自给为目的,同时可让市民享受农耕乐趣,体验田园生活。郊区乡村可以利用环境优美、交通便利的优势,建立市民农园,把农园内的土地租给市民利用平时业余时间种植经营,亲身体会农事的过程。

(五)市民农牧场

市民农牧场主要种植一些新型的、优质的富有养生价值的农产品以此来吸引游客,让市民体会到从事农事的乐趣。

休闲牧场应宽广辽阔,乳牛及乳制品是主要的经营目标,以奶牛饲养,品尝自产牛奶、奶酪、牛肉,并以其秀美的牧场景观吸引游人。

目前,我国乡村文化旅游大致有以下开发类型:以创意农业为主题,以观花、摘果、园艺欣赏为主题,以农耕景观、乡村活动为主题,以水乡活动为主题,以茶艺为主题,以民俗餐饮为主题等。尤其值得一提的是创意农业,它根植于农业,盛大于创意,灿烂于智力,强大于科技,持续于创新,是文化产业向农业等领域的有效延伸与渗透。创意农业是对传统农业的一次大策反,是对农业发展方式的一次大升级,是对城乡统筹的一次大融合。将人们回归自然的心性需求、田园城市的审美向往、故土情怀的种植满足、田园牧歌的自由追寻等文化需求得到最恬适、最浪漫、最本真的满足。这是创意农业之所以能崛起并能可持续兴盛的永恒魅力所在和价值所在。

特色民俗餐饮、纪念品。即:平谷区雕窝村的烤全羊、海子村的炖鱼头、熊儿寨的侗家菜、黄草洼村的野菠菜;延庆县柳沟村的"火盆锅"、小河屯村的妫川传统婚宴"八八席"、正宗米酒;怀柔的虹鳟鱼烧烤;昌平区羊台子村的手工编织;延庆县珍珠泉村的鞋垫、岔道城村的印染、辛栅子村的烫花葫芦等。

二、乡村文艺演出业

乡村文艺演出业可以对地方戏曲、杂技、花灯、龙舟、舞狮舞龙等民间艺术和民俗表演进行系统发掘、整理和保护,包括民俗展演、地方戏曲、民间杂技、综艺节目等。由于演出内容、演出形式具有浓郁的地域特色、民族特色,深受乡村民众的喜爱。

更由于乡村文艺演出贴近群众、贴近生活、贴近实际,是乡村文化建设的重要组成部分,是对党和政府"文化下乡"的有益补充。湖北省鄂州青年楚剧团,自1997年7月创建以来,本着活跃乡村文化,面对社会,服务农民的原则和宗旨,经过多年的艰苦创业和磨炼,唱响了大江南北,享誉湖北省。10年来,共在鄂州、浠水、圻春、黄石、武汉、咸宁等地市、县乡村演出1000场(次),观众达100多万人(次),十分显著地活跃了乡村文化,有效和积极地宣传了党的方针、路线、政策,有力地抵制了乡村社会不良风气,为发展社会主义精神文明建设和创造乡村社会的和谐做出了显著贡献。

在乡村文化市场中,乡村文艺演出业有一定的市场份额。有的地方民族民间演出走俏,已成为当地文化建设的名片。福建晋江、莆田、福清分别是高甲戏、莆仙戏和闽剧的"根据地",这些地方几乎乡乡有戏班,村村有戏看,无口不演戏,无人不看戏,成了福建沿海地区著名的"戏窝子"。有基层民营剧团760多家,年演出14多万场,观众人次过亿,演出收入达到4亿多元。

乡村文艺演出团体多是民营文艺表演剧团。其组成形式有个体、私营、股份制和民办公助等,创办原则是自筹资金、自主经营、自负盈亏、自我发展。它们来自民间,成长于民间,服务于民间,是基层演出市场的主力军。

浙江省大大小小的民营剧团达450余家,年观众人次超过7000万,平均每个农民一年能看上两场戏。

原生态的乡村文艺演出多在农闲时间和节庆日子。演出机会,一是与乡村民众人生大事结合,如婚丧嫁娶、生儿育女、寿诞、开业等,他们借演出表达感情,寄托祝愿;二是与集市交易、商贸活动结合,"文化搭台,经济唱戏",文艺演出的经济功能得以外衍。演出剧目,主要依靠移植在社会上流行的为大众所接受的戏曲作为演出内容。演出方式,从地方习俗出发,以地方的方言俚语、地方的声腔体系、地方的审美观念吸引观众注意力,用唱腔、眼神、做工、身段、造型征服观众。

乡村文艺演出要面向市场,走上产业化道路。一是嫁接旅游市场,不断创新演出内容与形式,大胆革新节目包装。四川德阳杂技团从前只是在乡间行走的"草台班子",而今让朝阳剧场火红京城的,总收入6000多万元,总共演出场次2万余场。二是依托影视、网络等现代媒体,改造或衍生新业态,以前活跃于东北的"二人转",通过电视、影碟等平台传播,而今不仅在东北红红火火,而且进入关内,跨过长江,受到全国各地观众欢迎。此外,乡村文艺演出还是一种草根文化,还要得到政府的经济扶持和政策倾斜,才能在乡村文化产业中发展壮大。

三、乡村民间工艺业

按文化部关于工艺美术的界定,具有悠久技艺传统、富有地方和民族特色、反映中国古典文体精神的传统工艺美术,门类主要有烧造、锻冶、染织、编扎、雕刻、木工等。其中烧造工艺包括制瓷和玻璃料器;染织工艺是最具普及性最有群众基础的传统工艺,其主要门类有刺绣、织锦、缂丝、地毯和印染;雕刻工艺包括泥塑、糖人以及牙、玉、石、竹、微雕等;室内装潢即漆器和漆画;木作工艺及其他工艺主要指传统家具。在中国乡村,民间工艺美术更具乡土风味、民族特色。如陕西的泥塑、剪纸、刺绣、书画、社火、鼓舞、戏曲等,甘肃的皮影、石刻、脸谱、蜡雕、草编、粘贴艺术、灯彩、纸扎、民族服饰、艺术壁画、农民画等,四川的石器、木器、竹器、漆器、棕编、蜀锦、蜀绣、扎染……这些民族民间文化资源是中国乃至世界的宝贵文化资源,但同时,它也是基本上未被开发的处女资源。现在,中西部地区很多省区都在建设文化强省,把这些文化资源转化为文化资本,培育为一种新的文化产业,无疑是一条可供选择的重要路径。

当前,乡村民间工艺品制作原始、包装粗糙,尽管还保持着一定的生产规模,但要作为产业发展,首先要形成批量生产机制。将民间工艺品的生产由家庭传统作坊式的生产逐步向企业化产业化生产之路过渡,一是采取公司＋艺人的方式,对产品实行"统一标准、统一规格、统一质量、统一包装、统一管理";二是吸引那些有眼光、有文化责任的企业家在民间艺术之乡投资办厂、办公司,组织能工巧匠和技术骨干传播科技,并引入企业管理经验,成批量地开发生产各种民间艺术品。

第二,要确立市场需求机制。要瞄准国内外礼品、旅游纪念品市场开发和经营民间工艺品,准确的产品定位、丰富的产品类别、源源不断的新品是在市场中立于不败之地的要求。"广西民间特色艺术之乡"桂林市五通镇自古以来,民间书画创作氛围浓厚。20世纪80年代,一部分农民注意到在桂林旅游的游客总爱买些书画作品带回去,就抱着试一试的态度把自己的作品拿出去销售,结果他们的书画颇受欢迎。从此,书画作品销售成了五通农民致富的一条新路。如今,这个镇有2800多名村民从事绘画行业,书画作品销售收入年均达8000多万元,成为农民致富增收的新兴产业之一,被列为全国第三批"文化艺术产业示范基地"。

第三,要形成营销体系和网络。以"品牌"为导向,通过书籍、光碟、网络等形式加大民间艺术宣传力度的开发,逐步形成民间工艺制作生产、包装运输、展览销售一条龙的文化产业格局。陕西凤翔县成立了"凤翔雍城民间工艺开发研究所",开通了电子商务和对外宣传的门户网站——凤翔民间工艺网。为了让更多人了解、认识独具魅力的民间艺术,同时将本土文化传播到更广阔的地域,加强民间艺术交流,对外开展民间公益节目演出活动。

第四,要在继承传统中创新。民间工艺生产既要继承传统风格,又要不断创新。多抢救、保护濒临失传的工艺品,多研究创作新产品,要在艺术价值、工艺技术、包装运输等方面不断改进,靠精品占市场,以质量求发展,变观赏为实用,这样才会做大这个文化产业,否则只会慢性死亡并最终被淘汰。

第五,要加强民间艺术人才队伍建设。抢救、保护、挖掘、搜集、整理各类民间艺术,培养后备骨干队伍,解决后继乏人的问题,已成了发展民间工艺产业一项急迫的任务。

四、乡村文化产品流通服务业

当前,乡村文化产品流通和服务还处于一种自发状态。在我们对成都市远郊县几个乡镇的走访中,发现当地政府对文化市场的引导和管理是做了一定的工作的,人们的基本的文化活动与需求得到了某种程度的满足,但与发展文化产业的要求还有相当大的差距。物流服务可以提高文化产品流通速度,降低产品的流转成本,保证市场所需产品及时充足的供给。

因此,完善乡村文化产品流通服务业,对保护知识产权,打击盗版音像、书刊,规范乡村文化市场,解决农民看书难、看电影难、看电视难有着重要的意义。

《国家"十一五"时期文化发展规划纲要》指出,运用市场准入、价格调节、财税优惠等政策,引导各类市场主体在出版发行、电影放映、文艺表演、网络服务等领域积极开发乡村文化市场。

鼓励出版物发行、票务、互联网上网服务等文化企业以资本为纽带,建立母子公司体制的直营连锁网络,或通过品牌、商号、配送、管理技术等联结方式发展特许经营网络,发展乡村文化产品连锁经营企业,通过新型代理配送制度,建立贯通城乡的文化产品流通网络,推进城乡数字电影院线。

随着新时期电子商务的发展,应积极打造区域性乡村文化产业的线上平台,通过乡村文化产品的淘宝村建设,大力发展线上同线下的模式相结合的方式,推动线下产品在线上的销售,通过娱乐旗舰店、院线连锁店等现有营销渠道开展电子商务应用,构建覆盖全国的乡村文化产品线上线下销售网络,整合乡村社区现有文化服务设施和线上线下销售渠道,打造便利快捷的乡村文化网络消费"微环境"。

第五节 乡村文化产业发展战略

大力发展乡村文化产业,要放宽市场准入,简化审批手续,建立完善的进入和退出机制,鼓励非公有资本进入政策许可进入的文化产业领域,支持和促进一批"专、精、特、新"的中小文化企业,形成富有活力的优势企业群体。支持乡村文化个体户自筹资金、自己组织、自负盈亏、自我管理，兴办农民书社、电影放映队等，为乡村不同层次的文化消费提供服务。

一、培育新乡村文化产业企业

乡村文化产业企业大多是中小民营企业，但是也应按现代企业的规章制度，尽快完成股份制改造，完善公司治理结构，形成产权清晰、权责明确、自主经营、自我约束、自我发展的市场主体。在发展投资上，乡村文化产业企业可以按国际文化产业的发展趋势，与金融资本结合，主动地把企业带入乡村文化产业链条的主要环节，从项目策划到生产与推广、后续开发等方面，都以风险投资、股权转让、期权期股、兼并控股等形式来给予推动，或者防范风险、规避风险，又通过产权交易和股权转让的形式来实现投资兑现与退出，为新乡村文化产业发展注入源源不断的发展动力。

（一）乡村民俗餐饮企业

当前发展文化产业，嫁接的产业形式有房地产产业，比如阿联酋迪拜的"世界岛"、成都的建川博物馆聚落、四川隆昌古牌坊群；有旅游产业，比如成都锦里三国文化旅游、河南开封清明上河园宋代文化旅游；有饮食产业，比如成都老渔翁餐饮文化发展有限公司、重庆刘一手饮食文化公司。在新乡村文化产业发展中，乡村文化旅游占据了半壁江山，而乡村民俗餐饮企业则是乡村文化旅游服务的主体。主体做大做强了，乡村文化旅游产业才会有更大的发展空间。

古人云：民以食为天。随着经济社会快速发展，这一古训渐渐被"吃文化"所扩张，被赋予更多的文化意味和精神享受。乡村民俗餐饮公司在经营上，要继续深挖民俗餐饮的文化底蕴，比如，川西客家人的"九斗碗"，在此基础上结合现代人的消费习惯，延伸观赏、体验、参与、互动等消费环节，推出新的菜品和消费形式。坐落在成都郫县的川菜博物馆分为序厅、典藏馆、互动演示馆、品茗休闲馆等区域，在这里除了可以品尝到"麻、辣、鲜、香"美味的传统川菜，还可以领略四川悠久而独特的饮食文化。

在管理上，要进一步标准化、规范化。一方面，要继续在主题（以差异与特色确立主题）、地格（体现地方的风俗民情与建筑风格）、氛围（倡导地方居民的友好、热情、淳朴与真实的态度）三个方面展示乡村性，另一方面，还要打造自己的品牌，上档次、上品位。政府有关部门也可以为此开展技能培训，培训内容包括礼貌服务、旅游咨询服务、客房服务、餐饮服务等，为乡村民俗餐饮业升级换代提供服务。

（二）乡村文化旅游企业

乡村文化旅游企业是社会资金参与乡村文化旅游项目的开发建设的主体。在坚持整体规划和有利于资源保护的前提下，将旅游发展与古镇保护、天然林保护、农业综合开发等工程有机结合起来，进行旅游景区企业化经营、在市场下发展，形成产权主体多元、法人治理结构完善、运行机制灵活、管理手段先进、竞争力不断增强的企业。

从乡村旅游项目开发现状来看，整体质量还不高，主要体现在定位模糊，缺乏特色，文化特质不突出，中低档产品居多，新型旅游产品开发较少，并且产品软件设施相对落后。乡村文化旅游企业，首先要发挥自身在分工、协作经营中的优势，以乡村旅游文化、旅游景点、休闲度假俱乐部和生态观光等项目为重点，把乡村文化旅游项目做专做精。其次，在规模发展阶段，还可吸取如前文所述的"公司＋农户"模式，以利益为纽带，以市场为载体，农民通过土地或者其他任何方式来入股企业，通过自身的行动参与到企业的运行中。最后就是形成独具特色的自主品牌，比如凤姐的形象在成都可以说是妇孺皆知，安县龙啤镇作为西南地区独一无二、完整体现民国时期小镇生活风貌的影视拍摄基地，《王保长歪传》《王保长后传》等5部电视剧摄制组在此拍摄。四川绵阳蜀龙旅游有限责任公司依托这些资源，在龙隐镇投巨资兴建的集"休闲、康体、运动、观光"为一体的乡村风情旅游：自演一段影视剧，体验一番昔日的花轿，品品盖碗茶，感受一下川西民俗，留一份美好的回忆。

（三）乡村剧团

作为乡村演出市场的主力军，乡村剧团在乡村文化产业和基层文化建设中起到了不可或缺的作用。但是，乡村剧团的发展也存在着证照不全、管理不规范、演员流动性大、演出质量相对较低、演出市场恶性竞争等问题。根据国家对民间剧团扶持的政策，政府首先要对乡村剧团扶优扶强，把证照齐全作为享受政府优惠政策的必备条件，引导乡村剧团逐步走向规范。其次，免费为剧团演员提供业务培训，提高形体表演技能和修养。再次，整治非法中介和无证经营现象，维护正常的演出市场秩序。从次，举办戏剧节，为乡村剧团会演提供良好的展示平台，组织文联和作协的同志为乡村剧团编写、创作、推荐优秀剧目，促进演出质量和演出水平的提升。最后，根据当前乡村剧团在演出活动中，经济效益偏低，服装、道具、灯光、音响急需更新等突出问题，政府应该把乡村剧团纳入乡村文化公共服务体系建设的范畴，采取按照演出场次适当给予补贴的形式，刺激乡村剧团的演出积极性，缓解乡村剧团生存发展困境。

另一方面，乡村剧团要在组成形式和管理形式上创新，采取丰富的投资形式，形成股份制、民办公助等演出公司，按现代企业制度进行规范管理。比如，湖北鄂州青年楚剧团全体股东和演员制定和完善了一系列规章制度，确立了"立足社会，服务农民"的演出宗旨和方向。一是唱健康戏，唱文明戏，严禁唱房头戏、宗族戏和不健康文明的剧目。二是不准在农民家里大吃大喝。三是演出时，尽量晚上演出，做到在乡村演出不误农时。四是所有演员要做到农忙时是农民，农闲时是演员。五是要不畏艰苦，只要农民有邀，必须全体到场迅速出演，做到义演和适量收费相结合。

（四）民间工艺品、礼品、旅游纪念品加工企业

目前，这些民间手工品、礼品、旅游纪念品（以下简称"三品"）加工企业在经营观念上，存在一些小农经济意识和农耕文化中"守"的观念，与市场经济的竞争、效率意识还有一

定差距。只知坐等客商上门，不知外出闯市场；只知继承老一套传统手艺，不积极开发、挖掘新产品，创名牌效应不多；只知生产现成工艺品，不舍得花钱搞包装，几十年一贯制，制作规格不一，包装粗糙，难以运输，等等。组织形式松散，难以形成规模效应和稳定的营销网络。"三品"大多是单家独户生产，缺乏龙头企业或带头人，更没有稳定的营销网络。在"三品"研发上，热衷于研究艺术特色，很少关注它的实用性和购买对象，结果是剃头挑子一头热，销量上不去，打不开市场。因此，"三品"加工企业要抱团发展，规模经营，实现从手工作坊到批量生产的飞跃；吸引社会资本组建跨地区、跨行业的公司，参与"三品"创作、生产、销售和管理，"统一标准、统一规格、统一质量、统一包装、统一管理"；瞄准国内外的旅游市场，针对城里人和外国人的时尚消费心理和消费需求，创新"三品"的开发与制造；注重品牌打造和销售网络的建构，在保证传统销售渠道畅通之上，积极开展电子商务业务和海外市场外包业务，实施"走出去"发展战略。

（五）乡村文化产品连锁企业

作为一种新兴的经营方式和物流配送渠道，乡村文化产品连锁企业可以依托专业的品牌在村镇开设加盟店；依托供销社的乡村便民店、放心店、连锁店、乡村超市、综合服务社等，采取柜台租赁、赊销、代销等方式，拓展消费渠道；在村镇集市日，通过文化产品流动服务车，为乡村群众提供方便、快捷的文化消费与服务。

二、培育新乡村文化产业人才

发展乡村文化产业的核心是人才，只有有了适合乡村文化产业发展的经营人才、中介人才、专业人才、管理人才，乡村文化产业才能从小到大、从弱到强，蓬勃发展。

（一）乡村文化产业人才种类

1. 经营人才

文化艺术经营人才、文化产品经营人才、文化服务经营人才、文化产业单位经营人才。

2. 中介人才

文化产品中介人才、文化艺术中介人才、文化市场中介人才、文艺演出中介人才、创意设计经营人才。

3. 专业人才

民间戏剧人才、民间曲艺人才、民间音乐人才、民间舞蹈人才、民间美术人才、民间工艺技艺人才。

4. 管理人才

文化产业单位管理人才、文化产业市场管理人才、文化产业项目管理人才、文化产业培训管理人才、文化产业资源开发人才。

（二）乡村文化产业人才队伍建设

如前文所述，当前乡村文化产业人才，特别是经营人才、管理人才十分匮乏，已严重制约了乡村文化产业发展，因此，必须加强乡村文化产业人才队伍建设。

1. 优化人才环境

一方面，着力营造有利于人才大量涌现、健康成长的社会环境，比如，甘肃省打破中国几千年来的人才观，颁布实行了《甘肃省乡村实用文化人才职称评定办法》，给从不被社会认可、没有社会地位的从事民间文化艺术生产活动和以此为创收对象的乡村文化人才评审职称。另一方面，要改善人才的工作环境，比如提高薪酬、福利，允许管理、技术等生产要素参与分配，使贡献得到回报，人才价值得到体现。

2. 健全培育体系

针对文化人才个体来讲，有从"实战"中学习、参加培训和自我学习三种形式。从人才群体来看，文化管理人才通过党校、行政学院、宣传文化等部门举办的培训，进行社会主义市场经济、现代企业制度、法律、市场营销、公关等相关知识的培养，强化理论武装和实践锻炼；资助文化经营人才到高校学习研修，到大型文化产业公司挂职锻炼，增加经营经验；组织文化中介人才到国内文化市场成熟的城市考察、参观，与文化经纪人交流、座谈，增加对市场的感知力和洞察力，对市场前景的判断能力；将文化专业人才纳入政府保护和扶持的视野，鼓励和扶持民间艺人致力于民间文化的传承和发展，实施民间文化技艺技能培训工程。

3. 完善人才奖励制度

制定合理的管理和晋升制度，以更好地吸引、集聚和稳定人才。采取各种措施，吸引各类人才进入乡村文化产业领域，鼓励高校毕业生到乡村经营文化产业，鼓励和支持优秀的文化人才脱颖而出。每年重点推出、培养一批具有典型意义的乡村文化产业人才，对他们的创业活动通过舆论宣传给予充分肯定和鼓励，使之成为乡村文化建设、文化产业发展的领军人物。

4. 建立人才信息库

通过系统地普查现有的乡村中文化产业中各种各样的人才中各行业的分布情况，为调研积累第一手材料。

三、新乡村文化产业品牌发展

品牌是企业的无形资产和重要核心竞争力，是市场竞争中的利器，是别人难以复制的。目前乡村文化产业的经营者大多缺乏品牌营销意识。乡村文化企业应积极争取各地文化品牌发展扶持基金的支持，树品牌，创名牌，在激烈的市场竞争中扩展市场、培育核心竞争力。

从知名度和辐射区域看，品牌分为地区品牌、国内品牌、国际品牌。根据乡村文化产业的乡土性、自然性和区域性特征，地区品牌应是乡村文化企业品牌打造的首要目标。因此，在品牌设计上，要认真分析产品辐射范围、地理条件和地域文化等因素，在综合考虑企业现状、企业远期目标、企业形象、竞争对手、社会公众等各种条件后，设计品牌的形象、品牌视（听）识别体系、品牌个性、品牌预期目标、品牌核心概念、品牌延伸概念等。品牌设计完毕之后，还要对品牌加以推广。品牌推广要善于运用广告、公关、媒介、名人、事件、营销人员、品牌质量等多种宣传手段，进行综合推广传播，从区域品牌走向国内品牌甚至国际品牌。根据品牌学的这些理论，结合乡村文化产业发展实际，可以从以下环节打造乡村文化产业品牌：确立品牌发展长远战略，推广区域文化品牌。文化品牌是一个整体，它不仅是通过品牌定位、文化产品和文化服务的品质提升就能够完成的，其品牌传播和营销也具有同等重要的作用。

第六节　新乡村文化产业与文化"走出去"战略

乡村文化产业具有鲜明的地域性特色，但是要把它做强做大，除了上文所述抓好骨干企业、培育专业人才、强化品牌发展外，还必须实施"走出去"战略，通过提升产品竞争力，提高市场占有率，注重产业升级换代，转变发展经济的模式，使乡村文化产业从一个地区走向更广大的地区，走出国门，走向世界。

当前我国正在实施"一带一路"发展战略，这不仅为乡村文化产业提供了新的历史机遇和发展空间，同时文化"走出去"还能增进沿线国家的文化互融和价值认同，通过搭建有效的市场机制和合作平台，寻求乡村文化贸易新的升级点和突破点。

一、打造跨地域乡村文化产业产品

乡村文化产品由于它的乡土性，很容易在相同文化背景和文化习惯下在本地域形成广泛的品牌认知度和消费忠诚度，但要成为跨区域的市场品牌产品，还必须积极参与市场竞争，增强产品竞争力和吸引力。比如，民间工艺品，不仅要有鲜明的地域文化特征，还要做到与时尚文化的有机结合，并且体积要小，重量要轻，制作要精美，包装要别致，否则，只能囿于一地，在外地打不开销路。

（一）增强乡村文化产品竞争力

影响乡村文化产品竞争力，大致有价格、成本、质量、安全、营销、品牌等相关因素，但重点要提高产品质量，提升服务水平。比如，乡村文化旅游产品不仅要深入挖掘地方文化资源，强化地方文化特色，还要多增加一些参与性、互动性的体验、休闲方式。农家乐也不能一味走低成本战略，要靠更新消费方式、提升服务档次吸引顾客。顾客来消费，来享受服务，是对产品品质的信赖，是对乡村生产方式和生活方式的认可。大凡成功的企业无不把产品品质放到第一位，提高产品质量和服务水平是增强乡村文化产品竞争力的第一要务。

（二）扩大乡村文化产品影响力

当乡村文化产品在一个地域有相当知名度后，又面临一个关键问题：如何在本地和外地继续扩大产品影响力。一是选择经销商，开拓销售渠道，让本地产品在外地"落地"。经销商可分为三类：一是品牌运营商，二是渠道流通商，三是终端分销商。经销商有实力、有渠道、有终端资源固然重要，但更重要的是要选择那些与本企业品牌推广思路相似，信誉好，认可本企业品牌文化，并愿意共同运作市场的有潜力的经销商。二是广告投放，争夺区域市场品牌。可以通过见效快、投入少的各种传播载体（报纸软文、车体广告、广播等）宣传产品，力求有效、针对性强，注重实际发布效果和覆盖率，注重各媒体联合发布的协调配合。三是产品推介，提升品牌认同度。通过开展各种节庆促销活动和赞助中大型公益活动等方式，在当地形成广泛的品牌认知度、形成消费氛围。四是网站宣传，扩大产品知晓度。开设互联网网站，超时空地、互动地彰显产品的文化特色和普适品质。

（三）增加乡村文化产品号召力

当某一乡村文化产品在形成了区域品牌市场后，可以通过以点带面进入城市市场来扩大农村品牌在城市中的影响力。首先就是做好市场调研，细化消费市场。市场细务理论是20世纪50年代由美国营销专家温德尔·斯密提出的，它是指企业根据企业自己的条件和营销意图消费者按不同标准分为一个个较小的、有着某些相似特点的子市场的做法。企业进行市场细分是因为在现代市场条件下，消费者的需求是多样化的，而且人数众多，分布广泛，任何企业都不可能以自己有限的资源满足市场上所有消费者的各种要求。通过地理细分、人口细分、心理细分和行为细分，向周边地区市场上的特定消费群提供自己具有优势的产品或服务。比如，乡村旅游者是以有小孩的家庭、老年人、追求不同体验的城市人、教育水平中等偏上者为主体。其次，开发周边地区消费者。不同地区的消费者有着不同的生活习惯、生活方式、宗教信仰、风俗习惯等偏好，因而消费需求也是不同的。即使同一地区由于消费者的年龄、性别、收入、职业、受教育程度、社会阶层、生活方式及个性特征，他们的消费心理和消费行为也不尽相同。因此，要在周边地区找寻、培育适合自己产品的潜在消费群体，并最终成为本产品的忠实消费者。最后，优化周边地区竞争环境。吸引周边顾客到本地消费或购买本地服务，靠的是产品质量和优质服务。靠不择手段或不正当竞争，是得不到市场份额的，即使得到也会很快萎缩。而事实上，地方保护主义不让外地企业和产品同台较量，也常常使外地名牌进不去，本地产品起不来。因此，营造一个相互竞争、共同促进的市场环境和秩序也相当必要。

二、推进乡村文化产业进入国际市场

越是民族的越是世界的。乡村文化产业要进入国际市场一定要擦亮民族文化这张牌，吸收借鉴世界各国文化交流的形式和手段，培育外向型的骨干文化企业，做大做强对外文化贸易品牌，提升乡村文化产品的影响力和竞争力，谋求中国乡村文化产业在国际市场有所突破。应当说，我国乡村文化产业进入国际市场还在路上或者刚上路，还有许多工作要做。

（一）了解国外文化需求，特别是对中国文化的消费需求

国际文化市场对中国乡村文化企业来说到底有多大，取决于我们的产品能不能满足各类渴望了解中国文化的外国消费者的需求。随着中国经济实力和国际影响不断提升，越来越多的外国人要与中国做生意，国际的文化交流也日益增多。外国的一般消费者都对中国文化有兴趣，在他们眼中中国是神秘的，特别对中国的中医保健、气功、古典文学、历史感兴趣，我们能否依据这在民间工艺技艺上创新产品和装潢，进行文化贸易，或者请中国这些民间工艺大师在文化交流活动中现场表演制作，提升其对中国文化产品的消费兴趣。

（二）宣传推荐乡村文化产业

一是积极参与在国外举办的中国文化节、文化周、艺术周、电影周、电视周等活动，把展演、展映和乡村文化产品销售结合起来，宣传推介中国优秀文化产品。二是编写乡村文化产业投资指南，在国际产业投资洽谈会和区域经济论坛展示推介，也可把这些指南挂在招商引资机构的官方网站，跨越时空地宣传。三是制定国家乡村文化产业出口重点企业和项目目录，对列入目录的重点企业和项目给予出口绩效奖励、贷款贴息和出口促进活动经费等支持，形成鼓励、支持乡村文化产品和文化服务出口的长效机制。

（三）构建国际文化营销网络

组建乡村文化出口中介机构，搭建乡村文化出口企业销售平台，对传统文化产品和服务评估评价，对乡村文化贸易公司提供金融对接和资金扶持。借鉴我国企业，比如海尔、联想等进入国际市场的经验，来打开乡村文化产品进入国际销售的渠道。

当前，这些对乡村文化企业来说都只是一些愿景。令人欣慰的是，我们已看到马来西亚海鸥集团希望与云南省政府和云南茶企业合作，以普洱茶作为中国品牌国际化的尖兵，渗透全球市场，进而推动其他中国品牌走向国际，并设立藏储中心和交易中心，在马来西亚建造普洱茶及其他中国品牌商品进军海外市场的辐射中心。

三、吸引国外文化产业资本进入乡村

在提升对外开放广度和深度、提高开放型经济水平的今天，"请进来"和"走出去"同样能扩大中华优秀文化对世界的影响。吸引境外资本投资乡村文化产业，引进和借鉴国外对乡村文化产业的管理理念和方法，有助于推进我国乡村文化产业的进一步发展。

乡村文化产业项目的高收益率、低风险性、可持续性发展的特点，对外资具有很大的吸引力。而外资进入乡村文化产业项目方式有：

（一）BOT 模式

也就是开发—经营—转交这一模式，这个模式首先要由负责人获取开发权，随后组成项目公司并负责进行项目的融资，组织项目的建设，管理项目的运营，在特许期通过对项目的开发运营以及当地政府给予的其他优惠来回收资金以还贷，并取得合理的利润。

（二）股权投资模式

这种模式下有不同的类别，一类是在好的公司里面入股，进行合资；一类是先合资后上市；还有一类是购买各种各样的股票，或者红筹股的股票。

（三）项目投资模式

在这种模式下，外资不参与一个公司的全部股权的投资，而只对某个单项目进行合资。

乡村各地可因地制宜，采取有效模式，吸引外资进入。广西桂林市乡村旅游文化开发有限公司由香港嘉年国际集团收购并注资，打造"中国乡村休闲度假第一品牌"。

参考文献

洪艳.文化传播之道 多重维度下传播文化案例选析及多元主体间文化传播实证调查[M].杭州：浙江工商大学出版社，2016.

贾荣.乡村旅游经营与管理[M].北京：北京理工大学出版社，2016.

刘光.乡村旅游发展研究[M].青岛：中国海洋大学出版社，2016.

孙惠芳.乡村文化建设经典案例[M].北京：中国农业出版社，2018.

吴晓蓉.新农村建设背景下乡村文化体系构建与管理研究[M].北京：中国商务出版社，2018.

熊澄宇，张铮，孔少华.世界数字文化产业发展现状与趋势研究[M].北京：清华大学出版社，2016.

杨瑞洪，刘晓平，唐平，等.旅游工艺品设计与制作基础[M].沈阳：辽宁美术出版社，2009.

张红霞.农村变迁与秩序构建 转型期农村现代化变迁研究[M].石家庄：河北人民出版社，2016.

张天柱.现代农业园区规划与案例分析[M].北京：中国轻工业出版社，2008.

张禧，毛平，赵晓霞.乡村振兴战略背景下的农村社会发展研究[M].成都：西南交通大学出版社，2018.

赵霞.乡村文化的秩序转型与价值重建[M].石家庄：河北人民出版社，2013.

郑晓云.文化认同与文化变迁[M].北京：中国社会科学出版社，1992.

白红义.在新闻室做田野：作为方法的新闻民族志研究[J].现代传播，2017(04).

陈捷.文化创意产业下传统工艺品的设计——以福州漆工艺品为例[J].闽江学院学报，2014，35(3)：111-115.

陈孟南，庞晨.短视频对传统乡村传播模式的冲击与重塑[J].保定学院学报，2020(05)：74-79+129.

杜旭，张芳瑜.新时代文艺思想观照下的乡村纪实影像创作论[J].视听，2021(2)：16-17.

樊春梅，李松志.全域旅游视阈下乡村旅游品牌建设与发展路径研究——以江西九江为例[J].中外企业家，2017(24).

费孝通.关于"文化自觉"的一些自白[J].学术研究，2003(7).

龚栋娟.对昆明官渡古镇旅游工艺品现状的分析与思考[D].云南艺术学院，2015.

郭建斌，王笑一．民族志传播研究的概念、理论及研究取向——基于中文相关文献的纲要式讨论[J]．新闻大学，2019(09)．

郭建斌．"以写字的方式来进行思考"兼说田野调查中田野笔记的书写[J]．国际新闻界，2016(9)．

韩鸿．参与式传播：发展传播学的范式转换及其中国价值——一种基于媒介传播偏向的研究[J]．新闻与传播研究，2010(01)．

郝世绵，胡月英．新型城镇化背景下中国乡村文化发展的困境及整合创新[J]．西昌学院学报（自然科学版），2017(1)．

蒋沂霏．短视频乡村文化传播的视觉修辞呈现——以李子柒短视频为例[J]．新媒体研究，2020(17)：96-100．

李美红．新型城镇化进程中乡村传统文化保护与传承研究[D]．福建师范大学，2016．

米楠．新型城镇化背景下乡村文化保护问题探析[J]．中国乡镇企业会计，2016(6)．

邱波，陈丽霞．江西民间工艺品文化品牌建设研究[J]．艺术科技，2014，27(9)：23-24．

沙垚．民族志传播研究的问题与反思[J]．国际新闻界，2018(06)．

沙垚．乡村文化传播[J]．新闻与传播研究，2015(12)．

沈费伟，陈晓玲．保持乡村性：实现数字乡村治理特色的理论阐述[J]．电子政务，2021(3)：39-48．

沈荣荣．新媒体推动乡村文化传播的路径优化[J]．汉字文化，2020(18)：156-157．

孙晓．乡村文化视域下的乡村旅游开发研究[J]．安徽农业科学，2011，39(31)：19281-19282．

汪明伟．流动的现代性视角下"三农"短视频的乡村传播[J]．视听，2020(11)：160-161．

王德胜，李康．打赢脱贫攻坚助力乡村振兴——短视频赋能下的乡村文化传播[J]．中国编辑，2020(08)：9-14．

徐延章．乡村振兴战略中公共文化传播策略[J]．图书馆，2020(12)：8-13+26．

尹元甲．文化营销视角下乡村旅游市场拓展路径探索[J]．产业与科技论坛，2015(23)：13-14．

尤元学．从李子柒看新媒体语境下传统乡村文化传播的新途径[J]．东南传播，2020(07)：89-91．

于鹏．媒介融合范式中非遗民族志的应用与研究[J]．青年记者，2019(10)．

张爱凤．论当代中国城乡文化传播的生态失衡[J]．当代传播，2010(05)．

赵金平．文化是一种整体的生活方式——雷蒙·威廉斯大众文化思想探析[J]．理论探讨，2015(2)．

周启月．媒介融合视域下的乡村文化传播路径探析[J]．新闻前哨，2020(11)：58-59．